LINKAGE
リンケージ・マネジメント
MANAGEMENT

価値と継続の螺旋的流れ

野村 重信

NOMURA Shigenobu

学文社

はしがき

　社会的，経済的なつながりが国や地域などの境界を越えて，地球規模で拡大してきた。グローバリゼーションといわれる環境である。その環境が様々な変化を引き起こしている。グローバル環境とつながったインターネットの利用によって，欲しいものを，欲しいときに，欲しいだけ，欲しい地域から，あらゆる情報を取り出し，活用できるようになってきた。地球上の人々がつながりを持つことで，国家間の垣根が低くなり，国境を越えた世界規模の経済，産業連携が容易になってきた。ICT の発展によって情報の活用が活発になり，各個人のビジネス範囲が益々拡大しつつある。グローバル環境下で，企業の統廃合が進み，安定したかと思うと新規企業が参入し，再び市場競争が激しくなり統廃合が行われるという，ダイナミックな経営環境になってきている。現在の経営環境は先を見通すことが難しい状況の時代になってきているといえよう。一方，商品革新から見れば従来とは異なる新しい商品が次々に市場に出回り，顧客に好まれる商品だけが残り，その他の多くのものは急速に衰退していくというダイナミックな流れが加速してきている。まさに最新技術を活用した商品開発が，益々スピードを増してグローバルな経営環境を賑わしている。

　もはや一つの企業では限界があるとして，他企業とのつながりを重視した経営戦略を展開している企業が増えてきている。今までの枠組みとは異なった枠組みの中で，新しいつながりを模索する活動である。異業種との合併や異業種との連携による新しい分野の開拓，企業内新組織による新しい商品の開発等，市場の拡大を目指す経営活動が続けられてきている。内的な環境では，組織の活性化の効率性と柔軟性を目指した組織能力をつくり，企業体質の強化を図っている。グローバル環境になった現在，従来の枠組みから新しい枠組みに移行しており，ある目的を達成するためにどのような方策で迅速に対応するのかが，今まで以上に必要となってきている。外的環境の変化によって，内的環境を対応させる組織の効率性，有効性，柔軟性が求められている。どのようなマネジ

メント戦略を取れば良いのか，が重要なポイントとなってきた。

　本書では，現在のグローバル環境で企業を継続するためにますます重要となってきているつながりを中心に置く。従来いろいろな状況で使われてきているつながりの概念を整理し，マネジメントの立場より検討する。そしてつながりをリンケージとして新しく定義し，企業経営に貢献できるマネジメントを探ってみたい。

　本書は基本編として第1章から第7章まで，拡張編として第8章から第12章まで，そして適用編として，2つの適用例を挙げている。

第Ⅰ部　基礎編

　第1章では，なぜリンケージに興味を持ったのか，マネジメントに有用なツールとなるのか，について述べている。

　第2章では，リンケージに関して取り扱われている文献，書籍等を整理することによって先行研究，本書との関連性，本書の存在理由を明らかにする。一般的定義よりリンケージの意味づけ，リンケージの基本形を明らかにし，リンケージとモノづくり経営について説明している。

　第3章では，本書で提案するリンケージの3つの意味を整理する。つなぐ，つなげる，つながるというリンケージ過程として止揚リンケージ，補完リンケージ，包摂リンケージを明らかにし，リンケージの構造を示す。リンケージとは要素がつながり互いに関わり合っていること，と定義している。

　第4章では，リンケージをすることによってつくられる価値を明らかにし，止揚，補完，包摂の3つのリンケージの構造を示す。リンケージ・バリューの考え方を詳しく説明し，ダイナミック・リンケージ・バリューを新たに定義する。定義に基づいてリンケージ・バリューの全体を整理している。さらにモノづくりからのリンケージ・バリューを具体例によって示している。

　第5章では，時系列からリンケージ・サイクルとして整理できることを明らかにする。つなぐ，つなげる，つながる，つながり合うという4つのつながり

によってリンケージ・サイクルが成立することを示す。リンケージ・サイクル・プロセスとしてその構造を明らかにし，日本のモノづくりシステムに適用してその有用性を述べている。

第6章では，リンケージ・バリューとリンケージ・サイクルに基づいたリンケージ・マネジメントを定義し，リンケージ・マネジメントの枠組みを明らかにしている。7つのステークホルダーに対してリンケージ・バリューから Win-Win の関係を具体的に示す。また目標を達成するための2本の柱として，見取り図と組織構築能力を提案している。

第7章では，日本のモノづくりから生まれた2つのシステムを紹介し，リンケージ・マネジメントとの関連性を分析する。分析するにあたり18のキーワードを抽出し2つのシステムの特徴を整理している。また新しいモノづくりシステムのフレームワークを提案し，リンケージとの関連性を説明している。

第Ⅱ部　拡張編

第8章では，リンケージ・マネジメントを活用したリンケージ生産ンシステムについて述べている。「良い流れ，より良い品質」を目指したモノづくりを提案している。流れとしてのつながりにこだわったシステムである。リンケージ・バリューとしてステークホルダーをつなげ，評価目標として利益とモノづくりをリンケージしたシステムを構築している。日本のモノづくりシステムを包摂した効率的なリンケージ生産システムの提案である。

第9章では，ダイナミック経営とリンケージ・マネジメントに関しての問題を扱っている。過去から現在までの主な経営に関する課題の流れを整理する。経営課題が時代の流れとリンケージして発展し，現在に至っていることを説明している。ダイナミック経営について説明し，リンケージとの関連性を述べている。またダイナミック・リンケージの行動プロセスを明らかにした後，ダイナミックなリンケージ・サイクルを示している。

第10章では，継続的経営とリンケージ・マネジメントに関しての問題を扱っている。過去から現在までの主な経営組織に関する課題の流れを整理している。

経営課題が時代の流れとリンケージして発展し，現在に至っている推移を説明する。組織としての日本のモノづくりシステムについて検討している。継続的マネジメントについて整理し，組織のリンケージ・サイクル過程の構造を明らかにしている。

第11章では，マーケティングとリンケージ・マネジメントに関しての問題を扱っている。過去から現在までの主なマーケティングに関する課題の流れを整理している。コトラーが提案したマーケティング1.0からマーケティング4.0までの4つの段階は，リンケージ1.0からリンケージ4.0までのリンケージ・サイクルに当てはめることができることを説明している。製品管理，顧客管理，ブランド管理，顧客主体はつなぐ，つなげる，つながる，つながり合うとリンケージしている。マーケティングとリンケージ・サイクルの関連性モデルで確認できる。

第Ⅲ部　適用編

第12章では，まとめとして流れをリンケージするダイナミックな螺旋的流れについて内容全体を俯瞰してまとめている。

適用編では，リンケージ・マネジメントの適用例として2つ取り上げている。一つ目は，グローバル経営論の筆者，那須野公人がリンケージ・バリューに対して，台湾を事例に「人的リンケージ・バリュー」として説明している。またインドICTサービス産業を事例として「リンケージ・マネジメント」の視点から人的リンケージについて説明している。新しい視点からの見方である。2つ目は，安田正義が実際に適用した企業を事例として「リンケージ・バリュー」について述べている。販売と製造，保全と製造，協力工場と工場等7事例を挙げ，推進する要因を整理している。モノづくりの新しい視点からの見方である。実際にリンケージ・マネジメントを適用された作新学院大学名誉教授那須野公人氏，愛知工業大学准教授安田正義氏の両氏に執筆していただいている。

基礎編，拡張編，適用編よりなる本書はリンケージとは何かから出発し，リンケージの構造を明らかにし，リンケージ・バリューとしての価値，リンケージ・

サイクルとしての継続の2つを提案している。価値と継続は企業経営の根幹である。リンケージ・マネジメントという考え方から2つの根幹に迫ってみた。

　内容を素早く理解したい読者は，第4章，第5章，第6章，第11章，適用編を読まれると良いと思う。第7章，第8章は筆者の分野のモノづくりシステムからの流れを説明しているため専門的な内容を含んでいる。モノづくり革新活動に興味のある読者には参考になる。第9章，第10章，第11章は経営全体を俯瞰してまとめている。螺旋的流れをキーワードに3つの章はまとめてあり，一般読者，学生諸君にも全体の経営，組織，流通の流れがわかる。

　リンケージ・マネジメントはいろいろな分野に適用されている。より積極的に活用することによって，新しいことに挑戦する推進力になると考えている。環境の変化が速くなっている現在，価値と継続の螺旋的流れを展開するリンケージの考え方を活用してみてはどうであろうか。つながりから生まれる積極的なWin-Winの関係は，とても素晴らしい成果を我々にもたらすと思う。

　最後に謝辞を申し述べたい。研究者への道を開いていただいた早稲田大学教授故中井重行先生，早稲田大学教授故石館達二先生，早稲田大学教授故渡辺眞一先生に感謝申し上げる。研究の喜びと厳しさを一緒に学ばせていただいた大阪工業大学名誉教授・元日本経営工学会会長宇井徹雄先生，物流のエレガントな数学モデルを一緒に考えた同僚の筑波大学名誉教授・元筑波大学理事・副学長鈴木久敏先生に厚くお礼を申し上げる。ゼミの仲間の早稲田大学教授吉本一穂先生，青山学院大学教授玉木欽也先生，産業能率大学教授山本文先生には研究面で大変にお世話になった。本書は工業経営研究学会，グローバリゼーション研究分科会の活動から生まれた。20年以上にわたって活動している分科会であり，多くの方々のお世話になった。筆者と一緒に研究会を企画推進していただいた作新学院大学名誉教授那須野公人先生のご尽力によってここまで続けることができ，感謝申し上げる。研究分科会の主査に推薦していただいた駒澤大学名誉教授鈴木幸毅先生，研究会を長きにわたって支援していただいた元信州

大学教授平松茂実先生に厚くお礼申し上げる。鈴木先生，平松先生には本書をまとめるにあたり，多くの助言をしていただいた。また，大阪市立大学名誉教授坂本清先生，明治大学教授風間信隆先生，摂南大学名誉教授羽石寛寿先生，追手門学院大学名誉教授地代憲弘先生，長野大学名誉教授表秀孝先生，武蔵大学名誉教授貫隆夫先生，台湾東海大学教授劉仁傑先生，中央大学名誉教授林正樹先生，大阪府立大学名誉教授田中芳雄先生，金沢大学名誉教授上田隆司先生，海外産業人材育成協会宮本真一先生，その他多くの先生方にお世話になった。厚くお礼申し上げたい。

　何といっても本書をまとめるにあたり，温かく見守ってくれた妻，和子に感謝したい。また，家族と今は亡き両親に感謝したい。

　最後に，本書の出版に当たり，出版事情の厳しい中，快くお引き受けしていただいた学文社田中千津子代表にお礼を申し上げる。また本書をまとめるにあたり学文社には大変お世話になった。重ねてお礼を申し上げたい。

　　2020年8月吉日

　　　　　　　　　　　　　　　　　　　　　　　　野村　重信

目　次

第Ⅱ部　拡張編

第Ⅲ部 適用編

―リンケージ・マネジメントの適用―

第Ⅰ部　基礎編

第1章　リンケージへの誘い

　グローバルな環境に突入し，世界はものすごいスピードで変化している。迅速に対応する時代の幕開けである。経営環境も劇的に変わりつつあり，それに伴って既存の枠組みも大きく変化してきている。技術革新が活発になるにつれ，そこから生まれた付加価値商品のライフサイクルもますます短くなってきている。企業は顧客の要望に応えようと新しい商品をつくり，売れた商品に対してさらに付加価値を高め，提供するという螺旋的な商品革新を展開している。それに伴い開発に莫大な費用を要し，もはや企業がもつ強みの商品だけを売り上げて経営を持続させることは難しくなってきた。さらに情報化社会を迎えて，ハードウエアとソフトウエアが有機的に結び付き，提供する側と顧客がダイレクトにつながる環境が整ってきた。顧客指向の便利な商品が次々と生まれ，我々が生活する場に深く入り込んできている。現在は一つの企業から次々に画期的な商品を生み出すことが困難な時代となってきている。顧客が望んでいる商品を生み出すためには，他社の助けを借りて連携する。そこから，お互いに知恵を出し合って新しい商品を開発することが，モノづくり戦略の進むべき姿の一つであろう。どのような巨大企業でも，自社ですべての商品を開発することは不可能である。商品によって業種，大小を問わず連携できる企業を見つけ出し，開発してきている。まさに迅速に対応するスピード感が勝負である。

　一方，顧客価値の多様化が進んできている。インターネットの出現によって地球上のあらゆる人々が対象となってきた。今まで情報が行き渡らなかったあらゆる地域の人々も参加できる環境になってきたのである。多様化に対応するために他の企業と連携し，顧客価値指向の商品を開発し，その開発された商品を市場に送り込む。受け入れられた商品の売り上げ状況，企業との競争状況によって継続するか，取りやめるか迅速な決定を強いられる。その活動を継続的に繰り返し，企業活動を持続させていく。このように企業活動を支える重要な戦略の一つである連携が脚光を浴びてきている。ある目標を達成するためにど

のような企業・組織と連携すれば良いのか，模索しながらより良い方向を目指す活動が行われている。

　筆者は工業経営に関する問題に興味を持っており，特に戦略的なモノづくり経営に関する諸問題を追究してきた。日本のモノづくり経営は，戦後の初期の段階で導入されたテーラーの科学的管理法の適用[1]から始まった。その後，大量生産時代にアメリカで開発されたいくつかの改善手法が導入され，飛躍的に生産性を高めた。普及段階に入ると，大企業を中心に改善手法を効果的に適用し，日本独自の活動展開によって日本的管理手法が開発されていった。その代表的な管理活動として TQC（Total Quality Control）が挙げられる。TQC は QC サークルという小集団活動によって現場の品質レベルを高めることに成功した。設備を中心に故障ゼロ，不良ゼロ，災害ゼロの目標を掲げ，工場の効率を上げるために開発されたシステムとして TPM（Total Productive Maintenance）がある[2]。TPM は工場体質を強くする管理システムであり，広く世界にも導入されてきている。さらにトヨタによって開発されたジャストインタイム生産を指向したTPS（Toyota Production System）がある[3]。これら3つの管理活動は日本独自の全社的な管理活動として広く世界に認知され，現在に至っている。TQC は品質，TPM は設備，TPS はモノに主眼が置かれている。高い品質を目指し，高効率な設備を実現し，最短時間でモノを流す全社的な管理活動を構築してきたといえる。その後 TQC は TQM（Total Quality Management）として全社的な品質管理活動に名称が変更された[4]。TPM は Total Productive Maintenance から Total Productive Management に活動の場が広がった[5]。一方 TPS は当初のジャストインタイム（JIT）の考え方を継続して現在に至っている。TQM，TPMは時代の変遷と共に時代に適応したシステムとして進化させてきているが，TPS は導入当初とモノづくりの考え方は変わっていない。新システムになったTQM，TPM は，導入当初ほど活発に活動していないと表面的には見受けられるが，TQM，TPM の思想自体は受け継がれていると考える。TPS はトヨタを中心としてジャストインタイムの考え方が企業の中に深く浸透し，導入当初から継続してきている。筆者の一つの問題認識は，TQM，TPM に比べ

てTPSのモノづくりは目に見える形でなぜ愚直に継続され続けているのだろうかということである。

　企業経営は絶えず適切な利益を得ながら存続することが目的であり，それを継続することが企業の使命であるといえる。この継続という面からTPSを捉えると，そこに新しい知見が得られる可能性があると考え，絶えず意識してTPSの活動を気にかけてきた。TPSをモノの流れのつながりとしてみた場合，工程と工程をつなげることが基本であるという観点より，つなぎとはどのような意味を持っているのか，さらに広い範囲で考えてみることにした。つなぎというイメージから近い言葉としてリンケージという言葉を思い浮かべてみた。一般的に我々が考えているリンケージとは，どのような形で使われてきているのだろうか，原点に立ち返って調べてみることにした。このような経緯を発端としてリンケージに関する具体的な調査が始まった。リンケージをどのように考えたらよいのか，リンケージを整理することによってマネジメントとしての形を形成できるのか，形成できたマネジメントは組織に成果を上げさせられるのか，リンケージというマネジメントの検証はできるのか等々，思い浮かべると次々と課題が沸き出てきた。調べていくうちにリンケージは幅の広い根本的な概念であることに思い至った。

　果たしてリンケージというものをうまくつかむことができるのか，読者の皆さんと共に「リンケージの世界」の探検に出発しよう。

　なお，本書は，日本のモノづくりシステムの基盤を作ったTPS，TPM，TQMを拠りどころとしている。したがって，これらのシステムについて多くの章にわたって述べられている。各章はその章に関連する事柄との関係でまとめてはいるが，説明上重複した内容もいくつか含まれている。最初にお断りしておく。

注
1）テーラーが執筆した経営工学，経営学のバイブル的著書：F. W. テーラー，上野陽一訳（1957）『科学的管理法』産業能率短期大学出版部，pp. 293-312
2）TPM初期の書で，活動に対して多くの人が参考にした。高橋義一・長田貴（1985）『TPM』日刊工業新聞社，p. 33

3）大野耐一が唯一公に執筆したトヨタ生産方式のバイブル的著書。大野耐一（1978）『トヨタ生産方式』ダイヤモンド社，p. 11

4）TQM のこれからの指針を表した著書。TQM 委員会（1998）『TQM21世紀の総合「質」経営』日科技連出版社，p. 23

5）環境変化に対応したこれからの新しい TPM の方向を提示した書。日本プラントメンテナンス協会編（2002）『21世紀 First Age の TPM 潮流』日本プラントメンテナンス協会，p. 2

参考文献

・F. W. テーラー著，有賀裕子訳（2009）『新訳科学的管理法』ダイヤモンド社

・中嶋清一（1992）『生産革新のための新 TPM 入門』日本プラントメンテナンス協会

第2章　リンケージとは何か

2.1　リンケージとは

　最初に行ったことは，リンケージに関する文献の整理である。その中でリンケージをどのように扱っているのか，その内容を整理することにより，リンケージの持つ概念が明確になってくると考えた。領域としては，経済，産業，製造，自然，社会，化学，教育と多くの分野でリンケージに関する問題が扱われてきている。リンケージの使われ方を見ると，相互に意識的につなげる，相互依存の関係，連携，相互につながっていく，つながりの形成等，目的に応じてつながり具合の意味が異なっていることが明らかとなってきた。リンケージという[1] 話題について文献をベースに整理してきたが，多くの分野で用いられてきているものの明確な定義はなされておらず，それぞれの分野で日常的に使われてきていると考えられる。インターネットの普及とともに，つながる速度が速くなり，ある目的を持ったつながりを意識的に推進することにより，多くの人，組織，地域，国家が効果的に利益を共有することができる時代に入ってきている。リンケージという考え方は，グローバリゼーション環境において複雑化，広域化，深耕化してくると考えられ，筆者は時代に合った新しいリンケージ概念が必要になってきたと考える。「TPS はなぜ継続してきたのか」という問題認識から始まって，さらに「企業のマネジメントをいかに継続させていくか」という問題認識を持つようになった。リンケージに関する意味，使われ方，活用範囲を調べていくうちに，リンケージの性質を明確にしてあいまいな状況を整理し，問題の本質をつかみシステムとして活用することには意義があると考えるに至った。リンケージの概念を明確にすることにより，つながりに関連する諸活動の活用領域が活性化すると考え，経営管理にかかわるリンケージ理論を提案することにした。ここでは筆者の研究領域である経営管理の範囲に絞って論題を進めているが，提案している内容はより一般化されている形で扱っている

ので，多くの分野に応用できると考える。まずは先行研究，先行活動よりリンケージに関するいくつかの内容を整理する。

2.2 リンケージの一般的定義

リンケージとは『広辞苑[2)]』によれば，一つはつなぐことまたは結合，もう一つは連鎖に同じと説明されている。連鎖を引くと，連鎖とは①モノとモノをつなげる鎖，②鎖のようにつながること，またそういうつながり，③同一の染色体の2つ以上の遺伝子が，相伴って行動し，メンデルの独立の法則から期待されるより高頻度で遺伝する現象，と説明されている。

『大辞林[3)]』によれば，リンケージとは2つの解釈で説明されている。1つ目はリンケージとは，連鎖を意味する言葉である。2つ目は国際問題に関する説明で，「国際間の交渉を進める上で，まったく別の問題を関連づけ，双方を抱き合わせて解決する方法」としている。具体的にはイラクが湾岸戦争で湾岸問題とパレスチナ問題とのリンケージ（パレスチナ・リンケージ論）を持ち出すことによって，パレスチナ問題の解決を呼びかけた。一方米国の中東での当時の考え方は，湾岸地域の石油問題とイスラエルがその一翼を担う中東安全保障体制とをリンケージさせるというものである。このように交渉の道具として，別の問題とのリンケージを通じて解決させる考え方であるといえる。『生物学用語辞典[4)]』によれば，連鎖とは「遺伝で，二つの独立した対立形質を決定する遺伝子の組が同一染色体上に存在する場合，同じ対立形質の組み合わせが高頻度に子孫に伝わる現象」として捉えている。さらにリンケージに近いリンクを引いてみると，『広辞苑』によれば「①連結すること，関連すること，②運動または力を伝達する装置」と定義している[5)]。運動や力を伝達する装置の機能としてリンク機構がある。リンク機構とは「剛性が高く棒状の部品を可動する結合部分で複数接触し，それによって運動または力を伝達する機構をいう」としている[6)]。つまり1つの連結部分に対して1つ以上のリンクを動かす機能を持つ仕組みと捉えることができる。一般的定義，国際間の交渉，生物の遺伝の組み合わせ，装置の有機的結合など幅広い領域で使われている。これらの使われ方を

まとめると次の3つに分けられる。

① 国際問題に対して別の問題を関連付けて，解決する場合。

② 生物学的な遺伝子に対して同じ組み合わせが高い頻度で子孫に伝わる現象。

③ 変形しない物体が可動部分により接続され，様々な自由度で動く。

　これらの中のリンケージは2つ以上のものの関連，2つ以上のものの組み合わせ，2つ以上のものの接続である。つまり国際間，生物の遺伝子間，構造物間の関わり合いの意識的，無意識的な状況を示しているといえる。以上の内容を整理するとリンケージの基本的概念はつなぐこと，つなげること，つながることに分けることができ，3つの意味の内容から（イ）意識的につなげること，（ロ）無意識的につながっていく状況を示していることを見出すことができる。

　アメリカの政治学者ジェームズ・ローズノウはリンケージとは，「併存する2つの政治的体系において，一方に起点をもち，他方に反作用を生じさせる連続的な反復行動のすべてをさす」として定義している。グローバリゼーションの進展により，国際問題の国内化，国内問題の国際化が問題になり，国際政治と国内政治の境界があいまいになり，両者を含めた枠組みで見ていくことが必要になったため発展した理論とされている。[7] この内容は①の国際問題と深くつながっている国際間の問題を相互に作用しあう2つのシステムとして，意識的につなげる戦略的な行動とみなすことができる。

2.3　リンケージに関する整理

　産業に関連したリンケージについての近年の本，文献をいくつか紹介してみることにする。そしてその中でリンケージをどのように扱っているのか，整理し検討する。タイトルとしてリンケージを表題に挙げている本に『グローバルリンケージ—マクロ経済相互依存の経済学—』[8]，この書籍を（A）とする。『流通チャネル・リンケージ論—マーケティングとロジスティクスの均衡を目指して—』[9]，この書籍を（B）とする。『産業リンケージと中小企業—アジア電子産業の視点』[10]，この書籍を（C）とする。これらの3冊の本を見出すことができ

た。(A)の書籍は1980年代に生じた国際収支の不均衡および為替相場の変動を，従来の手法や新しく開発された概念を使って説明し，相互依存の下でのマクロ経済政策の理論を論じている。地球規模でのマクロ経済的な不均衡をマクロ計量モデルで説明しており，ある一国の政策行動が，いかに他の国々の貿易の流れや経済の行動様式に影響を与えるのか，について分析している。したがって，ある国の政策が他の国の経済に影響するという観点から，リンケージを使っていると読み取ることができ，副題にある相互依存をリンケージという意味合いで使われていると捉えることができる。(B)の書籍は企業の活動領域が，地域分散市場から全国市場へと拡大するに及んで発生してくる流通問題に焦点を当てて説明している。ロジステックス・システムと供給連鎖の概念の中で，顧客起点の機能的連携（チャネル・リンケージ行動）という立場からリンケージを用いている。したがってリンケージを連携として扱っていることがわかる。(C)の書籍は日本，台湾，韓国，マレーシアの中小企業における産業リンケージの変化を分析している。リンケージに対して共通の定義を与えていないが，多様なビジネス形態により産業リンケージが拡大しつつあることを明らかにしている。つまり合弁企業の分業の拡大により，リンケージのパターンが拡大していることを主張している。グローバリゼーションに伴う産業リンケージの再編，深化が絶えず行われていると説明している。リンケージを戦略的に意識的につなげていると見ることができる。

次に，リンケージを表題とした論文等を紹介し，リンケージをどのように扱っているのかさらに詳しく検討することにする。

(D) 日本貿易振興機構の報告書の中の中国自動車部品業界市場調査報告書(2012年3月)「第3章中国自動車部品の川上・川下産業状況分析の産業リンケージ[11]」で，自動車産業における生産のリンケージは，鉄工，冶金，プラスチック，セラミック等の原材料産業及び電子，電気等その他の10社以上の産業が絡み，これらの産業は完成車産業と密接な関係にあると，説明している。自動車部品業界は広い産業リンケージを有し，他の産業とも密接に関連しているのが特徴であると，記述している。ここでのリンケージは産業，生産ともにつなが

りを意味していると考えられる。

　(E)「アジア・環太平洋のリンケージの時代」日銀前総裁白川方明（2012年6月11日）[12]の講演の中で，「アジアのポテンシャルを最大限に生かすためには，労働集約的な生産基地と捉えるだけではなく，より有機的かつ重層的なリンケージの構築を図ることが有益である。例えば国内市場をターゲットにしていた日本の小売，介護，教育サービスについて，アジアというマーケットを意識することで，より大きなビジネス戦略を立てることが可能となるわけである。アジアの人的資源をいかに活用していくかといった観点より，アジアの有機的なリンケージの構築による成長フロンティアの拡大は有益な Win-Win の関係につながる」と述べた。有機的，重層的なリンケージを提案しており，意識的につなげることを提案している。

　(F)「多国籍企業の海外子会社と地場企業のバックワードリンケージの概念と展開」関下稔　『立命館国際研究』の研究ノート[13]の中で，多国籍企業と地場企業の間の広範な結合・提携関係について論じており，企業内，企業間，原材料などの上流から下流に向かうフォワードリンケージ（前方結合）と後者から前者へ逆流するバックワードリンケージ（後方結合），そして相互交流というホリゾンタルリンケージ（水平結合）を視野に入れて考える必要があるといっている。またグローバリゼーションの進展から広がりと深まりの両面があり，バックワードリンケージはリンケージが表す状況の中に端的に表れているといっている。リンケージの定義として，「ある材料を購入する場合，1回だけの関係ではなく，それ以上のもので，企業間のより長期的な関係を含意している」ものであるとしている。バックワードリンケージとは，「多国籍企業が市場に出す完成品連携と流通システムの連携を明らかにし，そこから逆流して原材料・部品・中間財の連携を契約関係に基づいて調達，供給するシステムを構築する」としている。その関係の基本は継続的な取引関係が存在していることを含意している。バックワードリンケージには新たに創出する場合と，現在有るものを深化させる場合の2つがあり，海外子会社と地場産業のバックワードリンケージについて詳細に検討している。後方結合として意識的につなげるこ

とを提唱している。

　(G)「人材・組織マネジメント間のリンケージと多様性」徳丸宣穂，日本 MOT 学会，研究発表の中で，人材マネジメントはプロジェクトを完成させるために必要な人材を適切に用意する仕組み，組織マネジメントはプロジェクトを完成させるために仕事を設計，配分する仕組みとして，この2つのマネジメント間に見られる関連性をリンケージとしている。そしてリンケージは企業内外の環境変化に対応して，変えることが可能なダイナミックな概念であるとしている。目的に応じた人材育成のつながりと考えることができる。

　(H)　政府は住宅向け太陽光発電で，それまで利用されてこなかった環境価値（CO_2を排出しないクリーンな電力の価値創造）を有効活用するために「グリーンリンケージ倶楽部」を2011年に設置した。この活動でクリーンな太陽光発電によって，排出削減されたとみなされる CO_2 の量を取りまとめ，CO_2排出削減活動を行う企業に売却する仕組みを考えた。環境価値を有効活用するために意識的につなげる仕組みをつくったと考えることができる。

　(I)「わが国機械工業における生産リンケージと情報要因」藤本義治『大阪経大論集』(2007) の中で，機械工業の親工場と下請け工場との生産リンケージおよびそれに基づく生産集積を対象とした問題を論じている。親工場と下請工場の結びつきに対して，連携という形で表現し，情報要因との関係で整理している。同業種，異業種にせよ，受発注を通じた横の連携，仕事の融通性のリンケージが存在しているとしている。生産リンケージを弱い意識的なつながりを形成していると考えることができる。

　(J)「海洋表層・大気下層間の物質循環リンケージ」科研費補助金（特定領域研究）研究成果報告書の中で，「海洋生物を通じて大気と海洋の間に存在する密接な相互作用の解明に取り組む活動について」を植松氏が代表となった研究グループが行っている。相互作用をリンケージとして定義し，海洋生態系が気候に与える影響を定量的に評価することを研究の目的としている。ここでのリンケージは，何かの原因でつながっていく現象を明らかにすることにあると考えることができる。したがって，結果としてつながっていくと捉える。

(K)「グローバルリンケージと都市」山崎朗『都市政策研究』第12号の中で，¹⁸⁾「グローバリゼーションの潮流は歴史上経験したことのない速度で進展してきており，東京，ニューヨーク，パリ，ロンドンを頂点とした階層的世界都市システムが徐々にフラット化してきている。今後都市の成長を規定するのは，中心都市の有するグローバルなネットワーク力と広域的な都市地域の有する創造力である」といっている。創造力とはその都市特有のシステムであり，各機能が有機的に結合してバランスの良い都市を形成している。さらに「グローバルリンケージは各都市を結ぶことによって，高度なサービス機能を提供する広域生活圏の拠点としての機能を果たすことが必要である」，といっている。ここでのリンケージは意識的につなげることを意味している。

　(L)「技術革新の源泉—サイエンスリンケージからみた産業技術政策の課題—」，¹⁹⁾この報告書は，政府が技術革新を促進するための政策を立案する際の判断基準となる客観的な基礎資料を提供する目的で行われている。サイエンスリンケージは判断基準の基となる尺度を表したもので，特許と科学とのリンケージ（特許1件の論文引用数）を意味している。特許と科学のつながりと捉えることができる。

　(M)「ファカルティリンケージ・プログラム」とは，大学で提案された教育システムで，各学部に設置されている授業科目を有機的にリンクさせ，新たな知的関心の領域に対応する教育の場を設定するプログラムとして作られている。²⁰⁾学部の枠を超えて設けられた新たな知的領域を系統的・体系的に，学際的な視点から問題解決能力を高めることを目的としている。つながりを考えたプログラムといえる。以上13のリンケージに関する話題を説明してきたが，それらの内容を表2.1にまとめた（これ以後，出所が表示されていない表及び図は筆者が作成したものであることをお断りしておく）。

　領域としては，経済，産業，製造，自然，社会，科学，教育と多くの分野でリンケージに関する問題が扱われている。またリンケージの使われ方をみると産業，製造分野では，ある目標を持ってつなげることが意識的に行われている。(A)の経済のようにグローバリゼーション環境の中，ある国の政策がどのよ

表2.1 リンケージの整理

領域	内容のまとめ	リンケージの意味
（A）経済	ある国の政策が他の国の貿易の流れや経済の行動様式に影響を与える	相互依存
（B）産業	ロジステックと供給連鎖という面から顧客起点のチャネル・リンケージを提案	連携
（C）産業	合弁企業の分業の拡大により産業リンケージが拡大してきている	意識的につなげている
（D）製造	自動車部品業界は裾野の広い生産リンケージで構成されている	つながり
（E）産業	アジアのポテンシャルを最大限生かす有機的で重層的なリンケージが必要	意識的につなげる
（F）製造	企業内，企業間の継続的な取引関係を変化に対応して構築する	意識的につなげる
（G）産業	プロジェクトを完成させるための人材・組織の最適な配分の仕組みを作る	意識的につなげる
（H）産業	CO_2排出削減活動の仕組みをグリーンリンケージ倶楽部の名で展開中	意識的につなげる
（I）製造	同業種，異業種にかかわらず受発注を通じた横の連携，仕事のリンケージがある	つながりの形成
（J）自然	海洋の間に存在する密接な相互作用の解明に取り組む活動	つながっていく
（K）社会	各都市を結ぶことによって高度なサービス機能を提供することができると提案	意識的につなげる
（L）科学	知的資産と論文とのつながりで尺度を提案し，政策に役立たせる	つながり
（M）教育	各学部に設置されている科目を有機的につなげた教育システム	つながり

うな行動様式に影響を与えるのか，複雑なつながりが生じてくるリンケージ問題もある。また（J）の自然のように，どのようなつながり方をしているのか解明する問題もある。

これまでリンケージという話題について辞書からの定義，文献からの使われ方を整理し，リンケージとは何かについてある程度の考え方が明らかになってきたと考える。インターネットの普及とともに，地球上の誰とでもつなぎ，つながる環境が整い，ある目的を持ったつながりを推進することにより，多くの人，組織が利益を共有することができる時代に入ってきている。リンケージという考え方は，グローバリゼーション環境においてより複雑化，広域化してくると考えられ，筆者は時代に合った新しいリンケージ概念が必要ではないかと考えた。表2.1を参考にリンケージの基本要件について整理すると，以下の6つを少なくとも導き出すことができる。

①　2つ以上の対象が存在する

②　少なくとも一方向につながりがある

③　一つ以上の双方向につながりがある

④　ある目的を持ってつながっている（但し，自然，社会現象を除く）

⑤　つながりには強弱が存在する

⑥　対象によってつながりの意味合いが異なる

　①については，一つの対象のみではつながる対象がないため成り立たないことになり，2つ以上の対象が必要となる。②については，川のように上流から下流に一方向に向かって流れてつながっていく状態と，製品組み立てのように下流から上流に部品が流れてつながっていく状態がある。③についてはお互いに影響しあいながら双方向でつながる相互依存状態の場合である。④については（主に人が関係），ある目的を持ってつながりを意識したシステムと捉える場合である。⑤については，つながりの中でも目的達成のための強い働きかけ，弱い働きかけが存在している。⑥につては，対象によって目的に応じてつながっている内容が異なる。これら6つの要件の中で，①を基本要件として②から⑥のうち一つ以上存在すれば，リンケージしていると考えることにする。

　特に③，④に対しては，リンケージの要件として最も重要な問題として捉えており，リンク間の相互理解によってより高い目的が達成できる。例えば（E）の介護サービスは国の規制緩和，介護者，非介護者の強いつながりによってよ

り高いレベルの介護サービスが実現できる。（F）の高付加価値を創ることができるサプライヤーとのつながりは，サプライヤーの持つ特別な技術を生かし，生産効率に貢献するという親会社と子会社の強いつながりによって実現することができる。（J）の自然は現状の分析によってどのようなつながりが生じているのか，それぞれのつながりを明らかにすることによって，自然の生態系の構造がわかってくる。未知のもののつながりを明らかにするということである。環境面からどのようなつながりを継続し，どのようなつながりを断つかという判断材料となる。つながりは産業の発達とともに効率性のみを追求すると，環境の変化に対して負のつながりになる可能性を秘めていると考えられる。

2.4 リンケージの意味づけ

では次に，つながりとはどのようなことを示しているのか，その中の意味を探ってみよう。（A）〜（C）の書籍については既にリンケージの持つ意味について説明した。（D）から（M）の10の文献について具体的にどのような考え方でリンケージを扱っているのか，リンケージの持つ意味を整理する。表2.2に（D）〜（M）までの資料をさらに詳しくリンケージ対象，リンケージ目的の2つに絞って整理し，一覧表にまとめてみた。

（A）から（M）の文献の中で，リンケージの意味について基本要件との関係で3つの事例を説明する。まず（A）のグローバルリンケージは，マクロ的な扱いをしており，1国の政策が他国にどのような影響を及ぼすのか，リンケージの基本要件の中で，③の双方向，⑤のつながりの強弱，⑥のつながりの意味合いなど複雑に絡み合った結果として，タイムリーに影響度が異なってくる状況が生じると分析することができる。この場合，意識的につなげるのではなく，むしろ何らかの影響によりつながっていくと見ることができる。（F）の高付加価値を創ることができるサプライヤーとの連携では，基本要件の③の双方向，④の目的を持っている，⑤のつながりの強弱，によってより良い成果物を付加価値製品として産出することができると考えられる。目的がはっきりしており，積極的につながることによって，より良いものを提供する場合と捉えることが

表2.2 リンケージの対象と目的

領域	リンケージの対象	リンケージの目的
(D) 製造	・自動車産業（鉄鋼，樹脂，ゴム，木材，ガラス，セラミック，皮革，塗料，金属等）16の業種を挙げている。自動車関連のつながりであり，産業リンケージとして使われている。 ・川上から見た場合（鉄，金属，ゴム，ガラス等→自動車部品メーカー→完成車メーカー→販売店→ユーザー	完成車に要求される材料との効率的なつながり 消費者に渡るまでのつながり
(E) 産業	・国内市場をターゲットにしていた日本の介護，教育サービス（介護の場合，アジアの人材とのつながり，教育サービスの場合，アジアの人との教育システムのつながり等）	相互依存による人材介護システム 相互依存による人材教育システム
(F) 製造	・高付加価値をつくることができるサプライヤーの継続できるリンケージ ・リンケージを促進する立場から，新たにリンケージを創出する場合と現在有るものを進化させる場合がある。後者の場合は企業間に強いきずなが必要とされる。	特定企業との強いつながりによる継続性 特定企業との強いつながりによる高付加価値化
(G) 産業	・J社の人材マネジメントは人材獲得後仕事を与え，人材育成をして評価・処遇をし，仕事を与えるリンケージである。 ・G社の人材マネジメントは仕事の設計をしてから人材確保をし，評価・処遇をするリンケージである。企業の立場によってその方法は異なる。	目的に応じた育成方法のつながりによる継続
(H) 産業	・各家庭→リンケージ倶楽部→CO₂排出削減→売却→企業→売却益は国庫	眠っている CO_2 の有効利用と利益享受
(I) 製造	・親工場と下請工場には何らかの結びつきを持つリンケージが存在し，仕事の融通性を発揮することによって生産集積の利益が生じる様子が窺える。	親企業と下請企業の信頼関係による強い結びつきによる部品の供給
(J) 自然	・海洋生態系が気温に与える影響を明らかにするために，海洋の成分，微生物，プランクトンなどの変化とそれぞれのつながりを調べ，生態系の応答を解明する。	生態系の関連の解明によって地球環境の保全に貢献する。
(K) 社会	・グローバルリンケージの構築は港湾，空港，通信環境の整備のみならず，海外の企業・観光客・自治体・学生がつながりたいという機能を備えていなければならない。	都市の持つ特徴的な機能を発揮するための魅力を構築する。
(L) 科学	・技術革新を通じた経済成長を継続するためには，貢献する分野を数量的に把握する評価基準が大切となる。精度の高い尺度で効果的な分野を特定する必要がある。	重点的な分野を見つけ出すための尺度を2つの要因で見つけ出した。
(M) 教育	・学生が所属学部で主専攻を修めることを基本として，学際的な立場から問題解決能力を高めるための科目のつながりを意識的につくり上げたプログラムである。	受講者の総合力を高め，社会に役立つ人材の育成をめざす。

できる。また，（M）の教育の問題解決能力を高める講座のつながりでは，③，④，⑤，⑥に関連し，学生の要求にあったグルーピングの受講を目指す教育システムを指向しているといえる。学生という顧客に対していくつかの選択肢を提供することによってつながりをつくっている。以上（A），（F），（M）について6つの基本要件との関連性を説明したが，リンケージの目的によってつながり方の性質が異なると考えられる。これらの事例に存在しているつながり方は興味深い問題であるが，今回は産業製造に関する（C），（D）および（E）～（I）のリンケージの意味に見られる，ある目的を達成するためにどのように意識的につなげていくのか，を対象とした問題に絞って検討する。

　今までの議論の中ではっきりさせたい内容がもう一つある。基本要件②に関係しているが，（F）の中で扱っているフォワードリンケージ，バックワードリンケージに見られるリンケージの向かう方向についてである。どこからどこに向かうのか，どのくらいの強さなのかという方向と強さの程度である。接点と矢印の基本形態で表してみると，2つの接点とのつながり，階層的なつながりが少なくとも存在すると思われる。図2.1にリンケージの基本形を示す。リンケージのタイプとして順方向，逆方向，相互方向がある。階層的なつながりから見るとフォワードリンケージ，つまり上から下に矢印が下がっていくタイプ，バックワードリンケージ，つまり下から上へ上がっていくタイプ，両方を含んだ複合的リンケージが存在する。接点をアクティビティ，矢印を順ベクトル，逆ベクトル，相互ベクトルと呼ぶことにする。つまり何かをつなげることに関してその何かをアクティビティで表し，つなげることつまり矢印をベクトルで表す。ベクトルは方向と強さの強弱を持っている。

　リンケージは我々の実生活において密接に関係しており，直接的には人と人，人と家庭，人と会社，人と隣近所，間接的には人と経営，人と経済，人と産業等，我々を取り巻くあらゆる環境と結びついている。インターネットの普及とともに地域，国，世界がつながり，地球全体の情報が身近にみられる環境になってきた。今まで関係がなかったか薄かったことまで，身近な問題としてつながってきている。グローバル環境とICT化の発展によって，今まで無関係と思わ

（イ）2つのアクティビティのつながり

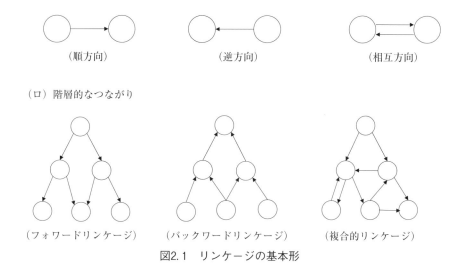

（順方向）　　　　　　　（逆方向）　　　　　　　（相互方向）

（ロ）階層的なつながり

（フォワードリンケージ）　（バックワードリンケージ）　（複合的リンケージ）

図2.1　リンケージの基本形

れてきたつながりが身近な問題となってきているわけである。インターネットはまさにグローバリゼーション時代の情報の取り扱いに対して，つながりの捉え方と使い方に大きな影響を与えるであろう。ここではモノづくり経営の立場より，インターネットを含めたリンケージについて論ずることにする。

2.5　リンケージとモノづくり経営

　リンケージの見方からすると，我々が生活している世界はつながりから成り立っており，つながりは根本的な事柄の一つと考えることができる。その中で，グローバル環境になった現在，社会環境が益々複雑になってきており，変化する社会の枠組みの中で，モノづくりも変化してきている。環境が変化しても変わらないリンケージ，変化するリンケージ，弱くなっていくリンケージ，消えていくリンケージ等，いろいろなリンケージが存在する。モノづくり経営でのリンケージについていくつか説明する。ここで扱うリンケージは，主に意識的

につなげるリンケージを紹介する。

2.5.1 需要と供給に関するリンケージ

　需要と供給の関係からモノづくりを見ると，需要が供給を上回る場合，つまりある商品をどれだけ作っても売れていく場合は，消費者の要望を強く考慮しなくても生産しさえすれば，企業の経営は成り立つ。企業が消費者を引っ張ってフル生産している状態であり，強さは企業側にあるという点より，図2.1の順方向のリンケージと見ることができる。需要と供給がつりあっている場合は，消費者の嗜好を考えながら商品を開発・設計し生産して消費者の要望を考慮して供給する必要があり，相互方向のリンケージである。また供給が需要を上回る場合は，消費者がどの商品を選択するのか消費者側が商品を選ぶことになり，強さは消費者側に移るという点より，逆方向のリンケージと見ることができる。この場合，購買の立場より企業か消費者かどちらが強いのかという評価でベクトルを表示したため，上記の説明になったが，ベクトルの評価の尺度によって逆方向になる場合もある。例えば，ベクトルの評価の尺度を宣伝量とすれば，需要が供給を上回る場合少ない宣伝量ですみ，逆方向となる。また供給が需要を上回ると，順方向になり，消費者に対してより効果的な宣伝をすることになる。このようにリンケージのベクトルは評価尺度によって異なってくる。需要と供給に関するリンケージは環境が変化しても2つのアクティビティである程度説明することができる。

2.5.2 モノづくりに関するリンケージ

　モノづくりのタイプを分けてみると，垂直統合型と水平分業型に分けることができる[21)]。垂直統合型は一つの企業あるいはグループの企業が，部品の製造からサブ組み立て，総組み立てまですべて行う場合である。フルセット垂直統合化といわれ，日本の製造業が得意としている生産体制である。この場合，独自の知財マネジメントが構築される。水平分業型は得意の分野に特化して分業化し，標準化してどの製品にも組み立てられるようにモジュール化する生産方式

である。この場合，知財の一部をオープンにし，他企業に知財を移転して委託生産するモデルである。このモデルは重要なコアとなるところに特化し，生産部門はデジタル化によって標準化し，徹底した低コスト体制を敷くことである。この2つのタイプはそれぞれ特徴があり，摺り合わせのモノづくりは垂直統合型が多く，モジュール型のモノづくりは水平分業型が多い。大量生産しているパソコン，スマートフォンは水平分業型で行っている。リンケージの観点よりみると，垂直統合型は部品生産企業と組み立て生産企業の階層的なつながりであり，フォワードリンケージの強いベクトルの関係が成り立っている。親企業からの指示によって，設計どおりの部品が作られていく。水平分業型は，部品の供給は標準どおり作ったものを完成品に組み立てるセット型企業に供給する方法であり，複合的リンケージになると考えられる。

2.5.3 経営目標指標のリンケージ

企業内 SCM の実証研究[22)]の中で，改善活動の件数と改善活動の結果の指標との関係を統計的にまとめている。この実証研究は改善活動を行えば，品質が良くなり，設備の故障が減り，生産性が向上し，その結果在庫が減り，リードタイムが減少するというつながりを重回帰分析によって整理している。この分析結果を見ると，改善活動と生産性，不良率，設備故障率の関係にいくつかの相関がみられる。これは改善活動と指標の間につながりがあり，活動を活発に行うと，指標に影響を与える結果となっている。例えば，設備保全を積極的に行えば，設備故障率が減り，設備の総合効率が上がるというつながりができる。この状態はつながっていくという意味になる。経営的判断では，このつながりが明らかになった段階で，より強くつながらせるのか，そのままにしておくのか，つながりをやめるのか，この段階で人による判断が入ることになる。バックワードリンケージに対応している。

以上3つの話題でリンケージについて説明したが，経営活動ではどのようにリンケージするのかによって活動成果に大きく影響すると考えられる。

注

1) 野村重信（2015）「グローバル環境におけるリンケージ・マネジメントに関する研究
　—リンケージの概念と経営環境の周辺—」『グローバリゼーション研究』，Vol. 12，No.
　1，pp. 90-94
2) 新村出編（2018）『広辞苑』第七版　岩波書店，p. 3102
3) 松村明編（2019）『大辞林』第四版　三省堂，p. 2895
4) Eleanor Lawrence 編，生物学用語辞典編集委員会（2012）『ヘンダーソンの生物学用
　語辞典』第15版，オーム社；東京化学同人編（2015）『生化学辞典』第 4 版，東京化学
　同人，p. 1484では連鎖とは「同一染色体に座位した遺伝子群の遺伝における結合」として
　おり，生物学用語辞典と類似した定義をしている。2 つの辞典共，連関という考え方
　の解釈をしている。
5) 前掲 2)，p. 3102
6) 前掲 2)，p. 3102
7) ジェームズ・ローズノウは国内政治と国際政治の間の連係を分析するために「リン
　ケージ」という考え方を提唱した。ブリタニカ国際大百科事典，小項目事典，「リンケー
　ジ」の解説による。
8) W. J. マッキビン，J. D. サックス著，服部彰・高瀬光夫・高瀬かず子訳（1996）『グ
　ローバル・リンケージ—マクロ経済相互依存の経済学—』学文社，pp. 24-50
9) 田村公一（2011）『流通チャネル・リンケージ論—マーケティングとロジスティクス
　の均衡をめざして—』中央経済社，pp. 33-52
10) 小池洋一・川上桃子（2003）『産業リンケージと中小企業』日本貿易振興会アジア経
　済研究所，pp. 117-139
11) 日本貿易振興機構（2012. 3）『中国自動車部品業界市場調査報告書』pp. 9-16
12) 白川方明（2012. 6. 11）「アジア・環太平洋のリンケージの時代」
　サンフランシスコ連銀主催コンファレンス
　https://www.boj.or.jp/announcements/press/koen_2012/ko120612a.htm/（2020. 2. 18）
13) 関下稔（2001）「多国籍企業の海外子会社と地場企業のバックワードリンケージの概
　念と展開」『立命館国際研究』Vol. 14，No. 3，pp. 91-120
14) 徳丸宜穂（2013）「人材・組織マネジメント間のリンケージと多様性—日独自動車サ
　プライヤーの比較研究—」日本 MOT 学会　研究発表
15) 経済産業省（2011）「グリーンリンケージ倶楽部」
　https://taiyoseikatsu.com/words/tyg000145.html（2015. 2. 20）
　https://j-greenlinkage.go.jp/（2020. 6. 10）
16) 藤本義治（2007）「わが国機械工業における生産リンケージと情報要因」『大阪経大論
　集』第57巻，第 5 号，pp. 61-71
17) 植松光夫（2012）「海洋表層・大気下層間の物質循環リンケージ」科研費補助金（特
　定領域研究）研究成果報告書
　https://www.mext.go.jp/a_menu/shinkou/hojyo/chukan-jigohyouka/1316705.htm

(2020. 2. 10)

18）山崎朗（2011）「グローバルリンケージと都市」『都市政策研究』第12号，pp. 3-10

19）玉田俊平太（2007）『技術革新の源泉―サイエンスリンケージからみた産業技術政策の課題―』経済産業研究所，pp. 1-19

20）中央大学（2019）「ファカルティリンケージ・プログラム」
https：//www.chuo-u.ac.jp/aboutus/gp/flp/（2020. 2. 2）

21）小川紘一（2009）『国際化標準と事業戦略』白桃書房，pp. 103-122

22）安田正義（2014）「企業内 SCM の実証的研究―グローバル競争環境下における収益に貢献する戦略的改善活動」『グローバリゼーション研究』Vol. 11，No. 2，pp. 1-20

参考文献
・川上昌直（2019）『「つながり」の創りかた　新時代の収益化戦略　リカーリングモデル』東洋経済新報社
・平松茂実（2011）『モジュール化グローバル経営論』学文社
・山田英司・上杉利次（2016）『「協創」のグループ経営』中央経済社

第3章 リンケージの構造

3.1 リンケージの定義

　リンケージを成り立たせている構造について考えることにする。前章，表2.1の各事例の意味から拾い出すと，相互依存，意識的につなげる，つながっていく，連携，つながり，つながりの形成が見出された。特に意識的につなげるが多かった。つなげるはその前提として，何と何をつなぐのかという，つなぐということが暗に行われている。これらリンケージの意味から整理すると，リンケージの基本的概念は①つなぐこと，②つなげること，③つながること，に分けることができるのではないかと考えた。広辞苑，大辞林に基づいて，つなぐとはつなぎとめて離れないようにすること，つなげるとは離れているものを近づけ合わせる，つながるとは何かに関連してつながっていくと解釈して進めることにする。これら3つの意味の内容から，自ら働きかける能動的な行為，つまり意識的につなげること，自然につながっていく受動的な状態，つまり無意識的につながっていく状況が存在することに気づいた。①のつなぐことは，結び留めて離れないようにすることであり，何かのきっかけによって意識的につなげることによって，新しいものを創造することができる可能性を秘めている。このつなぐことを，互いに矛盾し対立するかに見える2つの要素を統合することによって，高い次元で新しい何かを創造するという弁証法で用いられている止揚の考え方で捉えることにする。②のつなげることは，本書の中心的な問題対象であり，意識的に離れているものを近づけ合わせることによって，新しい何かを作り出せる可能性が期待できる。また無意識的につなげた結果，何かを作り出すことができる可能性を秘めている。お互いの要素をつなげることによって，足りないところを補い合ってある目的を達成する補完の考え方で捉えることにする。③のつながることは意識的，無意識的にかかわらず，何かに関連して引きつけられていく状況を示している。一方の要素が他方の要素を包み

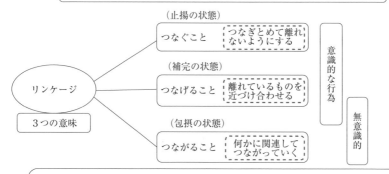

図3.1　3つのリンケージの意味

込んでしまうという現象であり，マルクスが資本論で用いた包摂の考え方で捉えることにする。[5]

　以上の説明から，これら3つはそれぞれ異なった性質を持っていると考えることができ，リンケージの基本構造をなすとする。①から③の説明を整理して図3.1のようにまとめてみた。つなぐという止揚リンケージ，つなげるという補完リンケージ，つながるという包摂リンケージの3つの意味に整理することができる。ここでリンケージとは「要素がつながり互いにかかわりあっていること」と定義する。リンケージを流れという観点より捉え，そこにどのような現象が見出せるのかを考える。要素とは事物（有形・無形の事柄）を成り立たせているものとし，ここでは要素を広い概念で捉え，順次具体的に説明することにする。[6] これら3つのリンケージ，つまり，止揚リンケージ，補完リンケージ，包摂リンケージを基本概念として図3.1の下部のように新しく定義する。この定義に基づいてこれからの話を進めていく。

3.2 リンケージと類似語との関連性

　リンケージに関する内容をつなぐ，つなげる，つながる，の3つの基本概念
で整理したが，ここでリンケージに関連する類似語と類似語の内容について整
理しておきたい。止揚リンケージを意味Ⅰ，補完リンケージを意味Ⅱ，包摂リ
ンケージを意味Ⅲとする。リンケージの関連用語を拾ってみると，連携，提携，
協業，統合，結合，融合，複合，合成等が挙げられる。これら8つの意味を広
辞苑で引くと，「連携とは同じ目的をもつものが互いに連絡をとり，協力し合っ
て物事を行うこと」と説明されている。「提携とは手を取り合って互いに助け
ること，共同してことをなすこと」「協業とは一連の生産工程を多くの労働者
が分担して協同的・組織的に働くこと」「統合とは多くのものをひとつにまと
めあげること」「複合とは2種以上のものが合わさってひとつとなること」「融
合とはとけて一つになること，溶かして一つにすること」「結合とは結びあう
こと，結び合わせてひとつにすること」，また「合成とは二つ以上のものを合
してひとつのものにすること」と説明されている。連携，提携，協業，統合は
主として人，組織を対象としているのに対して結合，合成は主としてものを対
象にして用いられていると考えられる。融合，複合は組織，人，モノの両者に
用いられていると考えられる。本書ではもの（モノ）について2つに分けて取
り扱っている。文献等で扱っている抽象的な事柄はもので表示し，本書で扱う
場合はモノ（材料・部品・商品とサービス等）として表示する。

　これら類似語の定義に基づいて前節で説明した意味Ⅰ，意味Ⅱ，意味Ⅲとの
関連性を整理しておきたい。連携は意味Ⅱの状態に近く，つなげることによっ
て目的が達成される意味を持つと考えられる。提携はお互いに助け合うという
ことから意味Ⅱに相当すると思われる。協業は仕事を分担して組織的に働くこ
とから意味Ⅰ，意味Ⅱに関連すると考えられる。統合は独立したものを一つに
まとめ目的を達成すると考えられ，意味Ⅱに比較的近いとみられる。複合は意
味Ⅲに関連し，一つに合体する現象であると捉えることができる。融合は意味
Ⅲに近い状態であり，一つに合体する現象であると考えられる。結合は意味Ⅰ，

意味Ⅲに関連し，意識的，無意識的な状態の現象であると考えられる。合成は意味Ⅱ，意味Ⅲに関連し，一つに合体する状態であると考えられる。このようにリンケージのつなぐこと，つなげること，つながることは類似語の側面からも説明することができると考える。ここで内容を整理すると，意味Ⅰは協業，結合，意味Ⅱは連携，提携，協業，統合，合成，意味Ⅲは複合，融合，結合，合成に主として分類することができる。

3.3 リンケージ過程

3つのリンケージの定義に基づいて，リンケージが繰り広げる現象面から詳しく説明する。2つの要素のつながりの過程を時系列で表し，そこでどのようなリンケージ過程をたどるのか，を図で明らかにしたい。補完リンケージ，包摂リンケージ，止揚リンケージの順に説明する。通常は2つ以上の要素との複雑なつながりであるが，ここでは単純な2つの要素で説明する。

3.3.1 補完リンケージ

つなげること，すなわち補完リンケージについて説明する。時系列からの過程で整理するにあたり，4つの段階を考える。ある独立した2つの要素A，要素Bがあるものとする。2つの要素をつなげることによって新しい価値が生まれる過程を図3.2に示す。

ケースⅠの場合は，A，Bはお互いに存在しているだけで独立した状態である。ケースⅡはお互いに独立した要素をつなげることによって，何かを生み出す可能性があると期待できそうな接触している状態である。ケースⅢでは，接触した状態から意識的につないで，お互いに補完し合い，新しいものを生み出す関係に踏み込んでいる状態であり，補完リンケージの初期状態である。ケースⅣでは，ある目的を達成するために補完し，新しいものを生み出し，価値のある機能を創出している状態である。ケースⅣはお互いに持っている機能を有効に活用し，Win-Winの関係をつくり上げている状態といえる。Win-Winの状態とは要素Aと要素Bがお互いに利益を共有することである。

（独立した状態） （接触した状態） （AとBが重なった状態）（AとBが深く重なった状態）

<ケースⅠ> <ケースⅡ> <ケースⅢ> <ケースⅣ>

図3.2　補完リンケージ過程

3.3.2　包摂リンケージ

つながること，包摂リンケージについて説明する。時系列からのプロセスで整理するにあたり，5つの段階を考える。ある要素とある要素がつながっていき，やがては一方が他方を飲み込む包摂状態になっていく現象がある場合を対象としている。このリンケージを包摂リンケージと呼ぶことにする。ある2つの独立した要素D，Eがあり，2つの要素をリンクすることによって新しい価値が生まれるプロセスを図3.3に示す。

ケースⅠの場合は，お互いに存在しているのみで独立した状態である。ケースⅡは要素Dが要素Eに接触した状態で，これから要素Eを侵食していこうとする瞬間である。ケースⅢはDの要素がEの要素を取り込み，要素Eの機能が包摂されていく過程である。ケースⅣはDの要素にEの要素が包摂されて，Eの機能が完全になくなった状態を示している。ケースⅤは包摂されたEの機能を生かすために他の要素とつなげてE'の機能として復活させた状態である。このE'の機能が付加価値を生み，要素Dから脱却できる。

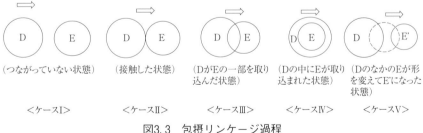

（つながっていない状態）　（接触した状態）　（DがEの一部を取り込んだ状態）　（Dの中にEが取り込まれた状態）　（DのなかのEが形を変えてE'になった状態）

<ケースⅠ> <ケースⅡ> <ケースⅢ> <ケースⅣ> <ケースⅤ>

図3.3　包摂リンケージ過程

3.3.3 止揚リンケージ

つなぐこと，止揚リンケージについて説明する。互いに矛盾し対立するかに見えるある要素とある要素がぶつかり合い，いずれか一方を否定するのではなく，両者を肯定し，包含し，統一し，超越することによってより高い次元のものを創り出していく場合である。したがって意識的につなぐことによって新しい価値を生み出す可能性を持つ。このリンケージを止揚リンケージと呼ぶことにする。時系列からのプロセスで整理するにあたり，4つの段階で考える。

ある2つの独立した要素があり，2つの要素をぶつけ合うことによって新しい要素が生まれるプロセスを図3.4に示す。互いに矛盾しているとみられる独立したFとGをつなげることによって，新しい価値を生む場合を対象とする。時系列からのプロセスで整理するにあたり，4つの段階で考える。ケースＩでは相反する無関係の2つの要素があるとする。ケースＩＩは接触し，ぶつかり合い，反発し合い，つなげる意思を表している状態である。ケースＩＩＩでは目的を達成するために，新しく生み出された要素Ｈによってつなげる状態を表している。ケースＩＶはケースＩＩＩの段階から移行し，要素Ｈによってつながり，生み出されたものの芽を育成しながら成長させていく過程である。こうして目的に合った新しい価値ある要素Ｈをぶつかり合いながら創り出していく。

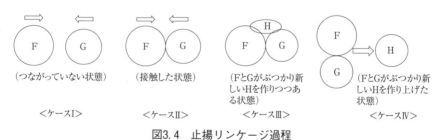

図3.4　止揚リンケージ過程

3.4　リンケージの基本構造

3つのリンケージ過程を説明したが，ここでリンケージとして成り立つ要件としてどのようなものが必要なのか，リンケージの要件を整理しておきたい。

前提としての一次要件として必要なものは，

（一次要件）

（a）２つ以上の要素（要素は単一もしくは複数の機能を持つ）が存在するということである。

（b）リンケージする要素はある目的を持って存在している……目的を持ったつながりを意識したシステム。

　一つの要素ではつながるものがないため成り立たない。またリンケージをするにはある目的を持たなければならない。すべてのリンケージは一次要件の２つを含まなければならない。一次要件を含んで次の二次要件を少なくとも一つ以上含むとする。

（二次要件）

（c）一方向につながりがある……上流から下流に，下流から上流に一方向に向かったつながりがある。

（d）一つ以上の双方向につながりがある……お互いに影響し合って双方向につながる。

（e）つながりには強弱が存在する……目的達成のため強いつながり，弱いつながりがある。

　一次要件（a）を含んで二次要件（c）〜（e）のうち一つ以上を含めばリンケージしていると捉えることにする。なお二次要件は一例として示した。

　リンケージの過程，リンケージの要件を説明したが，次にリンケージの基本構造を整理しておきたい。図3.5にリンケージの３つの構造を示す。リンケージとしての対象はお互いの要素であり，ある要素の２つ以上がリンクしていると捉える。リンケージを３つの基本構造に分けて説明する。最初の双方向はＡの要素とＢの要素がリンクしてある価値を生み出している。それぞれＣ，Ｄも同様である。つまり２つのリンケージによって成立している場合をいう。連鎖とはＡとＢ，ＢとＣが垂直にリンクしている場合をいう。ＢとＣから生み出されたものがＢの中につくられ，ＡとＢがリンクする。ＡとＣは間接的にリンクしていると捉えることができる。ネットワークとはＡ，Ｂ，Ｃが直接リ

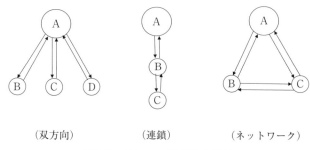

（双方向）　　　　　（連鎖）　　　　　（ネットワーク）

図3.5　リンケージの基本構造

ンクしている場合であり，A，B，C3つの要素のつながりでリンケージを構成していると捉える。3つ以上のより多くの要素とリンクする場合も考えられる。ネットワークは基本的には双方向の延長線上にあり，双方向の発展形と捉えることができる。

　リンケージの基本構造を3つのリンケージから説明することにすると，補完リンケージは双方向，連鎖，ネットワークの3つを含んで新しいものを生み出す構造を有していると考えられる。表面的には双方向であるが，さらに深く分析すると連鎖，ネットワークの構造を持っている。例えば連鎖では親，子，孫請けの下請け関係がこれにあたる。ネットワークではAはBと補完関係にあり，AはBを介してCとつなげて補完関係をつくる場合がある。包摂リンケージは包摂された後，一方の要素が消滅するか，自力で脱出するか，双方向，ネットワークのリンケージによって復活するかであろう。止揚リンケージは意識的につなぎとめることによって新しい価値を生み出す可能性があり，まず双方向でつなげることによってリンクできると考えられる。

3.5　リンケージの螺旋的発展

　つなぐ，つなげる，つながる，の3つの状態について時間的な面からのリンケージ過程，基本構造からのリンケージについて整理してきたが，この3つのリンケージに対してのつながりは，どのように捉えればよいのだろうか。3つ

の状態は独立しているのだろうか，それともある条件が整うと関連して変化していくのだろうか，あるいは密接に関連しているのだろうか，という問題認識が出てきた。リンケージの定義で説明した内容について再び紹介すると，つなぐとはつなぎとめて離れないようにする（意味Ⅰ），つなげるとは離れているものを近づき合わせる（意味Ⅱ），つながるとは何かに関連してつながっていく（意味Ⅲ）という内容であった。意味Ⅰでつながれているものが互いに近づいていって（意味Ⅱ）新しい価値を生み出し，新しい価値が今まであった価値とつながることにより，包含していく（意味Ⅲ）という過程が存在すると考えるならば，意味Ⅰ，意味Ⅱ，意味Ⅲのつながりによってつながっていくと捉えることができる。この現象は弁証法的考え方の立場から説明することができ，螺旋的発展として成長していくのではないかと考えられる。[8)9)] 3つの状態は時間的経過によるある特定の期間の動的運動として捉えると，お互いにつながりがあるのではないか。時系列的なサイクルとして形式知化することができるかもしれないという問題認識が生まれてきた。

注
1 ）野村重信（2015）「グローバル環境におけるリンケージ・マネジメントに関する研究
　　―リンケージの概念と経営環境の周辺―」『グローバリゼーション研究』Vol. 12，No. 1，
　　p. 87
2 ）栗原隆（2004）『ヘーゲル―生きてゆく力としての弁証法―』NHK 出版，p. 50
3 ）田坂広志（2005）『使える弁証法』東洋経済新報社，pp. 20-37
4 ）新村出編（2018）『広辞苑』第七版　岩波書店
5 ）カール・マルクス（1970）第四版　『直接的生産過程の諸結果』国民文庫，大月書房，
　　pp. 79-81
6 ）松村明編（2019）『大辞林』三省堂
7 ）前掲3 ）p. 165
8 ）島崎隆（1993）『ヘーゲル弁証法と近代認識』未來社，pp. 239-250
9 ）前掲3 ）pp. 158-165

参考文献
・フランシス・ウィーン著，中山元訳（2007）『マルクスの「資本論」』ポプラ社
・小牧治（1966）『マルクス』清水書院

第4章 リンケージ・バリュー

4.1 リンケージ・バリューの意義

　リンケージを3つのタイプに分けることにより，現在我々が置かれているグローバルな環境の中で，どのような事柄が当てはまるのか考えてみよう。リンケージは幅広い概念であり，筆者らが定義したリンケージの概念は，第2章の整理によって明らかとなってきた。リンケージの領域は，経済，産業，製造，自然，社会，化学，教育と多岐にわたって取り上げられてきている。インターネットの普及とともに，グローバルな環境の拡大が進み，ある目的を持ったつながりを積極的に推進することにより，社会，組織がお互いに利益を共有できる時代に入ってきている。リンケージという考え方は，グローバルな環境において，より広域化，浸透化してきている。時代に合った新しいリンケージ概念を構築し，目的に応じて意識的，効果的に活用することによって，企業の発展，継続に貢献できると考える。補完リンケージはお互いに不十分なところを補うことによって，さらに良いものをつくり出だそうとする考え方である。包摂リンケージは，ある要素がその要素を含むより大きなものに飲み込まれることに対して，復活する方法をつくり出す考え方である。止揚リンケージは，ある目標に対してその目標を達成するために，矛盾するある要素とある要素をつなげることによって，新しいものを生み出す考え方である。3つのリンケージは，発生初期において意識的か無意識的かのリンケージ状況は異なるものの，新しいものを生み出すことは共通している。では，リンケージによって新しいものを生み出すとは，どのような状態が形成されているのであろうか。

　既に，リンケージについて3つの意味，つなぐ，つなげる，つながる，を定義し，時系列から見た場合の3つのモデルのリンケージ過程の推移を示した。3つのリンケージは，お互いの要素の中にある機能を組み合わせて，Win-Winの関係をつくり上げている相互利益がそこに存在している。つくり上げている

相互利益を価値と呼び，この価値こそが，意識的につなぎ，つなげ，つながる
リンケージ・バリューである。ここでは，先に提案した補完リンケージ，包摂
リンケージ，止揚リンケージのリンケージ・バリューの3つの基本形について，
相互利益を生む価値という立場から検討する。[1)]

4.2 補完リンケージ・バリュー

　まず，補完リンケージ・バリューである。AとBの重なった状態をつない
だ結果，そこから生まれる価値をリンケージ・バリュー（LV）と呼ぶことに
する。図4.1で説明すると次のようになる。

　補完リンケージ・バリューは，お互いに持っている要素の中でリンクできる
機能を組み合わせることによって新しい価値を創造することができる。要素
Aが持つ一つ以上の機能と要素Bが持つ一つ以上の機能をつなげることに
よって今までできなかった新しい価値を創造することが可能となる。したがっ
て次のように定義する。「補完リンケージ・バリューとは，ある目的を達成す
るために意識的にリンクできる要素を最大限に活用し，お互いの優位性を引き
出してそこから新しい価値を創造し，Win-Win関係をつくり継続できる価値
である」。AとBの積集合である重なりは，お互いの要素の中にある機能をつ
なげることによって新しい価値を生むリンケージ領域であるといえる。

　補完リンケージ・バリューは，お互いが独立して持っている要素の足りない
ところを，お互いにつなげることによって補完し合い，新しい価値を生み出す
場合である。産業，政策，経済，社会等，我々が生活するあらゆる場所で，日
常的に行われている行為である。特にグローバルな環境を迎え，技術革新の激
しい現在，戦略的に要素同士をつなげることによって新しい価値を創造するこ
とが重要となってきている。

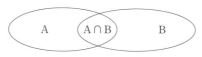

図4.1　補完リンケージ・バリュー

4.3 包摂リンケージ・バリュー

要素Dと要素Eが完全に重なった後，要素Fによって価値E'をつくり上げた過程を図4.2に示す。

図4.2 包摂リンケージ・バリュー

包摂リンケージ・バリューは侵食あるいは包摂された段階で，何か他のもの，例えばFとリンクすることによってE'として再び存在価値を見出した場合である。包摂リンケージ・バリューとは「ある目的を達成するために包摂された要素を他の要素とリンクすることによって再度新しい価値を創造し，Win-Win関係をつくり継続できる価値である」と定義する。

包摂リンケージ・バリューはある独立した２つのものが，ある一方のDが近づくことによって，Eそのものが持っている価値を侵食し，やがては包摂されていく過程の中で，他の要素とリンクし新しい価値をつくり出す場合である。古い価値から新しい価値に変化していく過程においてよく見られる。産業，社会にITが浸透してきており，従来の古いものから新しいものへと変わり，それに伴って多くのものが消えていく。しかし，従来の機能を生かし，他の要素とリンクすることによって新しい価値を見出し，新製品として活用されてきているものもある。

4.4 止揚リンケージ・バリュー

止揚リンケージ・バリューによって，新しい価値Hを創り出した状況を概念的に整理すると図4.3のようになる。

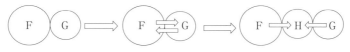

図4.3 止揚リンケージ・バリュー

止揚リンケージ・バリューは，相反するＦとＧをぶつけることによって融合し，統合して新しい価値Ｈを創り上げることであり，共創によって革新的な価値を創造する可能性がある。したがって次のように定義する。止揚リンケージ・バリューとは，「ある目的を達成するためにある２つの反発する要素の一方を否定するのではなく肯定し，融合し，統合することによって新しい価値を創造し，それらを活用してWin-Win関係をつくり継続できる価値である」。このように，止揚リンケージ・バリューはある要素とある要素を意識的につなぎ合わせることによって，より次元の高い価値を生み出すことにある。弁証法でいう矛盾を含んでいるものを止揚することによって，新しい価値を創り出していく状態である。一方では企業の利益を追求し，一方では地域の環境を大切にするとした場合，そこには矛盾が存在する。どのように解決してより高い次元に発展させていくのか，利益を追求しながら環境を良くするという矛盾を解決する新しい価値が求められる。

　以上，３つのリンケージ・バリューについて説明した。図4.4はリンケージ・バリューの構造を示している。構造からの３つの図はリンケージの基本構造（図3.5）で示したが，リンケージ・バリューの構造と対比して説明するにあたり

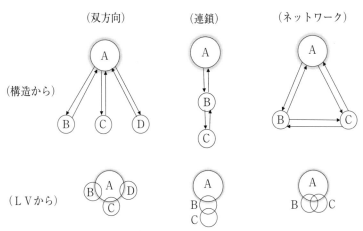

図4.4　リンケージ・バリューの構造

再度登場させた。リンケージ・バリューからその構造を示すと，最初の双方向についてはＡとＢ，ＡとＣ，ＡとＤが独立してリンクしている場合であり，各々補完リンケージ・バリューが成り立っている。連鎖はＡとＢ，ＢとＣが連鎖してリンクしている構造であり，ＢとＣのリンケージ・バリューがＡとＢのリンケージ・バリューに影響を与えている階層構造リンケージである。トライアングルはＡとＢとＣがリンクしている重構造リンケージである。ＡとＢ，ＡとＣ，ＢとＣ，各々のリンケージ・バリュー，そして３つの重なった領域が高次のリンケージ・バリューである。これら双方向，連鎖，ネットワークの３つをリンケージ・バリューから見た場合の基本構造として取り扱うことにする。

4.5　ダイナミック・リンケージ・バリュー

　３つのリンケージ・バリューの過程を時系列から説明したが，これらの３つのリンケージ・バリューは基本形であり，現実の社会においては単独で継続したり，複合して継続したり，ある時点で消滅したり，また復活してその時点の環境状況によってダイナミックに動いていくと考えられる。つまり時間と共に形を変え，他の要素とリンクしながらダイナミックに変化していく。リンケージ・バリューから派生してダイナミック・リンケージ・バリューをここで定義すると，「ある目的を達成するために，リンクできる要素を最大限に活用してお互いの優位性を引き出してそこから新しい価値を創造しWin-Win関係をつくり，外部・内部変化に適応できるリンケージ・バリューを生み出し，継続できる価値である」，ということになろう[2]。ダイナミックに対しては外部・内部変化に適応するためにリンケージ・バリューに変化を起こし，継続させていく活動をすることになるであろう。その時にどのようなリンケージを考えるのか，その時の状況によって古いものを捨て，新しい選択をして活動していくことになる。再び安定した環境が崩れると，新しい価値を求めてリンケージ・バリューが変化し，次の価値を創造するという螺旋的発展を続けることによって継続していく。

以上 3 つのリンケージを定義し，リンケージとして成り立つ要件，リンケージの基本形を整理することによってリンケージの特性を明らかにした。そして，リンケージ・バリューという考え方を定義した。整理する段階でリンケージとは幅の広い概念であり，経済，産業，製造，自然，社会，化学，教育等あらゆるところにその考え方が存在していることにあらためて気づいた。リンケージ・バリューの対象は広く，リンケージをしながら価値を高め，成長したり，継続したり，やがては衰退したりして，螺旋的な発展をしてきていると考えられる。グローバル環境の中で，企業が持つ情報の価値を活用してリンケージが益々促進され，多くのリンケージ・バリューが生まれていくであろう。

4.6　リンケージ・バリューの安定と変化

　リンケージ・バリューの基本概念は，Win-Win の関係を作り継続できる価値であると定義した。では，Win-Win の関係を作り継続できるとはどのような状態になっているのであろうか。ゲーム理論の先駆者の一人であり，ノーベル賞学者であるナッシュが，均衡ないし平衡について「ナッシュ均衡」という概念を提唱している。[3] トム・ジーグフリードによると「生体系であろうと，化学系であろうと，物理系であろうと，そして社会制度であろうと，あらゆるシステムは安定しようとする。したがってどうやって安定した状態に至るのかを突き止められれば，予測する大きなヒントになる。」そして「化学反応の場合に，平衡状態に達したとたんに化学物質の量が変わらなくなるように，ゲームの場合には，均衡に達したとたん，だれ一人戦術を変えようという動機を持たなくなる。したがって選択される戦略も変わらなくなる。つまり，ゲームの状況は安定する[4]」と，ナッシュ均衡について説明している。

　ナッシュは，競い合うプレーヤーの戦略が均衡に達する，「安定した」点が必ず一つは存在することを示した。ナッシュ均衡はお互いに安定した状態を作り上げること，つまり Win-Win の関係を作り上げることであり，均衡関係が成立しているときは安定状態にあると考えることができる。一方，安定状態に変化が生じる，つまり外部・内部環境に変化が生じると均衡点が崩れ，新たな

活動によって Win-Win 関係を再構築するか，解消するかの選択を余儀なくされる。この状態がダイナミック・リンケージ・バリューとなり，次のステージに向かう。

　Win-Win の提唱者コビーは，この関係を 6 つに分けて考えている[5]。すなわち，① Win-Win，② Win-Lose，③ Lose-Win，④ Lose-Lose，⑤ Win，⑥ No Deal である。この中で①の Win-Win 以外はお互いに利益が得られない。①の関係を構築できなければ，⑥の何もしないことがベターであると主張している。環境の変化によって均衡点が崩れ，②や③の状態になると一方に大きな問題が生じ，均衡点が崩れ，継続できる状況に変化が生じるであろう。均衡点が崩れた場合，環境の変化にどのように適応し，継続できるリンケージ・バリューを再構築するか，解消するかという問題に直面する。環境の変化により条件が変わって，①の状態から②の状態，③の状態に移行していくと不安定な状態になり，ナッシュ均衡が崩れ，ダイナミック・リンケージ・バリューの考え方を模索するか，解消する方向に変化していくであろう。

　リンケージ・バリューは，Win-Win の関係を中心に置いた考え方であると捉えることができる。そして，企業組織では継続できることが前提条件となる。新しい価値を生み継続することが必要条件となる。リンケージのつなぐ，つなげる，つながる，3 つの要素を眺めているうちに，この 3 つは時間軸で見ると一つのサイクルとして存在しているのではないか，と確信するに至った。日常の中に浸透している管理のサイクルは P–D–C–A という考え方が広くいきわたっているが，継続という面より眺めているうちに，リンクという考え方を用いて，継続をうまく説明できるかもしれないということに気づいた。筆者は工業経営に関する研究の中で，「企業の経営をいかに継続させていくか」の課題についての問題意識を強く持っている。継続とはどのような環境条件に置かれているときに成り立つのか，どのような条件が崩れると成り立たなくなるのか，継続というキーワードをリンケージの側面より捉えてその特性の一部を明らかにしたい。次章ではリンケージ・サイクルという考え方を通じて継続に関する問題について検討する。リンケージ・サイクルを考える前にリンケージ・バ

リューについて実際の面より，その有効性を検討してみよう。

4.7　リンケージ・バリューに関連する話題

　経営学の中でリンケージ・バリューに関する問題を取り扱っているテーマについて，いくつかの話題を挙げてみよう。

　「価値づくり経営の論理[6]」の中で，延岡は機能的価値と意味的価値の２つを提案している。その中で，「機能的価値とは，客観的に価値基準が定まった機能的な評価によって決まる価値である。一方，意味的価値とは，顧客が商品に対して主観的に意味づけすることによって生まれる価値である」としている。「機能的価値は，商品が持つ機能によって決まる価値だが，意味的価値は商品と顧客が影響し合って共創する価値だ。意味的価値は主に顧客が決めるといっても間違いではない」といっている。ここでは，企業と顧客の相互関係において，共創とはお互いが影響し合って顧客の情報を形式知化して，企業側がつくり出していく価値と捉えることができる。この価値は，３つのリンケージ・バリューの中で補完リンケージ・バリューの定義の中に包含することができ，主に企業側がつくり出すものである。結果として顧客と Win-Win の関係が成り立つことになる。顧客と企業のリンケージ・バリューである。したがってリンケージ・バリューは，共創を包含する概念であると捉えることができる。リンケージ目的としては価値の創造が挙げられる。

　ブルー・オーシャンを提唱した W・チャン・キム，レネ・モボルニュは著書の中で，ワイン，航空会社，サーカス等の事例で，コストと買い手にとっての価値(低コストと差別化)に対して，同時に実現し得る領域として，バリュー・イノベーションと定義した[7]。バリュー・イノベーションとは，コストを押し下げながら，買い手にとっての価値を高める状況を創り出すことであり，今まで誰も考えなかったことを形式知化し，商品を生み出すことである。この場合，企業と顧客の Win-Win の関係を築き，ブルー・オーシャンの領域で新しい価値を生み出す。バリュー・イノベーションはリンケージ・バリューの一つの考え方としてその価値を発揮すると捉えることができる。リンケージ目的として

は価値の創造が挙げられる。

ステークホルダー理論の創始者エド・フリーマンは,「ステークホルダーのための経営とはトレードオフ的な思考をすることではない。イノベーションと企業家精神を働かせて,主要ステークホルダーの全員に利益をもたらし,ステークホルダーがみな同じ方向に進むよう仕向けることなのだ」といっている[8]。ステークホルダーのために価値を創り出すという行為は,ステークホルダーと企業間のリンケージ・バリューを,どのように創り上げるのかということになる。コンシャス・カンパニーを提唱しているジョン・マッキーらは,この価値創造をビジネスの社会的責任の中で最も重要な側面である[9],と主張している。企業とステークホルダーこそが,相互関係,相互協力,共通の価値観に存在している相互利益を目指す活動を通じて価値を創出し,Win-Winの関係を見出す重要な役割を担っていると考える。相互関係,相互協力,共通の価値観をどのようにリンクさせていくのかがリンケージ・バリューの社会的な役割である。トレードオフの関係にあるものが,どのようにして連携して止揚することによって新しいものを創出するのかである。リンケージ目的としては企業の存在理由,企業の価値理由が挙げられる。

3つの例を挙げたが,リンケージ・バリューを扱うテーマはその対象によって目的が異なってくる。リンケージ・バリューは目的を達成するための具体的な考え方を導いており,お互いのWin-Winをどのように構築するかである。リンケージ目的はお互いが利益を享受し合ってこそ成り立つのであり,Win-Winの関係でどちらか一方に傾いてしまうと,信頼関係が損なわれ,将来において継続できなくなる可能性が高くなる。お互いの強さからどのような状況が生まれるのか,それらの発生構造,構造からのパターン,時間軸による変化等興味がある問題であるが今後の課題としたい。

以上,3つのリンケージを定義して,リンケージとして成り立つ要件,リンケージの基本形,を整理することによってリンケージの特性を明らかにした。そしてリンケージ・バリューという考え方を定義した。

さてリンケージの基本概念と3つのリンケージ及びリンケージ・バリューの

概要を整理したので，ここでは経営の立場でリンケージがどのように活用できるのか検討する。補完リンケージ・バリュー，包摂リンケージ・バリュー，止揚リンケージ・バリューの順に説明する。リンケージは一般的に広い範囲を対象としている。3つのリンケージ・バリューを説明する前に対象とする範囲を明確にしておきたい。

　ここでは，主に工業経営が扱うテーマを対象とする。企業内を例にとると，モノを生産する要素としての人，モノ，設備，方法といわれる4Mから建屋，通路，置き場，物流センター等価値を生むモノに関連するすべてを含む。また企業とのつながりを例にとると企業とサプライヤー，企業とベンダー，企業と地域のつながり，企業と顧客等企業を取り巻く環境が対象となる。企業とステークホルダーのつながりでは，企業と従業員，顧客，地域社会，地球環境，サプライヤー，株主，国がある。また広く国と国，地域と地域，組織と組織のつながりもある。このように本書は広範囲を対象としているが，工業経営が扱う問題を主に対象として検討する。

4.8　リンケージ・バリューとポーターの共通価値の創造

　リンケージ・バリューと比較的共通している考え方に，ポーターが提唱している共有価値の創造がある。[10] 2006年12月号にハーバードビジネスレビュー誌の "Strategy and Society" の共著論文の中で共有価値の創造（Creating Shared Value, 略称：CSV）とは，「企業による経済利益活動と社会価値の創出を両立させること，およびそのための経営戦略のフレームワークを指す」といっている。この考え方はCSRの立場から，価値を創造するという考え方として提案している。その後，2011年1，2月号合併の同誌にCSVのコンセプトについて詳しく述べている。[11] 共通価値の概念としての定義は「企業が事業を含む地域社会や経済環境を改善しながら，自らの競争力を高める方針とその実行」としている。アプローチとして「社会のニーズや問題に取り組むことで社会的価値を創造し，その結果経済価値が創造されるべき」であり，「企業の成功と，社会の進歩は事業活動によって結びつくべき」としている。

ポーターの考え方は，問われて実行するという CSR の立場から CSV も出発しているが，現在ではそこから脱して，経済的価値と社会的価値の止揚リンケージ・バリューとして一般的に受け入れられ定着しつつあると考えられる。共通価値の概念は，資本主義の境界を引き直すものであるとして，「企業が成功すれば社会が改善されるように双方を結びつけることで，新たなニーズに応え，効率を改善し，差別化を生み出し，そして市場を拡大する筋道がいくつも見えてくる」と，創造的な立場で説明している。このように企業の成功によって社会が改善されるという，時系列的な面より共通価値を創造するという好循環を形成する要素として捉えている。本書のリンケージ・バリューの考え方は，リンクする対象に対してお互いの優位性を引き出して，Win-Win な関係を積極的につくり出すことにある。提案している止揚リンケージ・バリューは共有価値の創造をも含んだより積極的な価値を創造する考え方であると捉えることができる。ステークホルダーに対して，企業との Win-Win の関係をどのように築くのかが，これからの企業運営にますます重要になってくるであろう。

4.9　リンケージ・バリューの考え方

4.9.1　補完リンケージ・バリューの考え方

　生産工程での人，モノ，設備のリンケージについて考える。ここでの補完リンケージ・バリューとは，ある目的を達成するために人，モノ，設備を意識的にリンクさせ，お互いの優位性を引き出して継続できる新しい価値をつくり出すことである。図4.5は生産でのリンケージ・バリューの考え方の一例を表している。人とモノ，人と設備，モノと設備の各々2つの要素で説明する。もちろん3つの要素のリンケージも存在する。リンケージの定義で述べた補完リンケージのケースⅢ及びケースⅣの状態である。モノづくりの3要素である人，モノ，設備のリンケージを考えることによって良いモノを，安く，早く作り出すリンケージ・バリューを考える。人に優しく，高品質で，故障ゼロの設備で妥当なコストをアウトプットとした場合である。例えば，人の機能とモノの機能を組み合わせてリンケージ・バリューとして優しい作業を維持することを考

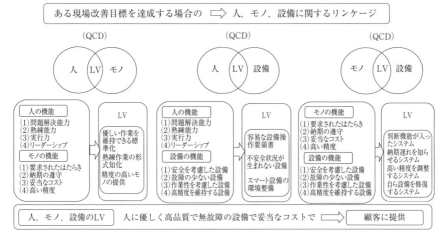

図4.5　補完リンケージ・バリュー

える。標準化，熟練作業の形式知化，精度の高いモノの提供という改善課題が
導かれる。人の機能と設備の機能を組み合わせることによって，リンケージ・
バリューとして容易な設備操作要領書，不安全状態が生まれない設備，スマー
ト設備の環境整備等，の改善課題が導かれる。モノと設備ではリンケージ・バ
リューとして，判断機能が入ったシステム，納期遅れを知らせるシステム，高
い精度を調整するシステム，自ら設備を修理するシステム等，の課題が導かれ
る。このようにリンケージしないと導きにくい課題を形式知化することができ
る。各要素の強みを組み合わせることによって良い製品を生み出すことができ
る。補完リンケージはお互いの要素をリンケージすることによって一つの要素
では限界がある問題に対して，新しい視点からの課題を見つけ出すことができ
る。その視点に基づいた課題に対して創造し，お互いが利益を享受できる Win
-Win の関係を構築する機会を得る。工場のショップで考えてみよう。ある現
場でより良い標準作業を設定する課題が与えられたとする。人と設備とのリン
ケージ・バリューの面より，人の機能と設備の機能を理解し，人がミスをしな
い不安全な状態が生まれない設備改善の設計をしたとする。この場合，人の立

場からは作業に対する安心感につながり，設備の立場からは不良が減り，安定的な良品を作り続けることができる。またエネルギーの削減にも貢献する。多くの現場では企業が持っている改善手順書，チェックリスト，動作経済の原則等を活用して行われている。ここでは，補完リンケージの活用によって人の立場を考慮した効率的な設備改善ができることを示した。

4.9.2　包摂リンケージ・バリューの考え方

　包摂リンケージ・バリューについて説明する。包摂されたリンケージには図4.6のようにいろいろな形態が存在する。形態1は完全に包摂されて消えてしまった場合であり，ポケットベルは携帯に包摂され，録音テープ，HDはCDやUSBに包摂されている。しかし形態2のようにポケットベルが順番待ちが生じた顧客に対して知らせる，待ちベルとしての機能を活用して顧客サービスに使われている。ポケベルの機能を生かしてポケベルと顧客のリンケージ・バリューを復活させた事例である。顧客の利便性を考慮した活用方法といえる。形態3ではそろばんが電卓に変わり，完全に包摂されたかに見えたが，そろば

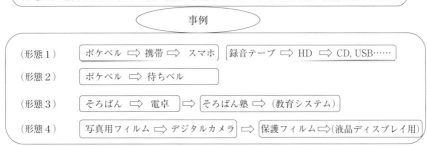

図4.6　包摂リンケージ・バリュー

ん塾として教育システムに活用しており，そろばんを通じて教育する塾の機能
は残ってきている。形態4では，写真用フィルムがデジタルカメラに包摂され，
写真フィルム自体はなくなったが，そのフィルムの技術を応用して保護フィル
ムとして復活を遂げている。包摂リンケージはこれからも変化しながら時代の
要求に応じて考案され，その中から欲しい機能が顧客に受け入れられて，螺旋
的発展をしていくであろう。

4.9.3　止揚リンケージ・バリューの考え方

　企業とベンダーについて考える。企業とベンダーはコスト・品質・納期の面
で矛盾関係にある。企業はベンダーに対して品質の良いものを納期通りに安い
コストで納入してほしいと考えるが，一方ベンダーはコストに見合った品質の
ものをできるだけ同種の製品を多く，こちらの都合で納入したいと考える。こ
こに品質，納期，コストに関して矛盾が生じることになる。企業とベンダーの
関係は止揚リンケージである。図4.7は企業とベンダーとのリンケージ・バ
リューを表している。止揚リンケージのケースⅢ及びケースⅣの状態の場合で
ある。品質，納期，コストに対して企業の機能とベンダーの機能を組み合わせ
ることによって，リンケージ・バリューが生まれる。品質では2つの要素を止
揚することによって新しい価値を生むことができる。お互いの機能を強化して
精度の高い製品を生み出すことができ，性能の高い製品を保証できる。納期で
はリンケージ・バリューとして無駄の少ない日常管理システムを構築して，納
期遅れをゼロにする運用方法を確立することができる。図4.7より品質で説明
すると，企業とベンダーとの止揚リンケージによって，精度の高い製品，性能
の高い製品，要求に対応できる製品，より良い製品の提案等，つながることに
よって高いレベルの製品が得られる。納期では日常管理システムの確立，生産
計画の確立，物流システム構築の提案等，新しい課題が見えてくる。コストで
は提案営業によるコスト低減，情報活用によるコスト低減，物流システムの構
築等，止揚リンケージを活用して無駄な作り方を防いでお互いにコスト削減が
できる体制を構築することができる。このように，止揚リンケージはお互いの

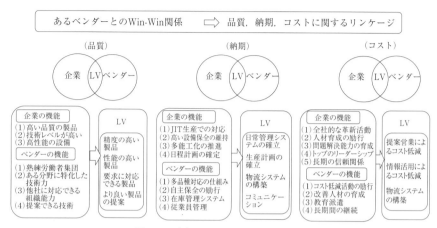

図4.7　止揚リンケージ・バリュー

要素をリンケージして，一方の企業だけでは限界がある問題に対して，新しい視点からの課題を見出すことができる。そしてその課題に対してお互いが利益を享受できる独自の Win-Win 関係を創り上げることができる。

4.10　リンケージ・バリューの適用

4.10.1　サプライヤーからみたリンケージ・バリュー

　TPS のモノづくりは自社だけで導入しても大きな成果は出ず，サプライヤーを巻き込んだ全グループを対象として初めて，その力を発揮するトータルなシステムである。サプライヤーはステーク・ホルダーであり，止揚リンケージと位置づけることができる。メインの企業側からの立場，サプライヤー側からの立場は背反関係にある。企業側は自社の存続を目指すために利益を最大限にし，継続と成長を望み，サプライヤー側は納入するための条件として適切な価格，要求された実現可能な品質，安定供給を望むことになる。背反関係にある立場に対して，お互いに止揚し，より高い次元のリンケージ・バリューを共創することによって新しい価値を創り上げることを目指す。図4.8に企業とサプライヤーのリンケージ・バリューを示す。

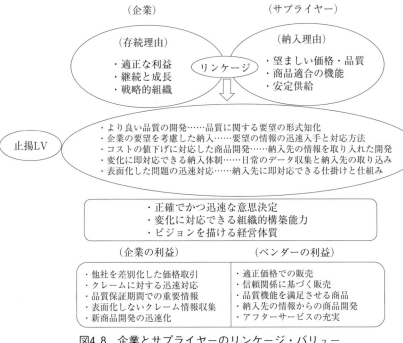

図4.8　企業とサプライヤーのリンケージ・バリュー

　企業側のリンケージ理由としては，適正な利益，継続と成長があり，サプラ
イヤー側としては，望ましい価格，要求品質，安定供給が挙げられる。これら
の内容は背反関係にある。止揚リンケージによって，お互いの Win-Win 関係
を維持できる価値を創造することが重要となってくる。止揚リンケージ課題と
して，より良い品質の開発，より良好な納入方法の構築，より安い商品の開発
が挙げられ，止揚リンケージ・バリューによってより良い価値が提供でき，企
業の利益，サプライヤーの利益に結び付けていく。このような関係でつながり
合うことによってリンケージ・サイクルとしての継続性をも形成する要件を満
たすことになる。止揚リンケージ・バリューを構築した結果，企業の利益，サ
プライヤーの利益がナッシュ均衡になったとき，すなわち Win-Win の関係が
成り立った時，均衡点が形成され継続していく。条件が変わればその都度見直

し，変化に対応するダイナミック・リンケージが作られていく。止揚リンケージ・バリューは創造的価値を生む原動力となる。

4.10.2　モノづくりからみたリンケージ・バリュー

　生産システムは良いものを安く早くつくるために人，モノ，設備，方法をいかに効率的良く運用するかが課題である。競争環境にある現在，いかに他社よりも安く，良いものを納期通りにつくり上げるのか，そのための効率的な生産力をいかに実現させるのか，がさらに高い課題となる。課題を解決するためにどのようなつくり方をすれば良いのであろうか。ここではモノづくりからのリンケージ・バリューを検討する上において，生産システムを点の集まりから線につながる流れの良さからモノづくりシステムを検討してみることにする。図4.9は流れの良さから見た場合のモノと設備のリンケージ・バリューの概念である。モノに対しては4つの課題，設備に対して4つの課題があるとする。それら4つをリンケージして，流れの良さからどのようなリンケージ・バリューを課題として解決すべきか，具体的に4つの課題が形式知化されている。この課題を解決することによって円滑な良い流れのラインが形成されていくという一つの指針を得ることができる。

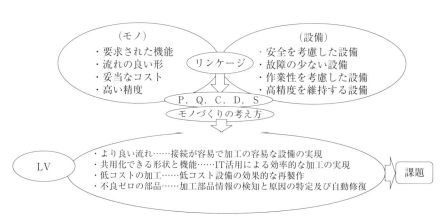

図4.9　モノと設備のリンケージ・バリュー

具体的な内容についてはモノづくりのコンセプトに基づいて作られる。ここでは流れの良さからの側面より検討しており，モノと設備を補完リンケージ，止揚リンケージによってリンケージ・バリューを形式知化して課題を解決する方法をとる。TPS では日常の作業の中でコンセプトに基づいて改善が行われ，実行されている。

4.10.3　TQM からみたリンケージ・バリュー

　TQM の目標は顧客満足の価値づくりを目標として，どのような企業をつくり上げていくのかに重点が置かれる[12]。TPS，TPM は企業側の革新活動であるのに対して，TQM は顧客側からの全社的体質改善活動と捉えることができる。最初は現場の活動として QC サークルが活発に行われていたが，時代の変化によって品質中心の TQC から経営の「質」中心の TQM へと推移してきた。TQM のリンケージを図4.10に示す。

　目標は顧客満足の価値づくりを目指して，手段として QC7つ道具，統計手法，自工程完結等によって製品の質を上げる活動を行う。運用面として方針管理，QC サークル，ステップ展開，トップ診断等によって活動を継続する仕組みをつくっている。工場側の地道な活動によって品質が安定し，営業側では製品のサービスのみならず，営業のサービスに力を入れる活動になる。品質をモノ，サービスから発展させて経営の質を高める活動を推進している。TPS，TPM の活動範囲は限定的であったが，TQM は企業と顧客の関係よりも広いステークホルダーを巻き込んだ経営の「質」を目指す活動を目的としている。企業体質の改善から理念中心の活動にシフトしてきている。ステークホルダーとして顧客，従業員，社会，取引先，株主の5つを挙げ，確かな基盤を持って適正な利益を確保し続けることを企業目的としている。それらをつなげた経営活動を推進することが大切であるといっている。ステークホルダーとのつながりに関して，マーケティングで使われている関係性管理の考え方を用いて TQM のねらいを整理している。関係性マーケティングとは TQM 委員会によれば，「顧客およびその他の利害関係にある第三者との間に協力，かつ価値を担った感情

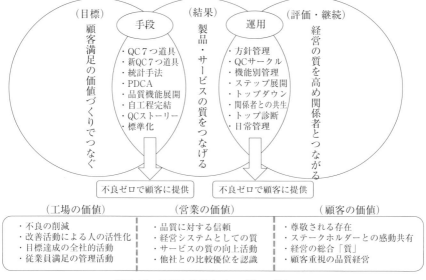

（目標）顧客満足の価値づくりでつなぐ

手段
・QC7つ道具
・新QC7つ道具
・統計手法
・PDCA
・品質機能展開
・自工程完結
・QCストーリー
・標準化

（結果）製品・サービスの質をつなげる

運用
・方針管理
・QCサークル
・機能別管理
・ステップ展開
・トップダウン
・関係者との共生
・トップ診断
・日常管理

（評価・継続）経営の質を高め関係者とつながる

不良ゼロで顧客に提供

不良ゼロで顧客に提供

（工場の価値）
・不良の削減
・改善活動による人の活性化
・目標達成の全社的活動
・従業員満足の管理活動

（営業の価値）
・品質に対する信頼
・経営システムとしての質
・サービスの質の向上活動
・他社との比較優位を認識

（顧客の価値）
・尊敬される存在
・ステークホルダーとの感動共有
・経営の総合「質」
・顧客重視の品質経営

図4.10　TQM のリンケージ・バリュー

を含んだ人間関係を創りだし，維持し，高めるプロセス」と定義されている。[13]
関係性という用語が用いられているのは，人間としての心理や感情などを考慮
した概念を提案していることであるとしている。止揚リンケージ・バリューの
考え方であり，つながりに関して人間の情緒面を重要視した考え方である。
TQM は経営の「質」の向上を狙い，ステークホルダーをつなぐ活動にシフト
してきた。利害関係者との協調路線を TQM は推奨していると捉えることがで
きる。

注
1）野村重信（2016）「新時代の経営環境におけるリンケージ・マネジメントに関する研究―リンケージ・バリューの概念について―」『グローバリゼーション研究』Vol. 13, No. 1, pp. 9–11
2）前掲1）p. 11
3）トム・ジーグフリード著，冨永星訳（2010）『最も美しい数学　ゲーム理論』文春文

庫，pp. 101–104

4）前掲3）pp. 104–108

5）スティーブン・R・コビー著，ジェームス・J・スキナー，川西茂訳（1996）『7つの習慣』キングベアー出版，pp. 297–347

6）延岡健太郎（2011）『価値づくり経営の論理』日本経済新聞出版社，pp. 33–95

7）W・チャン・キム，レネ・モボルニュ著，有賀裕子訳（2014）『新版ブルー・オーシャン戦略』ダイヤモンド社，pp. 44–95

8）ジョン・マッキーほか著，鈴木立哉訳（2014）『世界でいちばん大切にしたい会社―コンシャス・カンパニー』翔泳社，p. 90

9）前掲8），pp. 33–95

10）Michael E. Porter and Mark R. Kramer（2006）"Strategy and Society" *HARVARD BUSINESS REVIEW* December, pp. 78–92

11）Michael E. Porter and Mark R. Kramer（2011）"Creating Shared Value" *DIAMOND HARVARD BUSINESS REVIEW*，1，2月号, pp. 8–21

12）TQM委員会（1998）『TQM21世紀の総合「質」経営』日科技連，p. 33

13）前掲12）pp. 132–133

参考文献

・田中雅子（2016）『経営理念浸透のメカニズム』中央経済社

・野村重信・福田康明・仁科健（2002）『近代品質管理』コロナ社

・野村重信（2015）「グローバル環境におけるリンケージ・マネジメントに関する研究―リンケージの概念と経営環境の周辺―」『グローバリゼーション研究』Vol. 12，No. 1

・味方守信（1997）『「日本経営品質」評価基準』日刊工業新聞社

第5章　リンケージ・サイクル

5.1　流れからのリンケージ

　リンケージの基本的概念はつなぐこと，つなげること，つながることの３つに分けることがでるということは，リンケージの定義で示した[1]。これら３つのリンケージは今まで独立した事象として捉えていたが，流れからみると各事象はつながりを持った形で表現できるかもしれないと思い当たった。ここで，流れとは時間の経過とともに変化していくという時系列で眺めた場合のことである。まず３つの類似語は，どのような関係にあるのか調べることにした。Weblio類語辞書によればリンクするという意義素の一つ目は複数の物事に関わり合いを持たせること，２つ目は何らかの関連性を有するさま，３つ目は物理的に接し，一続きになること，４つ目は２つ以上のものが因果的につながること，の４種類に分類されている。大辞林によれば，意義素とは個々の語には１回ごとの具体的な用法の制約を離れても一定の基本的な意味がある，とする立場から設定される意味的単位があるとしている。

　一つ目の意義素の中につなぐという言葉が見出され，２つ目の中に関係を持つ，つながりをもつ，３つ目の中ではつながる，４つ目の中ではつながり合う，連結する，という言葉が見出された。この４つの意義素に対して時間の経過とともに変化していくという時間の概念を入れ，図5.1のように整理してみた[2]。つなぐ，つなげる，つながる，つながり合うという一連の流れでリンクする，を並べてみると，一つの現象として連続したリンケージの輪ができるような閃きを感じた。

　一連の流れの中で２つ目の意義素，何らかの関連性を有するさまについては，つなげるという言葉自体は見出されなかったが，つながりを持つという類語があり，つなげることである類語として扱うことにした。つなぐ，つながる，つながり合うは意義素の類語として見出すことができた。このように意義素から

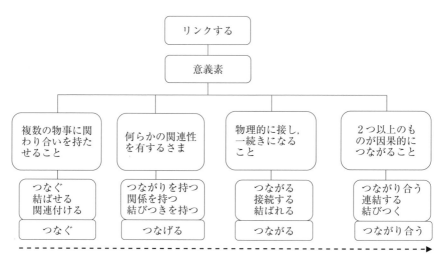

図5.1　リンクの意義素

類語として整理すると，4つのリンクする状況つまり，つなぐ，つなげる，つ
ながる，つながり合うという一連の流れは時間の経過とともに連続したサイク
ルとして捉えることが可能ではないかと思うに至った。これらをつなぐことに
よって，どのようにリンクしているのか，4つの言葉の意味を考えてみよう。
つなぐとはあるものとあるものの関わり合いを持たせることであり，意識的，
意図的に関わり合いを持たせることである。つなげるは関わり合いを持たせる
ために何らかの手段を通じてつながりを持たせる意識的，意図的な行為である。
つなぐ，つなげるは意識的に行われる行動であり，つなげるにはかなりのエネ
ルギーを必要とする。言語の分類では他動詞である。つなぐとは意識的に関わ
り合いを持たせるためには止揚リンケージの考え方を適用することができる。
つなぐための問題は何か，どのような方法，ツールによって次のつなげる方向
にシフトしていくのか，がこの領域の問題となる。つなげる領域では，補完リ
ンケージの考え方を適用することができる。この領域ではどのようにつながり
を持つのか，補完しながら Win-Win 関係を構築する。つながるところでは，
お互いに融合することによって包摂リンケージの考え方を適用することができ

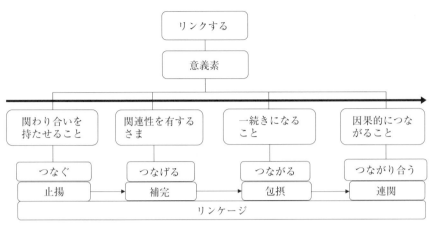

図5.2　時間軸から見たリンケージ

る。言語の分類では自動詞である。これらの3つのリンケージ状況がさらに強くつながり合うためには，ある目標を達成するために無意識的につながっている状況を排除して意識的につながり合う状態をつくることによって閉じたシステムになる。ここで意識的につながり合う状態を連関リンケージと呼ぶことにする。連関リンケージとは離れている2つ以上のものが何かに関連して新たにつながりを作り上げる，つまり互いにつながり関わり合っていることであると定義する。この4つの関連を整理し，現象面から並べてみると図5.2のようになる。

　この図は現象面から時間軸で表すことができ，連関リンケージによって閉じたシステムにすると，リンケージ・サイクルとしてのループを構成するリンケージ・サイクルを描くことができる。サイクルとはあるものの状態が一定の変化を経過した後，再び元の状態に戻ることである。それが循環することによって連続性が継続されると，有効な生きたシステムとして活用することができる。リンケージの考え方に基づいて時間の概念をベースとして，つなぐ，つなげる，つながる，つながり合うという一連の流れに対して，止揚，補完，包摂，連関リンケージをつなげたリンケージ・サイクルが形成された。

5.2 リンケージ・サイクルの形成

　リンケージ・サイクルはモノづくりの立場から考えるとどのような形で表せばよいのか，現在一般的に使われている管理との関係においてまず整理することにした。図5.3はリンケージの考え方と一般的に管理で使われている活動内容を含めて対応させた概念図である[3]。つなぐ，つなげる，つながる，つながり合う，の４つのサイクルをそれぞれ方針，仕掛け，仕組み，継続の管理ステップに対応させ，整理した。仕掛けから仕組みに移行するときに自律的な状態が生じ，無意識的にサイクルを回す自律的システムになっていくと頑強なリンケージ・サイクルの形成プロセスがつくられる。①ではあるモノづくりに対する方針が打ち出され，モノづくりの考え方，目標が明らかにされる。この方針にしたがって現状とのギャップを見つけ出し，課題を明らかにする。課題を解決するための制約条件を明らかにし，止揚の考え方に基づいて方策を立てる。②では目標達成のための方法が考えだされ，多くの仕掛けつまり方法と道具が開発され，導入される。この段階では補完の考え方に基づいて，目標達成のために問題となる制約条件を取り除くための活動が要求される。つまり目標達成のためのツールを開発し，制約条件を取り除く仕掛けが必要となる。③の段階では，仕組みづくりをすることにより，ツールが正しく活用され効果を発揮しているかどうかを意識的につなげる過程から，無意識的につながる過程に移行する移行プロセスと捉えることができる。無意識的と捉えた移行プロセスは明確な目標が曖昧な場合，方向付けが不明確となり弱いつながりとなる。仕組みはできているが，実際に運用できない場合はリンケージ・サイクルを回すことは困難となる。④の段階ではつながるからつながり合うことによって無意識的から意識的につながり合い，継続できる連関リンケージが形成される。このようにつなぐ，つなげる，つながる，つながり合うという４つの機能を持つリンケージ・サイクルは，システムとして目標を継続できる機能を有する頑強性に優れた自律的なサイクルを形成している，と捉えることができる。

　このシステムの特徴は④の段階の継続にある。①〜③はどの企業でも行われ

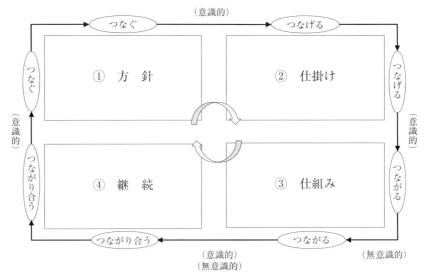

図5.3　リンケージ・サイクル

ており，④の継続に対して標準化された改善システムでは最後に歯止めとして
定着のチェックがなされている。しかし，その方法は明確に定型化されて運用
されているわけではなく，通常企業が独自の基準を作り運用しているわけであ
る。リンケージ・サイクルは継続に対してつながるからつながり合う段階での
リンケージ・バリューを明確にすることにある。そして，このサイクルは環境
の変化によって条件が変われば新しい方針をつくり，さらに上位を目指す活動
である。弁証法で説明している螺旋的発展の考え方をベースとしており，ダイ
ナミック・リンケージ・サイクルを形成している。図5.3の継続で，つながり
合うからつなぐ流れにシフトしているのは，ダイナミックな考え方を指向して
いるサイクルであることを示している。環境構造の変化によって①から③の状
況が変化し，④の継続が再定義され，螺旋的発展を続ける方向に向かっていく。
リンケージ・サイクルが見直されると，リンケージ・サイクルは管理のサイク
ルとして知られている Plan-Do-Check-Action と同様に積極的に活用すること

によって，ダイナミックなサイクルとして有効に機能するであろう。ここでリンケージ・サイクルを，つなぐ，つなげる，つながる，つながり合う一連の活動の螺旋的流れと捉えることにする。

5.3　リンケージ・サイクル・プロセス

　4つのサイクルを，ダイナミックなリンケージ・サイクルの管理プロセスの側面より述べることにする。図5.4にそのプロセスの全体を示す。ステップ1のつなぐでは，ある要素Aとある要素Bが近づき，目標を達成するためにどのような手段があるのかを検討し，実現するための対策を考える。目標に対してどのくらいのギャップがあるのか，そのギャップを埋めるにはどのような方法が考えられるのか，英知を絞ってアイデアを出す。そして実現するための方向づけを明確にして計画を立てる。つなげるためのツールの開発，いろいろな方策を行ってギャップを解消する活動が求められる。ステップ2のつなげるでは，有効なツールを活用しながら，リンケージ・バリューによって要素Aと要素BのWin-Win関係を構築して，目標を達成するための方法を見つけ出す。目標達成のための有効なツールが見つからなければ，自らツールを開発する必要が出てくる。ステップ3のつながるでは，安定した関係によって相互信頼が生まれ，相互利益の享受が行われる。リンケージ・バリューのブラッシュアップによってさらに強固になっていく。このような信頼関係によって仕組みができ，意識しなくても継続的な体制が整う。ステップ4のつながり合うでは継続するためのノウハウが蓄積され，自律的にシステムが運用される。継続するためのノウハウは暗黙知から形式知に変えられ，個人，グループ，組織に広がっていく。その広がりの程度によってシステムの頑強性の保証度が明らかとなる。この段階が長く続けばお互いにルーティン利益を享受できる。ステップ4はステップ1に移行する準備段階であり，環境の変化によってステップ1に移行する準備が行われるステージでもある。リンケージ・サイクルの螺旋的発展である。多くの企業が環境の変化に気づかず，組織が硬直化し，適応できず衰退している現状がある。ステップ4の対応が企業にとって最重要課題となる。

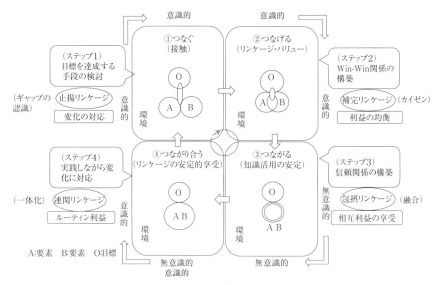

図5.4　リンケージ・サイクル・プロセス

　ここでステップ１からステップ４までの手順を実際の改善活動としてまとめると次のようになる。

〈ステップ１〉　つなぐ（方針）

（１）企業の現状を把握しながらあるべき姿をつくる。

（２）あるべき姿からリンクできる対象を見出し，つなぐ工夫をする。

（３）ギャップを縮めるための既存のツールの提供，新しいツールの開発を進め，そのツールの適用を検証する。

（４）ギャップを縮めるための計画を作成する。

〈ステップ２〉　つなげる（仕掛け）

（５）既存のツールを適用しながらつなげる工夫をする。

（６）ギャップが縮まらなければ新しいツールを開発する。

〈ステップ３〉　つながる（仕組み）

（７）目標を達成するために実際に実行する。

（8）さらにより良い仕組みにするために知恵を出して実践する。

〈ステップ4〉　つながり合う（継続）

（9）あるべき姿を実現するための現場のノウハウを蓄積する。

（10）ある状態を維持するために現場の環境に対して適応する組織力を構築する。

（11）環境の変化を認知し，次の指標を探索し，実行するための準備を進める。

5.4　多次元リンケージ・サイクル

　リンケージ・サイクル・プロセスに基づいて，具体的に構造化した多次元リンケージ・サイクル図を示す[5]。この図は，方針，仕掛け，仕組み，継続のリンケージ・サイクルを対象とする課題とつなげて形式知化したツールである。図5.5に示した内容は，モノづくりの中の中心的な課題の一つである「良い流れでモノをつなぐ」場合にどのようにつながり合うのかを明らかにした多次元リンケージ・サイクル図である。良い流れをつくるという課題は，モノづくりを目指す基本コンセプトの一つである。流れを実現するためにリンケージ・サイクルを通じて，どのようなステップで継続していくのかについて説明する。

　ステップ1ではまず，最初から最後までの工程を良い流れでつなぐ，というコンセプトから「すべての工程を極小ロットでつなぐ」という目標が立てられる。目標を達成する，つまりつなぐためにどのようなつなげ方をするのかを明らかにし，つなげるための道具の開発が行われる。ステップ2ではつなげるために開発された道具が，目的を達成するために有効かどうかを検討し，不十分ならば有効な道具として再設計するか，ほかの方法を考える。ステップ3ではつながるために目標と適合するかどうか，有効性の検証をして有効である道具を選択する。ステップ4では目標を継続するためのシステムをつくり，つながり合う仕組みを構築する。そして目標を継続するための運用管理を規定し，自律的な運用が行われる。頑強性のあるシステムとは，変化に対応しながらシステムの理想状態を指向し，螺旋的発展を繰り返すことによって目標を継続する自律的なリンケージ・サイクル自体にある。すべての工程を極小ロットでつな

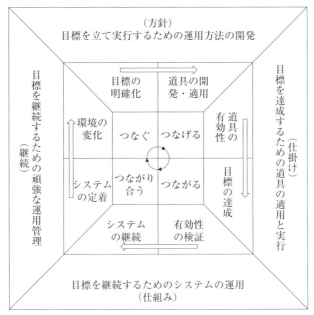

図5.5　多次元リンケージ・サイクル図

ぐという考え方は，モノづくりのあるべき姿のコンセプトとなっており，多くの企業でこの考え方を採用し，改善活動が行われている。環境変化に強いモノづくりコンセプトの下で活動している企業は，組織能力の強い体質が養われる。

　以上，４つのサイクルのつながりの形成，継続をベースにした螺旋的発展をするリンケージ・サイクルについて提案した。次章ではそれらについての検証を試みることにする。

5.5　リンケージ・サイクルの適用

　リンケージ・サイクルは，つなぐ，つなげる，つながる，つながり合うという４つの過程を経ることによって，継続可能となるシステムに成果を挙げさせるための道具として適用することができる。リンケージ・サイクルを方針，仕掛け，仕組み，継続の４つでモノづくりの革新的システムを例に整理し，その

特性を明らかにしたい。特性を明らかにすることによってシステムが持っている有用性が明らかとなる。またリンケージ・サイクルは仕組みと継続の結びつきを明らかにすることができるツールとして有効であることも検証したい。

5.5.1　リンケージ・サイクルからみた TPS

　モノづくりにおける革新的なシステムである TPS を例として，図5.6に基づいてリンケージ・サイクルの検証を試みる[6]。TPS は1950年ころからトヨタに導入され1980年代に仕組みが出来上がり，関連会社を巻き込んで現在も継続している高い安定性と頑強な継続性を持つシステムである。ムダを排除してリーンな体質を創り出すことができる。

　このシステムはなぜいまだに継続してきているのだろうか。継続するための仕掛け，仕組みがつながってうまく機能しているのだろうか。リンケージ・サイクルのつなぐ段階から見てみよう。ステップ１の方針のつなぐところでは，最初から最後までの工程の流れをつくるためにつなぎの明確化をし，そのための道具の開発をしている。ステップ２の仕掛けのつなげるところでは，つなげるために開発した道具，つまりかんばんを使用し，つなげるための前提条件として標準作業，シングル段取り化，ポカヨケ，アンドン，チョコ停ゼロ化等，の改善活動を行っている。ステップ３の仕組みのつながるところでは，システムの継続をするために不具合即解決の確定，生産計画の確定，人員計画の確定，ルールの遵守，組織構築能力等，意識的から無意識的に行われる仕組みが確立されている。かんばんの遂行，各階層の継続的改善，目標値の達成，指導者の指導等，日常業務としての仕事の仕方が習慣化している。ステップ４のつながり合うでは次の目標に向かう方向付けが策定され，組織的な活動が継続される。現場では問題が出たら工程を止めてみんなで考え，できるだけ早く回復させようという対応がとられ，意識的な自律的改善活動になってきている。つまり仕事として良い意味で常態化しているわけである。自工程で解決できなければ，グループ全員が連携して問題を解決するというリンケージ・サイクルが機能しているといえる。モノづくりコンセプトの根底には，ジャストインタイム（JIT）

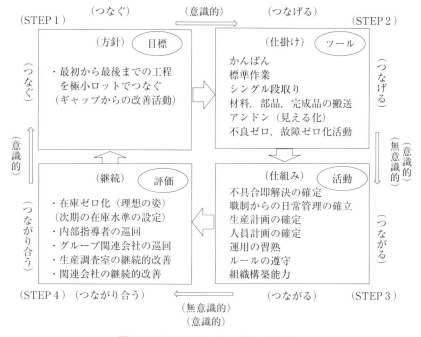

図5.6　TPSのリンケージ・サイクル

思想がある。平準化生産を前提として生産計画が組まれ，その道具としてのかんばんによって自律的なリンケージ・サイクルを形成し，システムの継続性を保っている。[7)8)] 顧客とつながりを持つ柔軟な自律システムが確立されているといえよう。

　TPSはつなぐ，つなげる，つながる，つながり合うという4つの意義素に対して，リンケージ・サイクルを効果的に回すことによって，頑強な継続性を保ち続けてきているシステムであると捉えることができる。リンケージ・サイクルは実践を通じて相互に融合し合い，一体となっていく相即システムを形成している。無意識で行われている実践活動を意識的に規定し，目的に適合した仕組みを継続するシステムをつくり上げたと考えることができる。つながり合う段階で，JITを実践するために現場でのいろいろな問題に対してルール化し，

実行している。つまり暗黙知としての問題に対して形式知化し，それを標準化して仕組みとして組織の中で実践する方法がとられており，他社にまねが困難な活動を推進している。極めてケイパビリティの高い実践的な活動を日常行っているといえる。外的な環境の変化に対応するために内的な環境を変化させ対応しているといえる。

5.5.2　リンケージ・サイクルからみた TPM

　リンケージ・サイクルの機能をより明確にするために，TPM について検証する。TPM のリンケージ・サイクルを図5.7に示す[9]。ステップ１の方針のつなぐところでは目標を決め，16大ロスを発掘して意識的につなげる。ステップ２の仕掛けのつなげるところでは，TPM で開発されたツールを用いて解析し，実際に活動して評価をして，次のステップにつなげる活動を行っている。ステップ３のつながるという仕組みの活動では，重複小集団活動を実施して，全員に情報がいきわたるように行っている。現場が知恵を出し合ってモラールを向上させる改善をしているが，自主保全活動を中心に全体的に時間のかかる活動が中心である。仕組みとしての活動は企業側がトップダウンで行うことを主体としているため，活動の推進力は企業によって差が出てくる。ステップ４の継続のつながり合うでは，特にトップ層のリーダーシップがなければ継続は難しくなる。企業側が設定する目標が活動の原動力となっており，企業トップのマネジメントによって左右される。トップの交代によって TPM 活動の活性化に影響を及ぼし，改善活動が停滞することもある。TPM は企業内の設備に関する改善活動が中心であるため，独自の自主保全活動として継続している企業も数多く存在している。TPM の導入はステップ展開として形式知化されており，PM 賞の受賞を推奨している。優秀賞としてのカテゴリー A，B があり，その後，継続賞，特別賞というつながり合うリンケージ・サイクルを作っている。現場レベルから工場レベルまでの全社的活動を推奨している[10]。その間に，モノづくりコンセプトを企業独自で作り上げるシステムである。多くの工場が体質改善を行い，強い企業を目指してきた。日本のモノづくりを支えた基盤システ

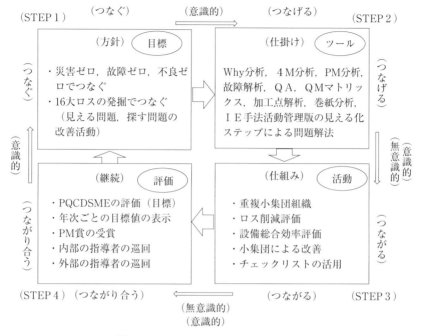

図5.7　TPMのリンケージ・サイクル

ムであり，現在は広く海外に普及しているモノづくりシステムであるといえる。TPM活動は故障ゼロ，不良ゼロ，災害ゼロを目標として活動しているシステムであるが，モノづくりコンセプトは企業独自でつくることになっており，コンセプトが企業の中に浸透していなければ，継続した活動につながらない可能性がある。しかし故障ゼロはモノづくりの根本であり，TPMの考え方はモノづくり企業の中で生き続け，継続してきている。TPM賞としての活動が終わっても，自主保全を中心とした故障ゼロ活動は継続することになる。なぜならば故障ゼロ活動と同時にメンテナンスフリーは企業のあるべき姿であるからである。TPM活動を推進しているときにモノづくりのコンセプトをつくり上げ，定着させることが好ましい。定着させることによってTPMの考え方が現場の中にリンケージ・サイクルとして生き続ける。

5.5.3 リンケージ・サイクルからの比較

2つのシステムについて述べてきたが，いくつかの相違点が明らかになってきた。いくつかの相違点を以下に述べる。

(1) TPSのモノづくりのコンセプトはJITである。TPMはモノづくりコンセプトをつくっていないが，災害ゼロ，不良ゼロ，故障ゼロでつないでいる。モノづくりコンセプトは企業が設定する。

(2) TPSの目標は在庫ゼロ。TPMの目標は災害ゼロ，不良ゼロ，故障ゼロ

(3) TPS，TPMとも基本としてPQCDSME[11]でモノづくりを評価している。その他，変化に対応した企業独自の評価をする。

(4) TPSはJIT実現のために7つのムダの削減を中心に考えている。TPMは工場全体を対象として16大ロスの削減を提案している。

(5) TPSは需要変動に対して強いシステムである。TPMは需要拡大時に効果を発揮するが，需要縮小時の対応はシステムとして考慮していない。

(6) TPSはJITとしてモノづくりの仕組みがつくられている。TPMのモノづくりの仕組みは企業側がつくる。

(7) TPSはリンケージ・サイクルを回す仕組みを持っており，継続できるシステムを形成している。TPMはリンケージ・サイクルを回す仕組みを自ら作り，継続性を維持する必要がある。

(8) TPSは現場中心活動であるが，JITで行っているため顧客を常に意識している。TPMは全員参加型活動であることから，工場内の全社的な展開を基盤としている。

(9) TPSは組織力を高める組織能力増強活動である。TPMは自主保全活動を基盤として設備総合効率を上げる全社的活動である。

以上TPS，TPMの相違点，類似点を整理した。TPSは揺るぎないモノづくりのコンセプトのもと，従業員，サプライヤー，ディーラーの強いグループリンケージとしてつながり合いながら，顧客満足に対して高い目標を掲げ，柔軟的に対応するためのJITシステムを構築している。TPMは企業自らがつくったモノづくりの下で，全社的な活動によって強い体質の企業を作るためにロス

を削減し，故障ゼロ，不良ゼロ，災害ゼロを目標として管理のサイクルを計画的に回して地道な活動を推進している活動である。これら２つは日本企業が生んだ革新的な生産システムであるが，継続の面からは TPS が優れているといえる。６章でさらに詳しく検討するが，外的環境に対して TPS は顧客と強いつながりを持っており，TPM は顧客とのつながりは企業自体が決めることであり，つながりは明確になっていない。このようにリンケージ・サイクルの概念は，モノづくりシステムを継続するための有効な指針になると考えられる。

5.6　リンケージ・サイクルの特徴

　ここではモノづくりシステムの立場から説明してきたが，既に見てきたように，リンケージ・サイクルは汎用性の高い考え方であり，つながりが存在しているところではサイクルとして適用できるシステムである。しかし一般的な問題で説明すると本論の趣旨から外れ，問題が発散する恐れがあるため，経営管理の範囲で説明することにする。リンケージ・サイクルはつなぐ，つなげる，つながる，つながり合うという４つの段階から構成されているが，経営管理の立場から見るといくつかの特徴があることがわかってきた。時系列で４つの事象につながりを持たせることによってより効率的な活動になっていくと考えられる。TPS，TPM の比較に基づいて導き出した特徴は以下の通りである。

(1)　時系列で４つの事象につながりを持たせることによって，目標に対して効率的な問題解決ができる。

(2)　意識的，無意識的という変化点が存在する。

(3)　つなぐ過程で，あるべき姿と現状との差を明確にできる。

(4)　つなげる過程で，つなげるための道具の開発を絞り込める。

(5)　つながる過程で，継続できる形（形式知）が明確になる。

(6)　つながり合う過程で，継続する仕組みが明確になる。

(7)　環境の変化によって，つなぐ段階で新しい目標を設定できる。

(8)　４つのサイクルを分析ツールとして活用できる。

(9)　システムとしての柔軟性がある。

(10) 容易に導入することができる。

(11) 環境の変化に対して，評価項目との整合性がチェックできる。

5.7 リンケージ・サイクルの行動特性

4つのつながりは，どのような活動をすれば効果的な成果を見出すことができるのだろうか。企業経営を継続するには，4つの活動を効果的に定着させる仕掛けと仕組みが必要であると考えられる。つなぐからつながり合うまでの4段階は，各々それ自体の段階にも4つのサイクルが存在している，あるいはその一部が存在しているのではないかと考えた。図5.8にリンケージ・サイクルの構造を示す。まず目標について考えてみる。ある改善課題を達成することを目標にする場合を考えてみよう。達成するための目標をつくるステップはL1である。目標をつくるにあたり，つなげる（L2）ためのギャップを解消する方法を，あらかじめ目標の中に含めて計画を立てると達成精度が良くなる。実践を継続するL3では，実際に行わなければ予測がつかない。したがってL2の段階までで，L3には進めない可能性が高い。活動計画を立てて実施するL2の段階はつなげるために，改善課題の細部のギャップを埋める活動計画を立てて実施する。目標と比較しながら効率的に実施する活動計画を見直し，実践を継続する仕組みをつくり上げる。実践を継続するL3の段階は，その改善が継続できるレベルに達しているのかチェックし，達していなければL2に戻り計画を立てて再び実践する。L3の段階は試行錯誤を繰り返し，継続を習慣化できるまで繰り返す。つながり合うL4では，改善した内容を習慣化し，担当者は完全に仕事を会得する状態となる。説明した行動計画を整理してみよう。まず目標を作るL1はL2を考慮しながら作成する。L2では改善計画の妥当性と実践の容易性としてL1とL3の活動を評価しながらつなげる工夫をする。L3では継続するためにさらにつなげる工夫をして継続させる。活動計画が自律的に仕組みとして機能していくかどうかがポイントとなる。

もう一つの事例として図5.8の顧客について考えてみる。ある商品を顧客が購入し，使用し続ける場合を考えてみよう。顧客とつなぐための計画を立てる

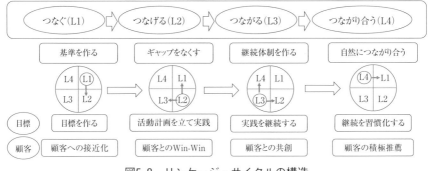

図5.8　リンケージ・サイクルの構造

ステップはL1である。顧客への接近を図るにあたり，顧客の立場でマーケティングを行う。顧客に商品を使ってもらいWin-Winの関係を築く顧客を選ぶことを想定する。L2の考え方を想定した接近計画を立てる。L2では顧客と補完リンケージによってつなげ，Win-Winの関係をつくる。L3の顧客の心をつかむ仕組みづくりを考え，共創できる環境を整える。L2の活動がうまくいかなければ，L1に戻り再び繰り返す。L3の段階では顧客の心をつかむ仕組みを継続すると同時に，顧客と共に創造する商品をつくる。顧客と企業が共創するWin-Winの関係を実現し，継続する仕組みを考える。うまくいかなければL2に戻って繰り返す。L4では顧客とつながり合い，顧客が商品の良さを仲間の顧客に推薦する。L4の環境が変われば，新しい顧客との接近計画をつくるL1に戻る。説明した行動を整理してみよう。顧客とつなぐL1の計画ではL2を考慮して活動を推進している。L2ではより良いWin-Winの関係を作るためにL1，L3を有効に機能させる。L3ではより良い顧客との共創関係を継続するために，L2とL4を有効に機能させる。L4では環境が変化すればL1に再び戻る。

　2つの事例によってリンケージ・サイクルの構造を見てきたが，L1のつなぐ段階では，L2のつなげるステップを考慮しながら検討している。L2のつなげるでは，実践がうまくいかない場合はL1に戻るか上手くいけば，L3を考えたステップに進む。L3では，L2に戻るかL4を考えたステップに進む。L4で

は，環境条件が異なれば，L1 に戻ってリンケージ・サイクルを回す。このように一つの行動パターンとして螺旋的な展開をすると考えられる。

L4 は 2 つの状態が考えられる。一つは今より良くしたい場合であり，もう一つは環境変化による目標の再設定である。前者の場合は L4 の中で，つなぐためのさらなる高い基準を設定し，円形の中の L1 からリンケージ・サイクルを回す活動を行う。後者はその時の状況に対応した目標を新しく作り直すために L1 に戻り，あらためてリンケージ・サイクルを回す。現状に満足することなくさらに良くする改善活動，環境が変化することによる状況に対応する活動が行われる。リンケージ・サイクルによって螺旋的発展が生じ継続していくのである。リンケージ・マネジメントではこのリンケージ・サイクルをどのように構築していくのかが柱の一つとなる。

注
1 ）野村重信（2018）「リンケージ理論の提案」『グローバリゼーション研究』Vol. 15, No. 1, p. 4
2 ）前掲 1 ），p. 13
3 ）野村重信（2017）「リンケージ・マネジメントに関する研究―リンケージ・サイクルとリンケージ・プロダクション・マネジメントの概念について―」『グローバリゼーション研究』Vol. 14, No. 1, p. 6
4 ）田坂広志（2012）『使える弁証法』東洋経済新報社，pp. 158-165
5 ）前掲 1 ），p. 15
6 ）前掲 3 ），p. 9
7 ）大野耐一（1978）『トヨタ生産方式』ダイヤモンド社，pp. 11-16
8 ）トヨタ自動車教育部（1975）『トヨタ式生産システム』改訂第 1 版（非売品），トヨタ自動車工業，pp. 3-7
9 ）中嶋清一・白勢国夫（1992）『TPM 展開プログラム　加工組立編』日本プラントメンテナンス協会，pp. 16-26, 415-430
10）日本プラントメンテナンス協会編（2002）『21世紀 First Age の TPM 潮流』日本プラントメンテナンス協会，pp. 34-50
11）それぞれ P （生産性），Q （品質），C （コスト），D （納期），S （安全），M （モラール），E （環境）を表している。

参考文献
・大野耐一（1975）『トヨタ生産方式の原点』日本能率協会マネジメントセンター
・長田貴・高橋義一（1985）『TPM―全員参加の設備指向マネジメント―』日刊工業新聞社
・門田安弘（1991）『新トヨタシステム』講談社
・佐武弘章（1998）『トヨタ生産方式の生成・発展・変容』東洋経済新報社
・鈴木徳太郎（1989）『TPM の新展開』日本プラントメンテナンス協会
・中嶋清一・白勢国夫監修／日本プラントメンテナンス協会編（1992）『生産革新のための新 TPM―展開プログラム―』日本プラントメンテナンス協会
・日本能率協会編（1978）『トヨタの現場管理』日本能率協会
・若松義人（2014）『新トヨタ式「改善」の教科書』東洋経済新報社

第6章　リンケージ・マネジメント

6.1　リンケージ・マネジメントとは

　リンケージは基本的な概念であり，企業が継続，成長するためには必要不可欠な戦略的な考え方である。企業の目的を達成するために，いくつかの諸要素を意識的につなぎ，全体的にある方向に導いていく活動は望ましい企業活動を促進する上で有効な手段である。リンケージとリンケージ・バリューそしてリンケージ・マネジメントの定義を図6.1に示す。リンケージの3つを示すことでそこに流れている共通のつながりを良く理解することができる。

　リンケージ・マネジメントとは「ある目的を達成するために目標を立てリンクできる要素を最大限に活用し，お互いの優位性を引き出してそこから新しい価値を創造し，組織し，貢献するリンケージ・サイクルを効率的・効果的に遂行する活動である」とする。リンケージ・バリューの継続できる価値の集合体を有効に活用して目標を達成することにより，リンケージ・マネジメントの効果を十分に発揮することができる。リンケージという考え方は多くの企業で意

リンケージとは……要素がつながり互いに関わり合っていること

リンケージ・バリューとは

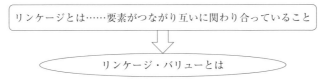

ある目的を達成するために意識的にリンクできる要素を最大限に活用し，お互いの優位性を引き出してそこから新しい価値を創造し，Win-Win関係をつくり継続できる価値である

リンケージ・マネジメントとは

そこから新しい価値を創造し，組織に貢献するリンケージ・サイクルを効率的・効果的に遂行する活動である

図6.1　リンケージ・マネジメント

識的，無意識的にかかわらず経営活動の中で行われている。リンケージ・マネジメントの特徴は定義した内容に基づいて意識的に積極的に活動を推進し，組織に成果を上げさせることを狙いとしている。定義したリンケージ・マネジメントの考え方を適用したモノづくりマネジメントを提案する。このモノづくりマネジメントは，企業と顧客，企業を取り巻くステークホルダー及び，企業を取り巻く経営環境を取り込んだ組織的，戦略的なリンケージ・マネジメントを目指している。

6.2　経営環境

　時代の流れによってモノづくり環境が変化してきている。モノをつくって顧客に提供する時代から，品質とコストを重視する時代に，そして顧客満足の立場から価値を提供する時代に入ってきている。さらにインターネット環境になり，モノを提供している企業の品質を十分に検討してから，自分に合った商品を購入する時代に入ってきたといえる。また，企業自体のモラルに関連する記事，内容によって商品の売り上げに影響を受ける環境になってきた。商品は企業そのものであるという企業と商品をリンケージした認識を持つ顧客が増えてきている。これは地球環境をも含めた企業自体の経営姿勢を見ているのであろう。経済活動がグローバルに発展し，地球上の全人類が潤いつつあり，この流れは止めることはできない。行きつく先は人類が住めない地域がいくつも発生するという悲惨な結末を迎えるであろう。そのため自然を取り戻すべく環境に配慮した地球保全活動が進められている。環境経営に関連する問題を取り扱う学会，研究者も増えてきている。[1)2)3)] ここで取り扱うリンケージ・マネジメントは企業内での全社的な革新活動に留まらず，自然環境を含めた外的な経営環境をリンケージした活動について提案したいと考えている。

　リンケージ・マネジメントは，リンクできる要素を最大限に活用すること，お互いの優位性を引き出して Win-Win の関係をつくり上げること，そしてその関係を継続することを基本とする。その活動の中でどのようにして経営環境を取り込むのか，そこがリンケージ・マネジメントの課題である。

6.3 企業価値

　これからの経営を行う上において大切となることは何か，顧客を含めてすべての人に受け入れられるモノづくりとは何か，一体どのようなモノづくりを目指せばよいのであろうか。グローバル環境の中で，近年経営学者が提案しているいくつかの内容を紹介し，リンケージとの関連性について検討する。

　コリンズは「ビジョナリー・カンパニー[4)5)]」のなかで，①環境の変化に適応できる組織をつくり上げる，②両極にあるものどちらも追求する，つまり目的と利益，持続性と変化，自由と責任，③基本理念としての基本的価値（組織にとって不可欠で普遍の主義）と基本目的（会社の根本的な存在理由）の徹底，④基本理念以外すべての状況の変化，改善，革新は絶えず変えていく，の4項目がビジョナリー・カンパニーへの道として必要不可欠であると提唱している。この中で②は止揚リンケージ課題となるであろう。また，ビジョナリー・カンパニー②[6)]の中では，一般的な企業が偉大な企業に飛躍した要因について分析し，針鼠の概念として3つの円を提唱している。一つ目は情熱を持って取り組めるもの，2つ目は自社が世界一になれる部分，3つ目は経済的原動力となるものとしている。この3つの共通部分に特化すれば，偉大な企業に飛躍するチャンスがあるといっている。3つ目の経済的原動力の中に上記の4項目を含んだ概念を提案している。3つの重なりである社運を賭けた大胆な目標（Bib Hairy Audacious Goals）は，正にリンケージ・バリューと位置づけることができる。リッチ・カール・ガードは「グレート・カンパニー」の中で，長期にわたって企業が成功するためには，完全な三角形として底辺に戦略的基盤，左辺にハードエッジ，右辺にソフトエッジの3つが備わっていなければならないとしている。戦略的基盤では，市場，顧客，競合他社，競争優位性，変革者，ハードエッジでは，スピード，コスト，サプライチェーン，流通，資本効率，ソフトエッジでは，信頼，知性，チーム，テイスト，ストーリーを挙げている[7)]。このうちソフトエッジの信頼の内容は2つの重要な要素からなっており，一つは社外の人との信頼で，顧客，サプライヤー，株主を挙げている。社内の人では従業員

との信頼を挙げている。ソフトエッジは止揚リンケージ課題である。ジョン・マッキーは『世界で一番大切にしたい会社─コンシャス・カンパニー』の中で，コンシャス・カンパニーとは，①ステークホルダー全員と同じ立場に立ち，全員の利益のために奉仕し，②自社の目的，かかわる人々，地球に奉仕するために存在する意識の高いリーダーを目指し，③そこで働くことが大きな喜びや達成感の源となるような文化を作り上げることである，といっている。[8]ステークホルダーは会社そのものであるという立場から論じている。

　これら3人の経営学者に共通していることは，自社のみの一時の利益を追求するだけでなく，継続性があり，社会に対して受け入れられる経営活動をすることこそが企業の使命であるという立場をとっている。したがって，基本理念を明確にして，そこで働く人々全員の満足を得ることであると結論づけている。ビジョナリー・カンパニーでは基本理念の重要性を提唱し，グレート・カンパニーでは信頼の中で，顧客，サプライヤー，株主，従業員を挙げている。コンシャス・カンパニーでは社員，業者とサプライヤー，顧客，投資家，コミュニティと環境を挙げている。リンケージ・マネジメントでは対象とする基本理念はこれら提案されてきた内容を整理し，3つの理念7つの項目にまとめている。

6.4　リンケージ・マネジメントの活動範囲

　経営環境を考慮した基本理念，企業が自ら作った経営理念をも含んだ生産革新活動を展開することがこれから求められる方向であると考える。TPS，TPMは，活動に限定すると理念について深く説明されていないが，TQMは経営理念について経営品質の立場から明確にされ，活動の中に取り入れて展開している。[9]リンケージ・マネジメントでは，需要情報に基づいて開発，生産，技術，サプライヤーを含めた生産活動が行われ，製品となって顧客に供給される。これら一連のモノづくりに関わる全体を図6.2に示す。

　ここでモノづくりにおけるリンケージ・マネジメントとは，「基本理念を満足し，企業の経営理念に基づいて原料から製品に至るまで，リーンな考え方を基本に活用できるつながりをリンケージ・バリューによって価値を高め，リン

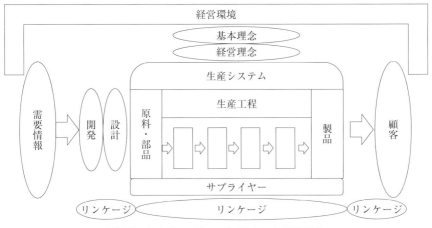

図6.2　リンケージ・マネジメントの枠組み

ケージ・サイクルによって効率性や継続性を追求し，顧客の需要情報に基づいた価値をタイムリーに提供する戦略的マネジメントである」とする。要約すると，①基本理念を満足すること，②経営理念に基づいた良い流れより良い品質を追求するリーンなモノづくりをすること，③リンケージ・バリューとリンケージ・サイクルを有効に活用すること。④顧客の需要情報の価値をタイムリーに提供することである。

6.5　リンケージ・マネジメントの戦略

　従来の生産活動は戦術的に良いものを安く早く作ることが良いとされ，多くの生産企業で展開して成果を上げてきた。リンケージ・マネジメント活動を考える上において大切なことは，どのような戦略を描いてモノづくりをすれば良いのか，社会に受け入れられる企業活動とはどのような活動であるのか，を明確にして社会に発信することである。その指針として図6.3にモノづくり戦略の段階を示す。[10] 一番上位に位置づけられるのは，基本理念として社会に善い存在となるための企業の基本的な指針である。次の経営理念は経営活動をする上において，企業自らがつくり出した独自の考え方であり，企業イズムが醸成さ

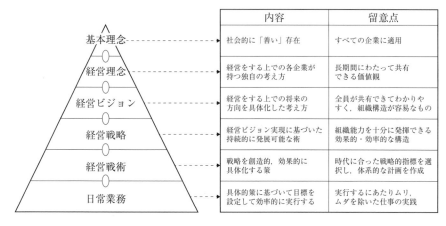

	内容	留意点
基本理念	社会的に「善い」存在	すべての企業に適用
経営理念	経営をする上での各企業が持つ独自の考え方	長期間にわたって共有できる価値観
経営ビジョン	経営をする上での将来の方向を具体化した考え方	全員が共有できてわかりやすく，組織構造が容易なもの
経営戦略	経営ビジョン実現に基づいた持続的に発展可能な術	組織能力を十分に発揮できる効果的・効率的な構造
経営戦術	戦略を創造的，効果的に具体化する策	時代に合った戦略的指標を選択し，体系的な計画を作成
日常業務	具体的策に基づいて目標を設定して効率的に実行する	実行するにあたりムリ，ムダを除いた仕事の実践

◯：リンケージ

図6.3　モノづくり戦略の段階

れる。企業イズムによってその企業への帰属意識が芽生え，一人前の人材に育っていく。企業にとって全員で共有する価値観は特に重要であり，長期にわたって共有できることが好ましい。創業者の考え方を企業理念として，現在まで継続している企業も数多く存在する。経営ビジョンは将来の方向を具体化した考え方であり，どのような方向に進むのかが明確になっていることが大切である。ビジョンは船でいうと羅針盤にあたり，全体を束ねる方向づけを行い，組織をある方向へ導く役割を果たす。経営戦略はビジョンを実現するための継続可能な方策を与える。経営戦術は戦略を具体化する策であり，指標を明確にして効率的な改善をすることが要求される。日常業務では定型業務と同時に与えられたテーマに対して，リーンな仕事を効率的に実践することが求められる。

6.6　基本理念とリンケージ・バリュー

　基本理念について説明する。この基本理念は7つの満足として田中芳雄が提案しており[11)]，その内容を表6.1に示す。まず企業は7つの利害関係者をどのようにバランスよく調整し，経営に生かしていくのかが問われることになる。基

表6.1 企業の基本理念

基本理念	利害関係者	7つのリンクの内容
人間尊重	顧 客	要請にこたえる機能・品質・価格の製品・サービスのタイムリーな提供
社会安定	サプライヤー	適正価格・安定購入
	従業員	適正給与・公正処遇・職場環境
	株 主	利益計上・投資環境・情報公開
環境保全	地域社会	雇用提供・地域交流
	地球環境	資源循環・省エネルギー・CO_2削減
	政 府	適正納税，法令遵守

（出所）田中芳雄（2012）「TPM Forum 2012」JIPM ソリューションに一部加筆

本理念として人間尊重，社会安定，環境保全の3つが挙げられる。ステークホルダーとしては顧客，サプライヤー，従業員，株主，地域社会，地球環境，政府の7つの利害関係者が存在する。これらの7つとどのように連携していくのか，が戦略的基本課題である。7つのステークホルダーと自社の方針を止揚し，つくる問題として積極的に体系化していくモノづくりを目指す。これらの7つは，グローバル環境の中で今企業が求められている課題であると考えられる。ジョン・マッキーらも社員，サプライヤー，顧客，投資家，コミュニティと環境はステークホルダーとして相互依存関係にあるとした立場を取っている[12]。

　7つのステークホルダーは止揚リンケージである。どのような関係にあるのか，一つの例の指針として，7つの止揚リンケージ活動の内容を具体的に述べる。各ステークホルダーと企業の目指す方向は利害関係にある。相互の利害関係にある目標のギャップを止揚リンケージ課題として形式知化し，止揚リンケージ・バリュー（止揚LV）の立場で積極的に改善活動を推進する。そのためにリンケージ課題としての共通目標を設定し，問題を深く掘り下げ，問題解決に向かう方向を相互に探り出す。リンケージ課題はWin-Winの関係が成り立つことによって達成される。企業側と7つのステークホルダーとのリンケー

ジ目標，止揚 LV，リンケージの共通目標，そこから生まれる Win-Win の関係を具体的に見ていきたい。

　7つのステークホルダーの中に企業とサプライヤーのリンケージがある。この2つの関係は図4.8ですでに詳しく述べた。企業側としての立場，サプライヤー側としての立場は背反関係にあり，企業側は自社の存続を目指すために適正な利益，継続と成長を望み，サプライヤー側は納入する理由として適切な価格・品質，安定供給を望む。お互いの要求をより高い次元の止揚 LV として設定した課題に挑戦し，問題を解決することによって新しいハード面，ソフト面のリンケージ・バリューをつくり上げる。そして継続するための方法を定着させる。このような関係でつながり合うことによって，リンケージ・サイクルとしての継続性を形成する要件を満たすことができる。

　企業と顧客のリンケージについて図6.4（p.95）に示す。止揚 LV 課題としてより良い品質の開発，顧客の要望を考慮した仕入れ，コストを下げた商品開発等が挙げられる。止揚 LV によって，企業の利益として他社を差別化した取引価格，表面化しないクレームに対する情報収集，顧客の利益としてより安い価格での購入，品質機能を満足させる商品等が挙げられる。このように企業側の利益と顧客側の利益を満足させる Win-Win の関係を構築することができ，企業は顧客と良好な関係を結ぶことができる。

　企業と従業員のリンケージについて図6.5（p.96）に示す。従業員の帰属理由として適正給与，公正処遇，良好な職場環境を挙げてみた。止揚リンケージ課題として全社的革新活動の参加，自律人材育成の努力，問題解決能力を高める姿勢等，会社の働きかけに対して従業員側は自助努力をする。その結果，安定した適正収入，快適な環境での業務，将来性のある職場，良好な人間関係を得ることができる。そのためには積極的に止揚リンケージ課題に取り組む必要がある。

　企業と株主についてのリンケージについて図6.6（p.97）に示す。企業側は株主の要望に応えるべく経営活動を行うことになるが，適正な利益，継続と成長を保つために例えば，情報公開，開発分野，革新活動等，株主と補完リンケー

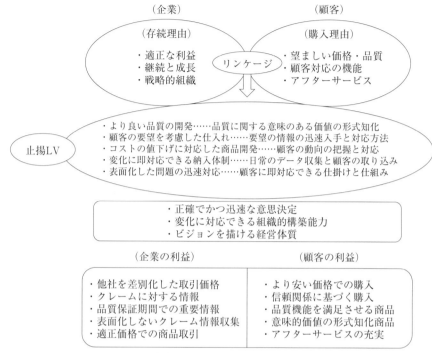

（企業）　　　　　（顧客）

（存続理由）　　　　（購入理由）
・適正な利益　　　　　　　・望ましい価格・品質
・継続と成長　　リンケージ　・顧客対応の機能
・戦略的組織　　　　　　　・アフターサービス

止揚LV
・より良い品質の開発……品質に関する意味のある価値の形式知化
・顧客の要望を考慮した仕入れ……要望の情報の迅速入手と対応方法
・コストの値下げに対応した商品開発……顧客の動向の把握と対応
・変化に即対応できる納入体制……日常のデータ収集と顧客の取り込み
・表面化した問題の迅速対応……顧客に即対応できる仕掛けと仕組み

・正確でかつ迅速な意思決定
・変化に対応できる組織的構築能力
・ビジョンを描ける経営体質

（企業の利益）　　　　　（顧客の利益）

・他社を差別化した取引価格	・より安い価格での購入
・クレームに対する情報	・信頼関係に基づく購入
・品質保証期間での重要情報	・品質機能を満足させる商品
・表面化しないクレーム情報収集	・意味的価値の形式知化商品
・適正価格での商品取引	・アフターサービスの充実

図6.4　企業と顧客のリンケージ・バリュー

ジ，止揚リンケージをして価値を高める活動をして適切な舵取りをする。

　企業と地域社会のリンケージを図6.7（p. 98）に示す。リンケージ課題として例えば地域からの雇用，企業の施設の活用，地域活動の資金援助，困りごと相談等企業と地域の結びつきが広がり，社会安定の基盤がつくられる。地域に根付いた企業活動の結果，社会に信頼される企業として人々の心にも浸透していく。

　企業と地球環境のリンケージを図6.8（p. 99）に示す。地球にとってマイナスとなる様々な問題に対して止揚リンケージ・バリューによってより良い環境を保つ活動をする。環境に優しく，地域に信頼される企業にするためにどのような活動を推進するのか，最優先事項として取り組む課題である。止揚リンケー

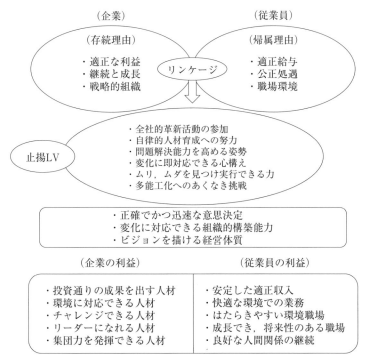

図6.5　企業と従業員のリンケージ・バリュー

ジ・バリューの課題としていくつか挙げているが，企業の利益，地球環境の利益を得る活動をすることにより，継続的な活動になるリンケージ・サイクルを構築することが重要である。

　7つ目は図6.9（p.100）の政府である。株主と重複するところもあるが，法令を遵守しながら利益の還元つまり納税をするところが異なる。納税することにより，地域住民が潤っていく。公共施設，道路等の整備によって豊かな暮らしにつながっていく。SCM（サプライチェーン・マネジメント）の立場より効率的な企業の供給網をつくることができる。

　7つのステークホルダーに関してリンケージ・バリューの立場から，具体的な内容で詳しく説明してきた。従来ステークホルダーに対しては問題が出てか

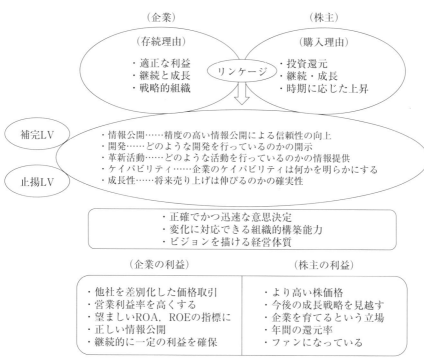

図6.6　企業と株主のリンケージ・バリュー

ら対処するという考え方が強かった。つまり問われて対策を立てるという考え方である。このような対応では消極的問題解決に陥り，新しい価値を生むことは難しくなる。リンケージ・マネジメントではステークホルダーを有効活用するために止揚リンケージとして課題を抽出し，お互いに情報共有して連携し合い，解決していくという積極的問題解決を目指している。ステークホルダーと価値を共有しながら Win-Win 関係をつくり，価値を継続できる集合体をつくり出していく全体最適のマネジメントである。この中から新しいリンケージ・バリューを創造することができる。リンケージ・マネジメントの存在理由がここにある。

　ステークホルダー間のリンケージはどのような関係にあるのか，調べてみよ

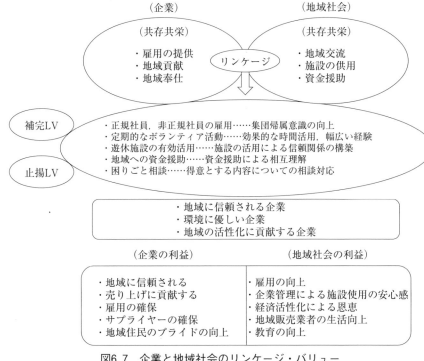

図6.7　企業と地域社会のリンケージ・バリュー

う。7つのステークホルダーを個と集合体に分けてみると，顧客，サプライヤー，従業員，株主は個であり，地域社会，地球環境，政府は一つの集合体と考えることができる。これらはどのような関係にあるのか，お互いのつながりを相互関係リンケージ図で表すと図6.10（p. 101）になる。この図は企業の立場から見たのではなく，各々独立したステークホルダー側から見た一つの例である。モノづくり企業を想定して考えている。○は関係が強い，△はある程度関係がある，空白は関係が薄いとして表示した。相互関係リンケージの見方は例えば，顧客（車を購入する顧客）とサプライヤーの関係において，上段は顧客からサプライヤーを見た場合の評価の△であり，サプライヤーから顧客を見た場合の評価は○である。顧客からサプライヤーを見た場合，サプライヤーが高い評価

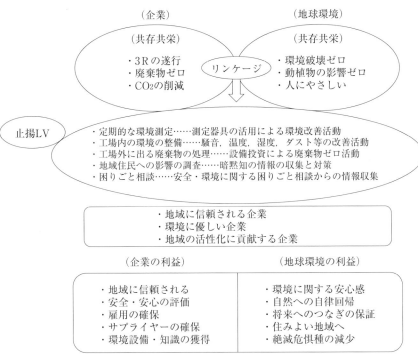

図6.8　企業と地球環境のリンケージ・バリュー

を受けているかどうかは購入する場合の一つの尺度となりうる。一方，サプライヤーから顧客を見た場合は顧客に対して最大の関心事となる。この相互関係リンケージでは，地球環境に関して相互関係がすべて○となっている。環境に優しいという観点より評価したわけである。この相互関係リンケージはその企業の企業理念と関連があり，その企業に見合った考え方でつくられねばならない。7つのステークホルダー間でも，関係が強い○でリンケージ・バリューをつくることができる。相互関係リンケージ図は相互の立場から評価でき，全体を見える化することができる。相互間のギャップはそこに止揚リンケージが存在している可能性があり，隠れた課題を抽出することができる。

　相互関係リンケージの一つとしてサプライヤーと担当者の事例を図6.11（p.

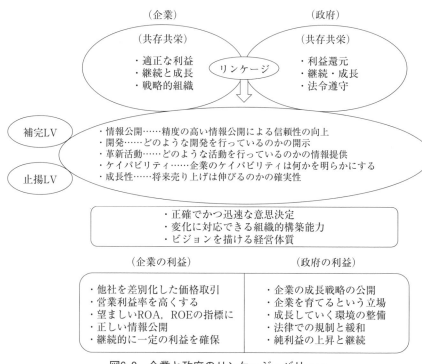

図6.9　企業と政府のリンケージ・バリュー

101）に示す。サプライヤーと納入する企業の担当者との関係は，強い信頼関係で結ばれている。継続的な取引をするために，担当者が要求する品質，納期に対応し，かつ安定的な供給体制を敷くことになる。日常の生産では，予期しない問題に対してサプライヤーとリンケージして補完リンケージ・バリュー，止揚リンケージ・バリューにより問題を解決し，生産計画通りつくるかが重要な業務となる。発生した問題に対処できる体制をつくり上げることが，サプライヤーと担当者の重要課題となる。このようにステークホルダー間に対しても多くの問題があり，暗黙知であった課題を形式知化することができる。以上図6.4から図6.11は一つの事例として作成した。参考になれば幸いである。

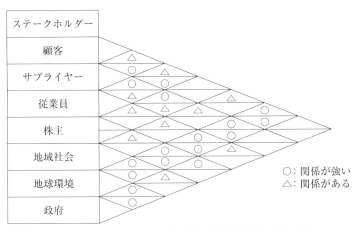

図6.10　ステークホルダー間の相互関係リンケージ

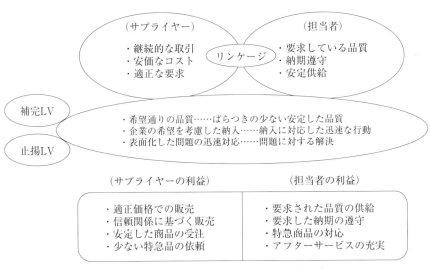

図6.11　サプライヤーと担当者のリンケージ・バリュー

6.7 リンケージ・マネジメントの枠組み

　ショップ内のリンケージ・バリュー，プロセスのリンケージ・バリュー，理念からのリンケージ・バリューに対して説明してきたが，これらの諸活動の全体を俯瞰した時系列的なリンケージ・マネジメントのソリューションをつくる必要が出てきた。そこでモノづくりのリンケージ・マネジメントにおける，手順の体系化を試みることにする。図6.12にその全体の手順つまりステップを示す。[13] このステップは基本理念の明示に始まって，基本理念からの評価までの16ステップから成り立っている。理念の明示から始まり，理念に基づいた経営

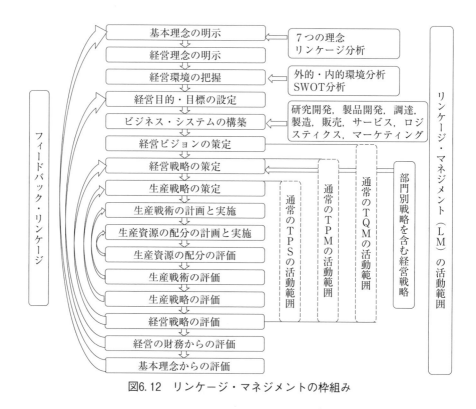

図6.12　リンケージ・マネジメントの枠組み

ビジョンを明らかにし，経営戦略，生産戦略，実施のステップを経て，生産戦術から基本理念までの評価のステップに入る。

　長期的に継続をするには，活動の結果を経営の財務，基本理念の評価を行って初めてリンケージ・マネジメントが完了する。TPS，TPM，TQM の活動範囲の位置づけを示すと，TPS は主にモノづくりに限定される。体系的なステップを踏むと図6.12のようになる。企業の状況に応じて16ステップのどこに重点を置くのか検討して適用すると良いと考える。生産資源の配分の評価から基本理念からの評価まで，の活動に対するフィードバック・リンケージは，安定，継続するために定期的にチェックし，活動を見直す機会を作り，さらにより良い方向に導くことが肝要である。

　経営理念は各企業が独自に設定する理念であり，長期にわたって共有できる価値観として受け入れられ，醸成されていくべきものである。基本理念と経営理念を効果的につなげ，リンケージ・バリューによってより良い企業を目指す活動が進むべき方向である。経営環境の把握では，移り変わる変化に対して，外的，内的環境を分析し，企業のモノづくりの方向を把握する。例えばSWOT分析で企業の現状を知り，クロス SWOT 分析で課題を見つけ出し，これからの活動の方向の課題を選択し，経営ビジョンを明らかにして経営戦略を策定する。この一連の過程においてリンケージ・マネジメントの狙いは，リンケージ・バリューで良い流れより良い品質を作り，リンケージ・サイクルで継続するモノづくりを定着させることである。そして外部，内部の環境変化に応じて再設定をし，さらに上位を指向する螺旋的な戦略的マネジメントを目指している。リンケージ・マネジメントでは，経営環境が変化すると経営戦略の基礎となる経営指標を見直していく。経営指標については 9 章の戦略的リンケージ・マネジメントで説明する。

　リンケージ・マネジメントは具体的にどのような活動をするのか，定義では目標を達成すること，リンケージする機能の活用，相互の Win-Win 関係，継続できる価値，効率的・効果的な活動が挙げられている。これらの内容を体系的に図で表してみると図6.13のようになる。組織全体を効率的に動かし優位性

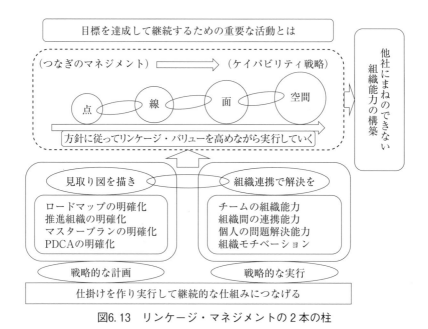

図6.13　リンケージ・マネジメントの2本の柱

を継続するためには，個々の能力と同時に他社にまねのできない組織能力を継続的に持たなければならない。図6.13は企業がある目標を達成し，継続するための組織的活動を表している。戦略的な計画と戦略的な実行の2つを柱としている。戦略的な計画とは方向づけであり，具体的な計画の明確化である。企業全体で何をすべきなのかが明確になっていなければ，個人や各部署，各部門が描いた独自の計画に基づいて行動することになり，組織全体の力が発散する。戦略的な実行とは計画に基づいた組織力をいかに集中させ，各部門の機能を最大限に活用するかである。つまり効果的な組織力の構築である。組織力の構築には，リンケージ・マネジメントの考え方が活用できる。点，線，面，空間の4つで組織を表現しているが，点とは個人またはグループである。線とはショップ間や部門間である。面とは工場か企業全体である。空間はステークホルダーを含めた企業活動全体に関連する領域である。点，線，面，空間の4つをつな

げて優位性を継続できる組織的な能力をつくり上げることがリンケージ・マネジメントの役割であり，ケイパビリティ戦略である。この４つの間にあるリンケージ・バリューを見つけ出し，形式知化することによって新しい課題が見えてくる。その課題こそが企業の重要な活動方向であり，組織能力の向上に貢献する。例えば線に関してモノの品質について説明する。モノは素材から顧客の手に渡るまで，多くの工程を通ってきている。いくつかの工程を通る段階で，不良とはならないが，不良予備軍の中間部品は次の工程で不良となり，再修正や廃棄を余儀なくされるかもしれない。工程間の部門を止揚リンケージし，お互いの品質情報を共有して良品条件を見つけ出せば，より良い製品のみを作り続けることが可能である。リンケージ・マネジメントの適用によって，高い品質を継続できる活動的な組織をつくることが大切である。

6.8　リンケージ・マネジメントの活動

　まず企業内に関するリンケージ・マネジメントの考え方を示す。一つは部門間のリンケージをどのようにつなげていくのかの部門間リンケージである。意識的につなげることによって部門間の効率を良くし，リンケージ・バリューによって新しい価値を生み出す活動をする考え方である。もう一つは戦略的な革新的活動を活性化するために，全社的につながり合うことによって継続と発展を目指す考え方である。グローバルな環境になって意識的につながりを作り，方向を定めて活動を推進することが組織能力を高め，継続するために必要となってきた。各部門の機能の最適化のみならず部門間のリンケージ・バリューをどのように高め，全体最適化に貢献するのかが問われる環境になってきている。

　モノづくり過程では通常，マーケティング，開発，設計，調達，加工，組み立て，検査，製品，顧客の順につながっている。この過程を経ることによって，製品が顧客に届けられる。図6.14にリンケージ・バリュー・デザイン（LVDと呼ぶ）の考え方を示す。モノづくり過程の中でのLVDは，顧客情報に対してマーケティングを通じて情報の収集・整理をする。その情報に基づいて開発

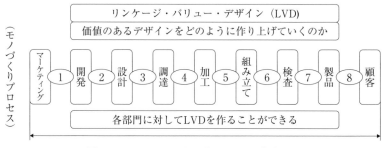

図6.14　リンケージ・バリュー・デザイン

し，コンセプトを決め暗黙知から形式知化する。形式知化した内容を設計という形に変換する。そして具体的な商品がつくられていく。ここで問題となることは，顧客に受け入れられる価値のある商品をどのようにつくり上げていくのかである。それに対しての対策の一つは各部門に LVD をつくり，顧客とつながる企業目的に合った商品を開発することである。開発と設計の LVD，設計と加工の LVD，加工と組み立ての LVD 等，お互いのつながりを重要視した LVD をつくることによって，機能的なより良い製品が生み出される。またある商品を開発する場合，すべての部門で構成される商品別プロジェクトをつくる方法もある。具体的なテーマで説明すると，例えば「マーケティングから顧客までの期間を短縮したい」というモノづくり目標が与えられた場合，目標と各部門をつなげる LVD や各部門間にまたがった目標を達成するための LVD 部門をつくり，情報共有できる効率的な組織を編成することができる。リンケージ価値をどのように高め，目標（期間短縮）を達成するのかが重要となる。マーケティングと顧客の関係については，インターネット環境時代のソーシャルネットワークを有効に使う考え方が出てきており，詳しくは第11章でリンケージとの関係で説明する。良い流れより良い品質のより良い品質は顧客とのリンケージ・バリューから生み出される品質である。

6.9 まとめ

　グローバルな環境で大競争時代を迎え，一つの企業では付加価値の高い画期的な商品を生み出すことが人材，資金，期間の面で難しくなってきた。IT化を迎え，一見無関係と思われていた業界との連携によって新しい価値が次々と生み出され，短期間で大企業に成長してきた例がいくつか出てきている。従来の枠組みの中のIT，AI，医療技術，生命技術等をトリガーとして，全く新しい価値が出てきているのである。これは新しい経営環境としての価値観が変化していると捉えることができ，その環境にうまく適応した企業が大きく成長し，環境を見誤った企業が衰退している状況を生み出した。IT，AI，医療等の技術革新の波に乗り，企業間の連携によって新しい価値を創造するビジネスモデルが認知されてきている。

　ここではつながりに焦点を当て，リンケージ・マネジメント論としてまとめた。今回の理論の中心はリンケージ・バリューとリンケージ・サイクルの考え方であり，この2つによって企業が営む広範囲の活動を展開する一助となることができると考える。本書はリンケージの一部をまとめたに過ぎない。今後多くの関連論文，関連マネジメントが提案されると考える。筆者の問題意識はモノづくりシステムであり，リンケージを説明するにあたり主に日本的モノづくりシステムに重点を置いた。異なった分野の研究者は彼・彼女の専門分野でリンケージを論じることができると考える。モノづくりではどのようなシステムが良いのか，企業ごとに考え方が異なるが，企業目標として利益と継続性は共通していると考える。ムダを取り強い体質の企業をつくり上げることが継続の条件となる。リンケージ・マネジメントの枠組みは「良い流れより良い品質」を作るためのリンケージ・バリューを最大限に活用するモノづくりである，と位置づけることであった。つながりを最大限に活用して継続させながら螺旋的流れを指向する考え方である。TPSのリーンな考え方を基盤としてTQM，TPMの活動を取り入れたグローバルな環境に対応したマネジメントと位置づけることができる。また継続するためにはリンケージ・サイクルが必要である

ことを示した。ここではリンケージ・マネジメントの基盤となる基本理念を
ベースとした考え方を提案したが，価値と継続を目指したその時代の環境に適
応したいろいろなマネジメントが考えられる。リンケージ・マネジメントの考
え方を適用し，企業独自のリンケージ・マネジメントを構築してほしいと考え
る。次章では変化に対応するリンケージ・マネジメントを構築するときのデー
タベースを示す。

注
1）環境経営学会　http://www.smf.gr.jp/admi.htm（2020.4.10）
2）中瀬哲史・田口直樹編著（2019）『環境統合型生産システムと地域創生』文眞堂，pp. 3-24
3）鈴木弘毅（2013）「グローバル環境におけるサステナブルデベロプメントと戦略目標としてのサステナビリティ」『グローバリゼーション研究』Vol. 10，No. 1，pp. 77-94
4）ジェームズ・C・コリンズ，ジェリー・I・ポラス著，山岡洋一訳（1995）『ビジョナリー・カンパニー』日経BP，pp. 133-190
5）ジェームズ・C・コリンズ著，山岡洋一訳（2011）『ビジョナリー・カンパニー②飛躍の法則』日経BP，p. 313
6）前掲5），pp. 297-331
7）リッチ・カールガード著，野津智子訳（2015）『グレート・カンパニー』ダイヤモンド社，pp. 19-86
8）ジョン・マッキー，ラジェンドラ・シソーディア著，野田稔・鈴木立哉訳（2014）『世界で一番大切にしたい会社―コンシャス・カンパニー―』翔泳社，pp. 11-95
9）TQM委員会（1998）『TQM21世紀の総合「質」経営』p. 33
10）終章に述べられている戦略的モノづくり研究会（SMK研究会）で提出され検討された資料であり，6つのレベルから構成されている。
11）2012年にJIPEのシンポジウムで発表された。田中芳雄（2012）「TPM Forum 2012」JIPEソリューション，p. 78
12）ジョン・マッキーらは積極的な立場を取っているがステークホルダーとの関係を具体的には述べていない。前掲8），p. 94
13）SMK研究会から提案された資料に基づいて，リンケージ・マネジメントの枠組みを明らかにし，その活動範囲を規定するために作成した。またTPM，TPS，TQMとリンケージ・マネジメントの枠組みを明確するための資料でもある。

参考文献

・浅野宗克・坂本清編著（2009）『環境新時代と循環型社会』学文社
・加護野忠男・砂川伸幸・吉村典久（2010）『コーポレート・ガバナンスの経営学』有斐閣
・加護野忠男（2014）『経営はだれのものか』日本経済新聞出版社
・平松茂実（2001）『現代生産経営論』青山社
・味方守信（1997）『「日本経営品質賞」評価基準』日刊工業新聞社

第7章　モノづくりシステムとリンケージ

　日本のモノづくりシステムである TPM と TPS について，リンケージの立場より検討する。どのようなつながりを持ったリンケージ・バリュー活動，リンケージ・サイクル活動がなされてきたのであろうか。その活動から，現在の環境に応じたモノづくりシステムを構築するための基本資料が得られないか，このような問題認識からまとめることにした。また基本資料の内容を整理し，比較検討することによって，環境変化に対応できるリンケージ・マネジメントのモノづくりの課題を見出すことが可能ではないかと考えた。

7.1　TPM と TPS の誕生

　最初に行ったことは TPM と TPS が生まれた必然性である。誕生の背景はどのような状況であったのか，リンケージとの関係はどこにあるのか整理することにする。

7.1.1　TPM とリンケージ

　TPM の源はアメリカにある。1950年代から60年代に設備が故障する前に整備する，という考え方の予防保全（以後 PM と呼ぶ）が導入された[1]。それまでは設備の保全に対して，故障をしてから修理する事後保全が主流をなしていた。いくつかの日本企業が PM の考え方を導入し，ある程度の成果を上げていた。その中で全員参加の小集団活動と結びつけて，大きな成果を出した企業が現れた。自動車部品の総合メーカー日本電装（現デンソー）である。同社の PM の導入は1961年であった。設備のオートメーション化によって全員参加の PM（以後 TPM と呼ぶ）を旗印に活動を行い，素晴らしい成果を上げ，1971年 TPM 優秀事業場賞を受賞した[2]。日本プラントメンテナンス協会は，1964年から TPM 優秀賞を設けて活動を推進しているが，日本電装の活動は画期的であり，この全員参加の TPM 活動こそこれからの時代にふさわしいとして，普及推進に全

面的に乗り出した。小集団活動に TPM の考え方が導入され，自主保全活動として推進して大きな成果につながった。このつながり方は，小集団活動と TPM の補完リンケージと捉えることができ，点検をしながら不具合を見つけ出す活動に発展し，自分の設備は自分で管理するというリンケージ・バリューを育てていったのである。TPM 活動は従業員の改善への意欲の向上，企業体質の強化に対してかなり有用な手法であることが，導入企業より次第に明らかにされてきた。TPM の誕生がトヨタグループであったため，まず自動車産業に広まった。そして機械，半導体などの加工組み立て産業に普及し，1980年代になってさらに化学，食品，セメントなどの装置産業に普及していった。その間，課題解決のための TPM 手法がいくつか開発されてきている。[3] 1980年代から海外へも普及活動を行い，企業の利益に直接貢献することがわかり，全世界に広がってきている。TPM は生産部門における改善活動が中心であったが，現在では生産部門以外の技術部門，開発部門，事務部門，営業部門にも広がり，まさに企業全体を取り巻いた全社的な様相を呈してきている。[4] 現場からの活動によって醸成した活動は，技術部門と補完リンケージしてさらにレベルアップし，高効率の設備を生み出していった。

7.1.2 TPS とリンケージ

TPS は，長い年月をかけてつくり上げられた独特な考え方を持ったシステムである。このシステムの源流は，豊田自動織機を設立した豊田佐吉に遡る。一つの源流は，自動織機に不良を作らない仕組みを考え付いたことである。このシステムは1896年に豊田佐吉が発明した横切れ自動装置のことであり，糸が切れたらすぐにラインが止まる構造になっている。これが「自働化」の原型となった。[5] 機械に人間の知恵をつけること，真に人間のための機械になることを佐吉は常に考えていた。もう一つの源流は，佐吉の長男である豊田喜一郎が実践していた「部分品が移動し，循環してゆくに就て『待たせたり』しないこと。『ジャスト・イン・タイム』に各部分が整えられることが大切だと思います」[6] という主張である。これが「ジャスト・イン・タイム」(JIT) の原型となった

のである。喜一郎の考えをリンケージの立場で考えてみると，物の流れの効率化とはすべての部品がよどみなくスムースに流れるつながりのことである。工程間のつなぎ，部品供給間のつなぎを含めたトータルとしてのつながり，を考えたモノづくりを目指していたわけである。しかも必要なモノだけをリンケージし，余分なものはムダであるという考え方をとっている。このように，TPSは必然的に生まれる背景を有しており，ここにTPSの2本柱の思想が，自動車のモノづくりに情熱を捧げる大野耐一に受け継がれた。大野は，「必要な部品が，必要な時に，必要な量だけ，ラインサイドにぴたりと到着する理想のシステム[7]」，という仕組みとしてのリンケージ・サイクルを実践し，改善のループ（継続的改善）によって定着させていったのである。JIT生産実現のために，困難な課題に対して止揚リンケージの考え方を改善の中に取り入れ，種々の手法を開発し，リンケージ・サイクルを回し続けていたと考えることができる。TPSが脚光を浴び出してきたのは，1973年のオイルショックからである。オイルショック以降，トヨタが一人勝ちし，他社との格差が次第に大きくなっていった。景気が後退し低成長時代を迎え，いかに安くタイムリーにつくるかにモノづくりがシフトしてきた結果，TPSはその変化に対応できるシステムとして有効に機能したといえよう。オイルショックで景気が後退しなければ，これほどまでに脚光を浴びることはなかった。

　TPMは小集団活動と自主保全活動がつながり，自分の設備は自分で守るという活動展開をしており，小集団と自主保全の補完リンケージ・バリューによって設備効率に貢献したと考えることができる。リンケージ・サイクルでは小集団活動によってつなぐ，つなげる，つながる活動にシフトし，継続的自主保全活動が形作られていった。

　TPSはスムースなモノの流れを実現するために設備，人，レイアウト等，流れを阻害する要因を取り除く活動が行われた。止揚リンケージ・バリューによっていくつかのツールを生み出し，現場で実践し，実現していったと考えることができる。実践の過程で現場の組織能力が醸成され，リンケージ・サイクルによってつなぐ，つなげる，つながるための継続する仕組みが現場を中心に

つくられていった。

7.2 TPMとTPSの歩み

TPMとTPSは、どのような歩みたどってきているのか、活動初期から現在までの流れを追ってみることにする。導入の流れからどのような活動過程を経てTPM、TPSが変化してきているのか、その変化過程においてリンケージがどのように関わっているのか明らかにしたい。また時系列的に諸活動を関連づけることにより、今まで見えにくかった諸活動の関連性も見える化できるようになる。流れを時系列的にリンケージしてみよう。

7.2.1 TPMの歩み

TPMは日本プラントメンテナンス協会が中心となって普及してきた。設備保全に優れた成果を上げた事業場を、1964年から1970年までの期間、PM優秀事業場として表彰する制度を設けていた。その後、1970年以降設備保全の導入が普及するのに伴い、PM優秀事業場の表彰をTPM賞と呼ぶことになった。TPMを提唱した時の基本理念は、「人と設備の体質改善による企業の体質改善で、儲ける企業体質づくり」としている。[8] TPMを提唱した1970年代は、つくれば売れる時代であり、自主管理活動を中心とした参画型活動によって画期的成果を上げた多くの企業があった。特に、オペレータの自主保全による災害ゼロ、故障ゼロ、不良ゼロを目標に、生産倍増の画期的成果が注目され、導入企業が増大した。それに伴い、TPM賞を受賞する企業も徐々に増えてきた。導入期を経て成長期に入り、TPM活動が多くの企業で成果を上げ、加工組立て企業のみならず装置産業に広がっていった。儲ける企業づくりとして、人の体質改善、設備の体質改善、企業の体質改善を狙って「設備が変わり、人が変わり、組織が変わる[9]」という標語で活動を広げた結果、多くの企業が賛同し、協会の会員になったのである。TPMを指導するコンサルタントも、協会の専門コンサルタントのみならず、企業で経験を積んだ専門家が指導する体制になった。企業の指導が急増した結果、専門家派遣の不足が生じた時期もあった。

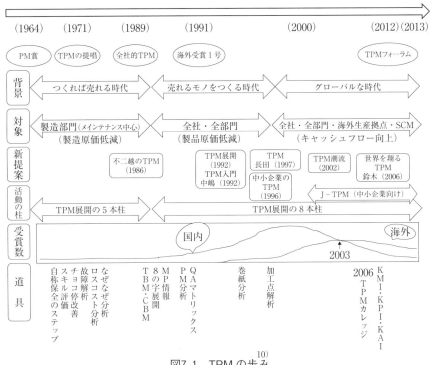

図7.1　TPM の歩み[10]

図7.1に TPM の歩みを示す。背景，対象，新提案，活動の柱，受賞数，道具の6つに対してその流れを示した。受賞数を見ると，国内での受賞数は1998年がピークとなり，2003年には海外に逆転され現在ではピーク時よりかなり下がってきている。大企業を中心にモノづくりの主だった企業の TPM 活動が広く普及してきたと考えられる。受賞数はピークを過ぎ，減少してきているが，TPM 活動は現場に引き継がれ，その考え方は浸透してきている。1989年全社的 TPM として8本柱を提案し，革新的活動に移行した。

　グローバルな環境を迎え，協会は『21世紀 First Age の TPM の潮流』を出版し，時代に対応した TPM 活動を推進してきている。[11]一方，海外は1990年代に入り受賞数が増え，2020年現在も比較的安定した受賞数を維持してきている。

1960年代，つくれば売れる時代には製造部門中心の TPM 活動が対象であったが，1980年代に入ると売れるものをつくる時代にシフトした。活動の対象は全社，全部門，海外生産部門に広がっていった。改善活動の柱は5本柱から8本柱になり，それに伴っていくつかの道具が開発された。[12]この時代は売れるモノをつくる時代に入り，背景と活動がリンクし全社的な展開になってきた変換点にあたる。このように時代の変化に対応しながら補完リンケージ，止揚リンケージによってツールを開発し，その時代に合った活動を推進してきたのである。

TPM の導入はステップ式で決められている。[13]キックオフする前に，1年間ほどモノづくりの方針，目標，組織運営，マスタープラン，実施計画等活動に必要な準備を行い，パイロットプラントを選定して，5S（整理，整頓，清掃，清潔，躾）を中心とした自主保全活動を実施する。その結果，成果が出れば工場全体の計画をつくり，全社的展開を行うためにキックオフ大会を開き，全員参加のセレモニーを行うことになる。そのためにはトップの理解と事務局のリーダーシップが重要な役割を担う。設備に関する活動を中心に，自主保全，個別改善，品質保全の各柱について活動計画にしたがって行っていく。定期的な現場指導，各柱に見合った教育を継続的に行っていく。TPM で開発された主要なツールを現場レベル，管理者レベルで情報共有し，能力の向上と改善の質の向上につなげていく活動を行う。導入段階では，事務局のトップダウン式で精力的に推進していく。トップの方針と事務局，全従業員のリンケージによって活動が推進されていく。企業が持つ特有の品質，設備に関する課題を遂行し，企業が掲げる高品質，高効率の指標を実現するために止揚リンケージ・バリュー活動が行われ，成果につなげていった。

7.2.2 TPS の歩み

トヨタ自動車の創始者豊田喜一郎氏は，モノづくりに対して「自動車の組み立て作業にとって，各部品がジャスト・イン・タイムにラインの側に集まるのがいちばんよい」とトヨタマンに啓示を与え，その考えを実践したのが大野耐一であった。「私はと言えば必要な部品が，必要な時に，必要な量だけ，生産

ラインのすべての工程の脇に同時に到着する光景は，創造するだけでも楽しいし，刺激的であった」と大野は述べている[14]。この夢のようなモノづくりシステムの実現に向かって，自分の権限の及ぶ範囲内で一歩一歩進めていったのである。トヨタ生産方式の基本思想を支える２本の柱は，自働化とジャスト・イン・タイムである[15]。自働化の車への導入は，豊田自動織機があったため，比較的容易に実現できたが，ジャスト・イン・タイムという考え方はどこにも例がないため，難題であった。トヨタ生産方式はフォード生産システム同様，流れ生産を基本としている。部品を同期化するために，フォードは倉庫を持って対応していたが，トヨタは倉庫を持たずに同期化することを考えていた。つまり在庫を持たずに同期化するためにはどのような条件が揃えば実践できるのか，常に自問自答しながら，試行錯誤を繰り返して行われた。「ロットはできるだけ小さく，プレスの型の段取り替えを速やかに」というのが，生産現場の合言葉として改善を繰り返してきた[16]。ジャスト・イン・タイムに対応するため，組付け部品を全てラインサイドに集め，なおかつ在庫ゼロという条件の組立ラインを作りだすのは現実離れをしており，従来の生産システムからすれば考えられないことである。実現するには現在のモノづくりを根底から見直す必要が出てくる。モノづくりの基本条件として，４Ｍつまり，設備（Machine），人（Man），モノ（Material），方法（Method）があるが，４Ｍを根底から考え直さなければならないということになる。しかしその困難なモノづくりに1945年から挑戦しつづけて見事実現した。４Ｍをベースにした導入から実現までの時間的流れを整理すると図7.2のようになる[17]。

　流れ，段取り，生産，設備，進捗，品質の６つの主要な活動の歩みを時間軸上に表した。平準化生産をベースに，１個流し生産システムを実現するまでの35年間に渡る活動の流れである。ジャスト・イン・タイム生産を実現するために，かんばん方式，シングル段取り，多工程持ちをするための多能工化，アンドン，ポカヨケ等多くの新しいツールを創らねばならなかった。このシステムのキーとなる特徴は，実現するために障害となる制約条件を解消するツール（道具）を次々と創ったことにある。大野を中心としたチームが，豊田喜一郎の夢

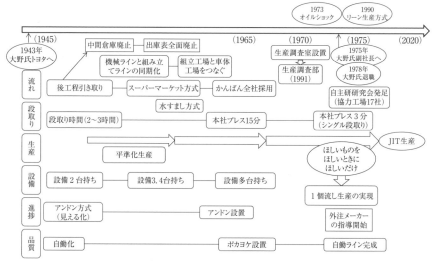

図7.2　TPS の歩み

出所：大野耐一『トヨタ生産方式』　ダイヤモンド社 pp. 228-229に筆者一部加筆

を実現するために，生産現場で起こる様々な障害を次々と突破し，強い信念に支えられて30年以上の期間を要して完成したシステムである。果たして30年という長きにわたって一つのチームが多くの既得権派を押さえながら理想システムを追い続けることができるであろうか。ここに，一人の人間を中心として革新的システム達成のための組織を作り，ジャスト・イン・タイムシステムを実現したトヨタのモノづくりのこだわりがある。集団で問題を解決する組織力が長い年月を経て組織能力として醸成され，構築されてきたのである。この活動のこだわりは，JIT というモノづくりを実現するために止揚することによって対立しながら，新しいものを生み出し実現していったと捉えることができ，まさに止揚リンケージ・バリュー活動がドラスティックに行われていたと考えることができる。

7.3 TPM と TPS の考え方

7.3.1 TPM の考え方

　TPM の根底に流れているものは，ロスの徹底的排除の思想に基づいて，重複小集団活動によって生産システムの総合的効率化を推進する全社的活動である。[18] 生産の効率化とは生産を行うのに必要な投入量（材料，設備，人，エネルギーなど）を最小にして，最大の産出量を得ることであり，付加価値をいかに上げ，製造原価をいかに下げるかである。その基盤となる考え方は企業活動の中には必ずロスが存在する。ロスを発見し，ロスを省く改善活動を継続的に行うことによって，大きな成果を生み出せるということである。いかにロスを見つけ出し，改善によって原価を下げるかが大きな特徴となっている。作業者一人ひとりが「自分の設備は自分で守る」というボトムアップ式自主保全活動を推進し，自ら設備の改善を行った。その活動を継続することによってロス削減活動が定着した。生産部門の TPM 活動では，5 本柱と称して個別改善活動，自主保全活動，計画保全活動，教育訓練活動，初期管理活動の 5 つの活動で進めたが，次第に全社展開の様相になってきたため，さらに品質保全体制づくり，管理間接部門の効率化体制づくり，安全・衛生と環境の管理体制づくりの 3 本を追加して 8 本柱とし，全社的なロス削減活動に広げていったのである。[19] モノづくりのあるべき姿は企業がつくり，各柱をその中に組み込み，全社的にどのようにリンケージするのか，がキーポイントとなる。したがって，ある企業は道具として TPM を生かし，またある企業では TPM を経営の中心に置いて活動するといった幅の広い活動となった。この柔軟性が TPM の優れたところでもある。TPM は故障ゼロ，不良ゼロ，災害ゼロの目標を目指しているが，モノづくりのあるべき姿は企業により異なるため，全社的展開の方向は企業自身がつくり上げることになる。TPM はロスを徹底してなくす活動であり，見える問題，探す問題に対して，大きな成果が期待できる。TPM 活動によってロスが減っていくのは，活動が活発に行われている証である。ロスの削減によってスリムな企業体質になり，次に向かう課題はつくる問題への挑戦であろう。

どのような活動によって企業を活性化させれば良いのであろうか。リンケージ・サイクルの立場で考えると、つなぐ、つなげる、つながる、つながり合うというサイクルの中で、つながり合う、つまり継続するためのモノづくりコンセプトとうまくつながり合えば、TPM活動はさらに活性化すると考えられる。故障ゼロ、不良ゼロ、事故ゼロのTPMの思想を取り入れ、モノづくりをしている企業は多い。このTPM思想は、モノづくりの普遍目標であり、その遺伝子はモノづくり企業の中に生き続けている。TPM思想とモノづくりコンセプトをつなぎ、あるべき姿としてリンケージ・マネジメントをどのように活用するのか、つくる問題としての課題となるであろう。

7.3.2　TPSの考え方

　TPSの根底に流れているものは、ムダの徹底的排除の思想に基づいて、つくり方の合理性を追求し、生産全体をその思想で貫いてシステム化したものである。終戦後、日本の生産性はアメリカの8分の1であることを知らされ、「"同じ人間でありながら、体力的に8倍の力を発揮しているわけではないだろう。日本人は何かムダなことをやっているに違いない。そのムダをなくすだけで、生産性が10倍になるはずだ"と考えたのがTPSの出発点であった」と大野氏はいっている。この根底にあるものは、人間である以上、懸命に努力すれば先進国と競争できるという確固たる信念であり、長い間にわたって試行錯誤を繰り返した末に到達したのである。ムダはある場合は在庫であり、ある場合は作業そのものであり、ある場合は不良であるが、それぞれのムダが複雑に絡み合い、ムダがムダを生み、やがては企業経営そのものを圧迫する。我々の稼ぎのもとはつくり方の中にある。すなわちいかに安いコストで、製品として高い付加価値を付けるかということである。働きとは「付加価値を高める作業」であり、ムダとは「原価のみを高める作業」である。生産の場でムダを省くということは生産に関連した余分にかかる費用を無くすことである。そうすれば必然的に原価が安くなる。TPSはすべての現場のムダを省き、生産性を上げることを目的としている。TPSは作業者一人ひとり、ライン一本一本の能率向上

とともに，工場全体あるいは外注メーカーまで含めたトータルでの能率向上を重視し，具体的かつ有用な手法を開発していることが大きな特徴となっている。TPS はあるべきモノづくりの姿を追求するシステムであり，その時代に応じたシステムの改善をし続ける機能を持っていると考えることができる。

　リンケージ・サイクルの立場で考えると，つなぐ，つなげる，つながる，つながり合うというサイクルの中で，モノづくりコンセプトとして JIT があり，JIT 実現のためには4つのサイクルを回さないと達成しないシステムとしてつくられている。現場の中で常に達成するための心構えができている。モノづくりのコンセプトは JIT であり，組織集団の中に JIT の遺伝子が組み込まれている。実現できない場合は個人，組織の責任にしないで JIT 実現のために何をすべきかという目的指向の仕組みが出来上がっており，つながり合っていると考えることができる。そのために7つのムダを常に意識して改善活動が行われている。つながり合うかんばんシステムを全社的に採用しているため，現場管理者，監督者は忙しい。日常の問題点を解決しながら，オペレータの教育をし，日々の目標を達成する仕事に携わっている。

7.4　TPM と TPS の仕事の見方

7.4.1　TPM のロス

　生産の効率化とは，生産を行うのに必要な投入量を最小にして，最大の産出量を得ることであり，製造原価を低減し，付加価値をいかに上げるかである。量的拡大を図るには，設備の効率を高め，人の効率を高め，管理効率を上げる活動をいかに継続するかである。また，質的拡大を図るには品質を向上させ設備の質的効率を高めることにある。生産効率の最終的なねらいは，設備の固有能力を十分に発揮，維持し，人の能力を最高に発揮，維持することである。この状況を実現するために，TPM では効率化を阻害する要因をロスとして改善活動を展開している。設備効率を阻害している7つのロス，設備操業度を阻害する1つのロス，人の効率を阻害している5つのロス，原単位の効率を阻害する3つのロス，全部で16大ロスを提案している。[22] これらのロスは設備をベース

として組み立てられており，売り上げが上昇して，右上がりの生産ができるときほどロス改善効果が著しい。ロスを改善対象として全社的活動が行われるため，ロスの考え方が全員で共有でき，改善に対する方向が明確になる。また，明確な目標が与えられるため計画がつくりやすく実施がしやすい。ロスの考え方は理解しやすく，今やグローバルな展開をしてきており新興国でのモノづくりに生かされている。ロスを改善活動によって減らすという考え方が定着してきている。16大ロスは，各企業が考えるモノづくりとつなげながら，リンケージ・サイクルを回す改善活動を展開すると効果的な成果につながる。企業が16大ロスをどのようなコンセプトの下でモノづくり活動を行うのかによって，リンケージ・サイクルを回し続けられるかどうかが決まる。

7.4.2 TPSのムダ

　ムダとは役に立たないこと，益のないこととして定義されているが，生産工場を見渡せば，このムダがいたるところに発生してきている。ムダを取ることによって大きな利益を得ることができるとTPSでは考えている。ムダを徹底的に排除することによって，作業能率を大幅に向上させることが可能となるわけである。TPSでは，（1）つくりすぎのムダ，（2）手待ちのムダ，（3）運搬のムダ，（4）加工そのもののムダ，（5）在庫のムダ，（6）動作のムダ，（7）不良をつくるムダ，の7つのムダを明らかにし，それらのムダを徹底的に改善する活動を展開している。[23)] 生産現場はダイナミックに活動しており，人，モノ，設備が管理者の考え方に基づいて運用されている。管理者が基本的なコンセプトもないままに，各自異なった方向で行っていては現場が混乱する。全員が同じコンセプトで管理・運用できるように，7つのムダの考え方が全員で共有でき，実施できる環境を整えている。7つのムダはJITの思想をベースにムダが見える環境を作っているといえよう。生産現場でのムダとは何か，の問いにTPSの考え方が出現するまで誰も明確に答えることができなかった。なぜならば，顧客指向のモノづくりの明確なコンセプトが存在しなかったからである。TPSによって，どのようなモノづくりが企業にとって最大の利益を生むかが

明確になったからである。顧客指向のモノのづくりの原点となったのである。テーラーから始まった問題解決技法としてのIE（日本IE協会のIEの定義：価値とムダを顕在化させ，資源を最小化することでその価値を最大限に引き出そうとする見方・考え方であり，それを実現する技術である：2008年改正[24]）が有効的に使われるようになり，日本が生んだ改善が活発に行われるようになってきた。すでに世界に広まった改善（KAIZEN）の考えかたはTPSの成功によってもはや，グローバルな共有財産となったといえよう。今ではこの改善活動によってモノづくりの楽しさを世界の人々が味わい，モラールの向上にも貢献してきている。日本発の継続的モノづくりのグローバル化が根付いてきたといえる。7.4.2で述べたが，7つのムダはJIT生産を継続させるためのムダであり，リンケージ・サイクルを効果的に回し続けるために，日常業務の中で改善し続ける必要がある。リンケージに直接関係しているムダは，つくりすぎのムダ，運搬のムダ，在庫のムダ，不良をつくるムダの4つであり，つながりがいかに重要かが理解できるであろう。つくりすぎのムダは多くの部品を作ると在庫として溜まり，直接ラインにつながらないからムダであるという考え方である。運搬は品物をつなげるための最小運搬回数以外はムダな運搬であるという考え方である。在庫は，直接ラインにつながらないからムダであるという考え方である。不良のムダは，不具合が出るとラインがストップしてしまうムダである。このようにJITはつなぎを生命線とした生産システムであり，いかにスムースな流れを実現できるかというシンプルなモノづくりである。現場管理者がその最前線に立っており，常にJIT実現のための活動を推進している。個人能力，組織の能力を最大限引き出す補完リンケージに支えられているといえる。

7.5 TPMとTPSの特徴

　TPMとTPSについて誕生の背景，考え方の本質，導入の推移，ロスとムダ，リンケージ・バリューについてリンケージという考え方を切り口として述べてきた。さらに深く理解し新システムを模索するために，この2つの日本的システムはどのようなところに特徴があり，共通点は何で異なっている点は何

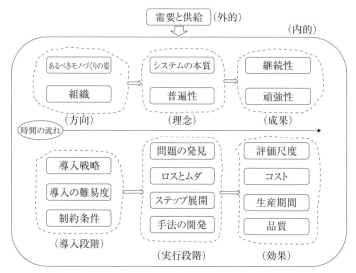

図7.3　システムの18項目のキーワード

かを明らかにしたい。18のキーワードで整理した。これはいくつかの参考文献と筆者が30年以上にわたって TPS と TPM の現場調査から得た情報を通じて，知りえた内容を整理したものである。まず TPM，TPS の特徴的な内容を文章化するに当たり，本，文献，経験で知りえたことを形式知化した。それらの内容をグルーピングするために KJ 法を用いて整理し，17項目に分類した。分類した内容を図7.3に示す。17項目は筆者らが独自の切り口としてつくり上げたものであり，一般的に証明できるデータではないが，少なくとも本書で扱うデータとしては利用できると考える。

　外的な環境を市場とし，その市場に対応するために内的な環境として17の項目に整理した。基本概念として，6つの項目に整理し，基本に基づいた実践方針として11項目に分類した。これらの17項目は，時間の流れに沿って並べられている。基本概念としてあるべきモノづくりを明らかにし，モノづくりのシステムの本質，普遍性，そして企業を実践していく上での重要課題である継続性，頑強性について整理した。また，実践段階での項目として，導入段階では導入

戦略，導入の難易度，制約条件を考えた。実行段階としては，問題の発見，ロスとムダ，ステップ展開，手法の開発を挙げた。最後に効果では，評価尺度，コスト，生産期間，品質を挙げた。これらの項目について順を追って説明する。

7.5.1　需要と供給

　需要が供給を上回る場合，両システムとも高い成果が得られるが，需要が供給を下回る場合，TPS に比べて TPM は成果が得られるかどうかは保証できない。つまり TPM は需要（顧客）と直接つながっているモノづくりを指向していないからである。一方 TPS は欲しいものを欲しいときに欲しいだけという JIT の考え方で需要（顧客）と直接つながっているモノづくりを指向している。

7.5.2　システムの方向

　（A）あるべきモノづくりの姿：あるべきモノづくりでは，TPM は方向性を明らかにするためにロードマップを推奨しているが，企業に一任している。しかし，外的条件，内的条件から問題点を明らかにし，課題を見つけ出すステップは行われる。TPS では JIT によってあるべきモノづくりの姿が明らかにされており，企業はそれに向かった活動をする。戦略的モノづくりについて，TPM はあるべきモノづくりが明確に決められていないため，モノづくりの方向は企業によって異なる。TPS では JIT によって方向が決められており，いかに理想に近づけるかが課題となる。環境変化について，TPM は設備の総合効率の極大化を目指しており，売り上げが伸びている時に効果が出る。一方 TPS は環境変化に対応できるモノづくりを目指しているため，売り上げの増減には直接影響されない。TPS は顧客と直接リンケージしているといえる。

　（B）組織：全員参加について，TPM では自主保全活動により全員参加の活動ができるように作られており，5S（特に清掃）といった比較的取り組みやすい活動を最初に行う。TPS ではスタッフが中心となって行われるが，自主保全活動も同時に行う方法を取っている。重複小集団では，TPM は階層的な

重複した小集団をつくり情報の共有化を図り，全員参加の仕組みをつくっている。TPS では在庫ゼロを目指した緊張感のある現場を継続することにしているため，絶えず考え，改善する環境をつくっている。役割について，TPM は役割分担を明確にして期間を決めて計画的に行い，絶えずチェックをしている。TPS では目的を遂行する専門的なスタッフが教育され，改善が行われている。

7.5.3　システムの理念

（A）システムの本質：思想について，TPM は設備の極限追求を通じて高効率な現場を実現する，という主に工場中心の考え方である。TPS は原価低減主義を取り，顧客に適切な価格で提供するという，顧客と直接つながる仕組みを目指している。TPM は原価の問題には間接的に触れている。考え方について，TPM は設備中心の考え方を取り，ボトムアップ型の全員参加の活動を推奨している。TPS はジャスト・イン・タイム生産を現場に実現するシステムである。仕組みについて，TPM は成長している企業については大きな成果が期待できるが，低成長あるいはマイナス成長の企業については上手くシステムが機能するかどうかはわかりにくい。TPS はあらゆる段階でも機能し，適切な工場経営をすることが可能であろう。

（B）普遍性：生産システムについて，TPM は生産の効率的な極限追求を目的とした考え方である。TPS は顧客と企業のつながりを実現したシステムであり，需要と供給の強さの影響を受けにくい。経営戦略では，TPM は当該企業の経営戦略とのつながりが弱く，どのように関係するのかを策定しなければならない。TPS はあるべきモノづくりを追求しているため，その考え方を当該企業のモノづくり戦略と結びつけることが容易にできる。生きがいでは，TPM は全員参加の活動であり，人と人とが同じ目標に向かって触れあう機会が多く，そこに感動が生まれリンケージ・バリューが高まる。しかし，その活動をどのように継続させるのかが課題となる。TPS では JIT 達成のための役割分担が明確になっており，責任感が生まれる。絶えず現場に緊張感が走り，それが生きがいとなるが，すべての人が生きがいを感じるかといえば疑問が残

る。改善哲学では，TPM は設備，品質，安全のゼロ指向を目指しており，絶えず改善を継続することが大切であるとしている。TPS では，あるべき姿に向かって改善は無限であるという立場を取っている。

7.5.4 システムの成果

（A）継続性：目標達成では，TPM は期ごとに達成目標を決め，達成するためのチェックを定期的にしている。そして，図で見える化して情報のオープン化を図っている。TPS では，日常のモノづくりの数を時間で換算した TT（タクト・タイム）を決め，実際の作業時間 CT（サイクル・タイム）との差異によって改善の必要性を管理している。また達成目標を決め，生産管理板で見える化して情報の共有を図っている。TPM，TPS 共，現場を定期的に巡回し，毎年大会を開催して活動の継続性を図っている企業が多い。活性化について，改善提案件数を数値化し，賞金や賞を与えてモラールの向上を図っている。専門家では，TPM は外部の専門家の力を借りてチェックや従業員教育を積極的に行っている。TPS では関連会社と自主研究会をつくり，改善合宿を定期的に行い，レベルアップを図っている。TPM，TPS 共リンケージ・サイクルの考え方によって，継続するシステムを形成しているといえる。

（B）頑強性：目標値の設定では，TPM は目標値を定期的に見直しながら改善成果を評価し，進めている。TPS は一日の計画数を平準化生産で決め，TT（タクト・タイム）に従って生産している。TT＝CT（サイクル・タイム）とした基準を守っている。在庫ゼロを目指しているため，TT と CT はつながった時が良いとされている。日常の管理では，TPM は現場トップ・管理者の指導力で行えば成果が出るが，そうでなければ成果が出にくい。TPS では毎日生産する数が決まっているため，遅れたり早くなったりしても問題が見える化されており，改善の必要性が出てくる。したがって個々人の役割が明確になり，自律的なシステムとして自動的に働くため，回復機能が早く現場管理の効率化が進む。TPS はリンケージ・サイクルを回しやすい環境にあり，環境の変化に迅速に対応できる JIT システムによって，レベルアップを図ることができる。

TPM は，各企業の指導力によってリンケージ・サイクルを回す程度が異なる。頑強性を保つためには，一貫したトップダウンの考えかたが大切である。

7.5.5　システムの導入段階

　（A）導入戦略：TPM の導入では，売り上げが伸びて，設備故障が多く，5 S が定着しておらず，管理が上手くいっていない工場に導入すると効果が大きい。TPS では，5 S が進みある程度のモノの流れがあり，段取り時間が極端に長くなく，トップが管理活動に興味を持っている工場に導入すると上手くいく可能性がある。TPS は制約条件の障壁が高く，導入するのに時間と労力が必要となる。止揚リンケージ・バリューによって障壁を低くする積極的な改善活動が要求される。

　（B）導入の難易度：前提条件について，TPM は企業の状況に応じて導入できるが，TPS は導入するにはいくつかの前提条件があり，その条件をクリアしなければ困難となる。ただし段取り短縮，多能工化等一部の考え方は比較的容易に導入することができる。トップの理解について，TPM は一部の現場での導入は容易である。例えば5 S 活動と自主保全活動である。TPS は，システムとして導入しないと効果が出にくいため，トップの理解が必要となる。ソリューションについて，TPM では多くの企業が関わっており，よりわかりやすいステップをつくっている。TPS は特定の企業がつくり上げたシステムであり，わかりやすいステップが TPM ほど普及していない。

　（C）制約条件：TPM はトップに導入する意思があれば，改善を阻害する条件がないため導入可能となる。ただし，事務局をつくってある程度の教育された管理者が必要であり，導入のための費用が発生する。TPS では，トップの意思とモノづくりに情熱を燃やす人材がいるかが大切となる。また標準化がある程度できており，平準化生産体制ができるかどうかがポイントとなる。

7.5.6　システムの実行段階

　（A）問題の発見：ロスについて，TPM は主に設備に係るロスを定義して見

つけ出し，ロスコストを見積もって個別改善活動で問題の解決を図る方法を取っている。TPSでは7つのムダに対して定義し，可能な改善から計画的に進めていく。その時に，欲しい数だけつくるというのが基本姿勢となる。問題の種類では，TPMはロスの定義によって探す問題を見える問題に形式知化して活動する。TPSでは，7つのムダを現状分析して，見える問題に形式知化して改善活動を進める。計画通り生産するためのムダを減らす活動をする。

（B）ロスとムダ：TPMでは設備を中心とした16大ロスを定義し，個別改善活動で16大ロスの削減を目指す。改善によってロスが削減されると，ロスを再定義してロスを発掘する活動を行う。TPSでは基準のない改善はないとしてまず基準をつくり，ムダかムダでないかを判断する。そして7つのムダを定義して問題を見える化して課題を見つけ出す。ムダの中で特につくりすぎのムダをなくす方法を見つけ出す改善をすることが要求される。基準についてTPMではロスの定義にしたがってロスコストを整理し，削減目標を決めて活動する。TPSはその日つくる数を時間に表したタクト・タイムを基準として，標準作業組み合わせ票に基づいて，実際につくれる時間を測定して実施する。タクト・タイムとサイクル・タイムが等しくなるように作業改善をする。守られない場合には，リンケージ・サイクルによって改善をし，元に戻す方法を取る。

（C）ステップ展開：活動の柱のステップでは，TPMは改善をするための7つの柱のステップが明確に示され，そのステップに基づいて計画的に進める。TPSではステップは表面的に示されていないが，問題解決の方法は明確になっており，今まで蓄えた知識，方法にしたがって変化に対応した改善活動をしている。自主保全のステップでは，TPMはステップにしたがって実施すればある程度の効果が出るが，期待する成果が出るまでには時間がかかる。TPSでは，自主保全のステップを活用してJIT生産の成果につなげ，補完リンケージ・バリューを高めた活動を行っている。

（D）手法の開発：TPMではTPM活動を展開するためにステップ展開というソリューションと，解決のための道具および見える化図法が開発されている。特に設備に関してPM分析，故障解析，なぜなぜ分析がある。目標達成まで

のストーリーができており，モノづくり戦略の方向を整理することができる。TPS は，JIT 生産を実現するための道具としてシングル段取り，かんばん方式，アンドン，ポカヨケ，一個流し方式，U字レイアウト，ミズスマシ方式等が開発されている。これらの道具は主に止揚リンケージ・バリューによって開発された。

7.5.7　システムの効果

（A）評価尺度：評価尺度について TPM では，P（生産性），Q（品質），C（コスト），D（納期），S（安全），M（モラール），E（環境）という7つの尺度を有効に使って改善し工場の体質強化を図る活動をしている。TPS も同様に7つの尺度に従って工場の改善活動を行っている。生産性について TPM は設備の総合効率を重視し，設備の有効利用を考えた極大化を図っている。TPS では特に D の納期にこだわり，在庫を削減して生産期間の短縮を図る活動を主にしている。利益との関係では TPM はロスを減らすことによって原価を低減する方法を取っている。TPS は商品別原価管理が行われており，現場ではムダを取る原価低減活動をリンケージ・サイクルとして習慣化している。

（B）コスト：ロスとムダについて，TPM では16大ロスのコスト・マトリックスによって改善を進めていくためロスコストは計画通り減少していく。ただし直接利益に結びつくかどうかの判断は難しい。TPS は7つのムダの削減を改善対象として原価低減活動を行っている。コストの意識では TPM はロスをコストで評価するためコストに対する意識は高まる。TPS では商品別原価低減活動を行っているため，儲けるための現場の原価意識が高まる。

（C）生産期間：会社の方針について，TPM では各企業の方針によって決めるため，生産期間が尺度ではなく，むしろ設備の効率が尺度になる可能性が高い。TPS では，生産期間短縮を重要な尺度としているため，人，モノ，設備，方法（4M）の使い方が重要となる。在庫の問題について，TPM は在庫の削減は企業のモノづくりコンセプトによって決められるが，必要な尺度として位置づけている。TPS では在庫削減が重要な尺度となり，かんばん方式を導入

して後工程引き取り方式を行っている。問題の発見について，TPMでは品質不良，故障不良の発見が遅れ，対策が後手に回る危険性がある。TPSは品質不良，機械故障が発生するとラインを止めるため，問題の発見が早い。現場力について，TPMでは故障や不良対策の仕組みを作ったとしても，在庫を保有していれば，問題が表面化しないため現場の緊張感が高まらず仕組みがうまく機能しない。TPSは不良や故障が起こると在庫がないためラインが止まってしまう。したがって，現場には常に緊張感が漂う。その結果，現場が強くなり，ラインの組織能力も高まっていく。

(D) 品質：不良の低減について，TPMでは品質保全のステップができており，あるレベルまで不良率が低下していく。TPSは自働化をベースに不良の出ない工程を目指しており，在庫ゼロとの関係で不良がゼロベースで低下していく。後工程不良について，TPMではポカヨケの考え方を利用して後工程に流さない工夫をしているが，在庫を持っているため問題工程には不良の解決には時間を要する。TPSは1個流しを基本としているため，在庫がなく不良が出るとその場で解決する方法を取っている。したがって対応が早くなる。処理時間について，TPMは問題発生から対策までに要する処理時間にある程度時間がかかる。TPSでは問題発生から対策までラインとスタッフの補完リンケージが機能し，処理時間が短くなる。

7.6　TPMとTPSの比較

TPMとTPSの特徴について，リンケージの考え方を考慮しながら18項目のキーワードで説明した。これからのモノづくりを考えるにあたり，2つのモノづくりシステムからどのような共通項目が見出せるのか，独自の項目は何かの抽出を試みた。企業に対応したシステムを提案する上での参考資料として，今まで述べてきた説明を参考に，7.6節の最後に表7.1〜表7.4として主な内容を示した。整理した共通項目，非共通項目について，主要な内容の一部を以下にまとめる。

表7.1　TPM と TPS の共通項目と非共通項目（その 1 ）

	共通項目	TPM の非共通項目	TPS の非共通項目
①需要と供給	需要≧供給	需要≧供給の場合 貢献度が高い	需要≧供給，需要＜供給 （需要とつながる JIT 思想）
②あるべきモノ づくりの姿	ロードマップの作成 全員参加の改善活動	企業独自で作成 設備の総合効率極大化	欲しい時に欲しいものを欲 しいだけ JIT 柔軟な生産システムの構築
③組織	全員参加 重複小集団 トップのリーダーシップ 役割分担の明確化	強いリーダーシップ 諸集団に強い権限 目標を意識した強い使命 8 本柱の連携	小集団に絶えず考えさせる （環境が仕組みで作られて いるため） JIT を意識した強い使命 JIT の人材育成
④システムの 本質	体質改善システム 考え方が明確になってい る ソリューションが明確	企業中心の思想 全員参加の設備中心活動 成長段階で効果を発揮	顧客中心の理念 JIT 生産の実現 外部・内部環境に適応
⑤普遍性	企業体質の強化 攻める人材の育成 問題を表面化する手法	生産システムの効率化 （ 4 M） 故障・不良ゼロ指向の考 え方 全員参加活動で生きがい を体験 設備をベースにした予防 哲学	顧客と工場のつながりを重 視 モノづくりの思想の明確化 隠れている問題の見える化 改善は無限であるという考 え方
⑥継続性	目標達成の評価 定期的な現場巡回 改善発表大会の励行 外部からの指導	専門家による現場指導 8 の字展開による定着化 上位 TPM 賞への挑戦 方向づけの戦略計画	自主研による現場指導 継続的原価低減活動 現場担当者の改善教育 自工程完結活動

7.6.1　需要と供給

　グローバルな環境になった結果，競争が激しくなり，需要と供給の関係が強く意識されるようになってきた。需要が強く増産基調の環境では，ロスやムダをとることによって企業に大きなメリットが生じる。TPM は発生した問題の解決のみならず，ロスを定義することによって表面化していないロスを探し，全社的な改善活動を行い利益に結びつけている。TPS は表面化していない問

表7.2　TPM と TPS の共通項目と非共通項目（その２）

	共通項目	TPM の非共通項目	TPS の非共通項目
⑦頑強性	目標値を設定して管理	ロス構造の明確化 維持と改善の繰り返しの管理 目標達成のステップ展開化 情報の蓄積の見える化	日常管理の標準化 元に戻らない仕組みの構築 変化に強い組織能力 大部屋方式による情報共有化
⑧導入戦略	トップが良き理解者である 導入段階でのコンセンサスシステムを理解している管理者の育成 全員参加の思想	売り上げが伸びている企業 ロスを取るという考え方 設備故障，品質に問題がある企業 全社的活動として定着させたい 改善活動をしてこなかった企業 自主保全活動で実績を出したい	トップが革新活動に興味を持つ 改善活動をして成果が出ない ７つのムダを取るという考え方 ５Sがある程度進んでいる 品質がある程度安定している 設備故障が多くない
⑨導入の難易度	パイロット工程から導入する 全員参加による改善活動	一部の改善でも効果が出る 自主保全活動は効果が出る 導入システムが作られている 設備の生産性向上が期待できる	導入のための制約条件が存在 工場全体のシステムである 柔軟的な導入システムである 人の生産性の向上が期待できる
⑩制約条件	トップの意思と理解があるか モノづくりに情熱を燃やす人がいるか 従業員教育ができる現場か 改善活動に費用を回せるか	３年以上活動を推進できるか 設備の効率を重視するか 設備を修理するのが好きな人か 現場と管理者の意思疎通 TPM の理解がある程度浸透しているか	標準化ができる環境の現場か 繰り返し作業がある現場か 計画が立てられずその日暮らしか 作業は日替わりになっていないか 確定生産がある程度できるか 作業条件の基準がない現場か JIT の理解がある程度浸透しているか
⑪問題の発見	見える問題に手を打つ仕組み 現場と専門監督者の協力体制 オペレータからの問題の報告 変化点の管理	ロスを定義して問題を探す 探す問題を見える問題に 自主保全による問題の発見 SWOT 分析による課題抽出	７つのムダから問題を探す 問題解決のスピードの重視 日常の問題の改善の迅速性 探す問題を見える化する仕組み

表7.3 TPM と TPS の共通項目と非共通項目（その3）

	共通項目	TPM の非共通項目	TPS の非共通項目
⑫ロスとムダ	探す問題を見つける工夫 探す問題とつくる問題の層別	16大ロスを定義して問題を探す 自主保全からロスを見つけ出す ロスコストを整理し優先順位をロスコストマトリックスによる見える化	7つのムダを定義して改善する 基準を作って改善する 要求数量に合った標準作業票 ムダを省いた継続的な標準作業
⑬ステップ展開	分析的方法による問題解決のステップ ステップ展開で情報共有 蓄積した情報の有効活用	7つの柱のステップの明確化 自主保全のステップの明確化 問題解決の蓄積の活用	JIT ステップの明確化 個人の経験からくる形式知化 JIT の暗黙知からの形式知化
⑭手法の展開	動作経済の原則 ECRS 工程分析 動作分析 時間分析 稼働分析 品質工学 実験計画法 VA/VE	①なぜなぜ分析，原理原則分析 ②ロス・コスト分析 ③PM 分析，EMEA ④加工点解析 ⑤故障解析，チョコ停分析 ⑥QA（QM）マトリックス ⑦スキル評価 ⑧巻紙分析 ⑨8 の字展開 ⑩MP 設計，カラクリ改善 ⑪各ステップ展開	①標準作業組み合わせ表 ②シングル段取り ③7つのムダ ④平準化生産 ⑤かんばん方式 ⑥アンドン方式 ⑦みずすまし方式 ⑧ポカヨケ ⑨多能工化 ⑩1個流し方式 ⑪自働化
⑮評価尺度	PQCDSME の7つで評価 環境に関する評価 人間工学的評価 安全に関する評価	設備の総合効率の向上 自主保全のステップ評価 企業独自の評価 原価低減（16大ロスの削減） 保全予防情報の活用	可動率の向上 リードタイムの短縮 かんばん枚数の削減 CT＝TT の管理 商品別原価低減（ムダの削減）

題に対して，在庫水準を下げることによってムダを表面化し，改善活動を行い利益に結びつけている。TPM は競合他社が参入し，競争が激しくなり売り上げが伸びない状況になってくると，全社的改善活動によって TPM のロスを削減しても，企業の利益に貢献しているかどうか見えにくくなり，改善活動に陰りが生じる。TPS のムダは欲しいものを欲しいときに欲しいだけつくる，というあるべき姿を追求しているため，生産が減っても増えてもモノづくりの改

表7.4　TPM と TPS の共通項目と非共通項目（その4）

	共通項目	TPM の非共通項目	TPS の非共通項目
⑯コスト	利益とコストとの関連性の探索活動	コストマトリックスによる表示 ロス・コストの定義 利益との関係でロスを表示	商品別原価管理 ムダ排除のコスト低減 原価把握の仕組みの確立 （利益＝市場価格－原価）の考え方
⑰生産期間	流れから見た問題発見の仕組みの構築	生産期間の評価尺度は企業側が決める 在庫の指標は企業側が決める モノの流れとしての評価は企業の方針で決まる	リードタイム短縮は JIT の要 かんばんによって在庫を削減 問題の発見の見える化ができる 故障，不良対策が早くなる
⑱品質	ポカヨケの考え方（後工程に不良を流さない）	品質保全のステップがある 不良処理に時間がかかる傾向 予防保全から予防品質の考え方を提案 QA マトックスからの問題解決	不良が出ると止まる自働化 不良処理時間の短縮化 精度の高い検査設備の改良 止めない設備の改良 自工程完結の導入

善活動体制は変わらない。TPM 活動は設備の極限追求を目指しており，低成長やマイナス成長の下では，売り上げが伸びている状況に比べて成果が出にくくなる。なぜならば設備総合効率と売り上げとが直接つながっていないからである。TPM は売り上げが増加している企業については効果が期待できるが，売り上げが下がっている場合についてはその企業のモノづくり戦略次第である。売り上げの変動とどのようにつなげていくモノづくりをするのかが課題となる。一方，TPS は環境変化に適応するシステムの追求を狙っており，どのような売り上げの状態にも適応できるシステムを構築できる体制を整えている。

7.6.2　方　　向

　TPM は全社的活動として設備の極限追求を目指しており，主に設備に中心をおいている。あるべきモノづくりの姿は企業ごとに構築し，故障ゼロ，不良ゼロ，災害ゼロを目標としている。モノづくりの姿と目標をリンケージする目標値と改善課題が作られる。強いリーダーシップの下で，目標を達成する改善

活動が行われる。

　TPS は欲しいものを欲しい時に欲しいだけ生産する「JIT 生産」というシステムの追求をしており，あるべきモノづくりが明確になっている。工程内，工程間，工場間がかんばんというチェーンでつながれており，どこかで問題が発生すると全工程が止まるシステムである。モノづくりに関係する担当者に絶えず緊張感を与え，現場で考えさせるつながり合うリンケージ・サイクルをつくっている。日常管理の中で鍛えられる強い組織能力をつくり出す環境を備えているといえる。共通点としては，目標を決め，あるべき方向を明らかにし，全員参加で活動を推進する活動を行っている。

7.6.3　理　　念

　TPM は企業内の生産システムの効率化を目指しており，企業中心の原価低減活動が中心である。設備をベースに予防哲学の思想を持ち，故障ゼロ，不良ゼロ，災害ゼロのゼロ指向を目指している。活動をしている段階で小集団，個人が積極的に参加することによって活性化し，より高い次元に導かれていく。初期の段階では，全員の意識が高まって生きがいに通じるが，常に意識を高める刺激をつくり続けるリンケージ・サイクルが要求される。どのような仕組みをつくるのかが試されることになる。

　TPS はつくりすぎの在庫ゼロを目指しており，顧客の需要を基本とした商品別，部品別原価低減活動を行っている。JIT 生産は実現が困難な目標であるが，実現すると多くのムダが削減され，原価低減に貢献し，強い体質の企業になる。このシステムは顧客の需要に応じて作るモノづくりシステムを目指しており，環境変化に強い。共通点としては改善のソリューションが手順によって明確になっており，問題のレベルごとに改善に参加できる仕組みがあり，人材育成につながっている。

7.6.4　成　　果

　TPM は継続性を重視しており，ゼロ指向の考え方を基本により高い活動目

標を次々に作っていく。達成することによって，次のパートⅡ，Ⅲの段階に進むプログラムが用意されている。TPM 賞が企業保証の証となり，強い体質の企業であると社会に認知され，それがまた改善の原動力になる。専門家による現場指導，8 の字展開による活動，上位 TPM 賞の挑戦によって継続性を保っている。

　TPS は顧客と現場とのつながりを重視し，短いリードタイムによって顧客情報のフィードバック機能がより速く働く。在庫ゼロを目指すことによって，隠れている問題を見える問題に変え，すぐに対応できるシステムをつくっている。継続性では改善専門の自主研究会をつくり，改善は無限であるという哲学に従い原価低減活動を現在に至るまで続けている。改善教育によって，現場とリンケージする自主研究会は，TPS を継続するために必要不可欠な活動である。外部企業の改善教育は，中部 IE 協会を通じて1962年に開講した「IE の基礎講座」としてモノづくり企業に広まった。この講座には筆者も開講初期から関わり，インストラクターとして改善活動の醍醐味を幾度も味わった。現在も改善の普及啓蒙活動を行っている[25]。長期にわたって継続している息の長い講座となった。

7.6.5　導入段階

　TPM は売り上げが伸びており，設備故障が多く品質に問題があり，装置加工が中心の企業に向いている。また全社的活動を展開したい企業にとっては効果的な手法である。このシステムは大きな制約条件が存在しないため，あまり改善活動に積極的に取り組んでこなかった企業にも有効である。しかし 1 年以内の短期間で終わりたい場合には活動の効果は薄い。3 年以上継続すると設備が変わり，人が変わり，組織にも影響を及ぼす。TPS は顧客との関係が強いため，顧客情報をいかに生産に効率よく反映させるかがポイントとなる。そのための条件としては，ある程度の生産量があり，繰り返し生産が可能で，強力な営業力を持つ企業に向いている。このシステムは，組織的な活動として 5 S が進み改善も活発に行われ，流れを重視している企業に効果を発揮する。全社

的に行うためには，いくつかの制約条件を解決しながら改善を進めていけば大きな成果に結びついていく。共通点として，2つのシステムともトップに良き理解者がおり，管理者がある程度育っていて，ある程度の企業規模を持っていれば大きな成果につながる。

7.6.6　実行段階

　TPM は何が問題なのかを探し，見える問題にするためにロスを定義してロス・コスト・マトリックスに整理し，問題の内容とコストとの関係で役割分担を決め活動する。また全社的な活動にするために 8 本柱をつくり，柱ごとに責任者と改善テーマを決めてマスタープランにしたがって実行する方法を取る。改善ステップの多くの手法がマニュアル化されており，指定されたステップに基づいて活動することができるため，活動の失敗を防ぐことができる。反面目標以上のドラスティックな改善はしづらく，個人が持つイノベーション活動はマニュアル重視によって削がれてしまう可能性がある。TPS は JIT 生産実現のため 7 つのムダをいかにして減らすかが課題となり，そのための改善活動を実施することになる。スタッフが中心となって在庫を減らす活動を行い，ラインはタクト・タイム（TT）に基づいたサイクル・タイム（CT）を計算し，TT＝CT で生産を行う。生産活動の中で生じる問題を見える化して改善を行う。日常の改善はシステム化されており，現場で解決できる問題が多い。見えない問題を在庫削減によっていかに見える化させるか，がこのシステムの重要なポイントとなる。共通点として挙げられるとすれば，目標を達成するために現在までに開発されてきた手法を有効に活用していることである。

7.6.7　効　　果

　TPM は設備の総合効率を上げるためにロスを削減し，企業独自の評価指標を設定して企業体質を強化する活動を行う。ロスをコスト・マトリックスで定義し，改善活動を行っている。ロス・コスト・マトリックスは，企業の利益とどのように結びついているのか把握するのは難しい。TPS は JIT 生産であり，

可動率という考え方を取って日常管理をしている。可動率とは機械・設備を動かしたいときに，正常に動いてくれる状態の割合を比率で表した指標である。JIT 生産では重要な指標であり，リードタイム短縮の改善には必要不可欠である。TPS は自働化を徹底し，ジャスト・イン・タイムを追求すれば，原価低減に貢献するという考え方を取っている。このシステムは在庫ゼロを目指しているため保証，不良対策が早くできる。共通点としては PQCDSME で評価し，環境，人間工学，安全にとくに考慮した活動をしている。また生産期間の短縮，不良ゼロ活動を推進している。

7.7　これからの革新的システムとは

　日本の環境の中で生まれ育った TPM，TPS の考え方は，日本的モノづくりシステムとして定着し，全社的システムとして革新的な成果を上げた。新しい商品を造るイノベーションでなく，モノづくりシステム自体のイノベーションが起こったと考えられる。1964年に産声を上げた TPM は今や世界に広がり，各国の企業がそのシステムの良さを理解し導入した結果，殆どの企業で成果が出た。そのため有効なシステムであると理解し，10年以上にわたって活動を推進してきている外国企業もある。巨大企業，大企業，中堅企業，中小企業など規模を問わず導入してきている。どの国の企業も導入しており，国を超えた一般的な革新的システムとして定着してきた。1945年頃から始まった TPS は1975年にトヨタで完成し，関連会社の導入が始まった。同時に1980年11月，AIT（アジア工科大学・タイ）で行われた国際会議で大野氏によって TPS（当時はトヨタ生産方式）が発表された（筆者も国際会議に大野氏のグループ団の団員として同行し，発表側として発表会の準備に携わった）。その後1990年アメリカで TPS が研究され，リーン生産方式として定着した。改善と同様，リーン生産方式も世界に広まっていった。現在では一般的な革新システムとして広く適用されている。

　TPM は図7.1を見ると，日本の場合2000年をピークとして受賞数が減少し，海外の場合2006年をピークに減少に転じている。日本の場合，大企業を中心と

して2,000事業所以上が受賞し（日本メンテナンス協会の受賞企業のデータより），TPMの考え方を多くの企業で実践していることがわかる。前にも述べたがTPMの役割が終わったのではなく，全体に広く行き渡ったと考えるのが妥当であろう。多くの企業はTPMをベースとして，企業独自のシステムの構築を目指しているわけである。海外ではまだ日本ほど減少していないが，日本と同様な傾向を示すと思われる。製品の寿命同様，システムにも製品のライフサイクルが当てはまると考えられる。TPSはどのくらい導入してきているのか，TPS賞はないのでわからないが，TPM同様な傾向があるのではないかと思われる。ただしTPSはあるべき方向としてJIT生産システムを目指しているため，その思想が世界に受け入れられる限り，これからも導入する企業が増えていくと考えられる。この2つのシステムは対象がモノづくりの中から生まれたシステムであるが，グローバル環境下のこれからのシステムは，モノづくりに対してもっと広い視点から見た新しいモノづくりシステムが必要ではないかと考える。

　つまり，経営という立場を強く意識したあるべきモノづくりとは何かである。顧客が求める商品を実現して提供することであり，それを実現することが企業の役割となる。実現するために企業はまずどうあるべきかを論じなければならない。6章で述べた7つの満足（基本要件）をどのようにバランスよく調整し経営に生かしていくのか，モノづくり企業の今後の方向であると考えられる。グローバル環境におけるこれからの革新的システムの課題を挙げると，具体的には，①スピードを重視したシステム，②利益に直結するシステム，③流れを重視したシステム，④市場に即対応したシステムなどが考えられる。7つの満足をバランスよく調整し，要求された課題を満足したあるべき生産システムを構築することが大切であろう。

　一つの例として，利益に直結したモノづくりシステムについて考えてみよう。TPM，TPSとも上述したように原価とつながっており，活動を推進すると結果が利益に関係していることは推測できそうである。しかし利益とどのようなつながりがあるのか知りたいところである。改善活動と利益との関係をより接

近させるために改善活動の結果を形式知化することが必要である。改善活動は
どのような構造からできているのか，階層的構造としてリンケージさせて課題
を見つけ出す方法を提案する。重要経営評価指標（KMI）と重要業績評価指標
（KPI）そして重要活動評価指標（KAI）の3つをリンケージさせることにより，
どの改善活動を行えばKMIに貢献するのかを見つけ出すことである。KMI，
KPI，KAIの関係を明確にして3つを階層構造としてつなぐ方法である。コス
トは多くの要因と複雑に絡み合っていると考えられ，その中でどのKAIが主
要な活動であるのかを探し出すことが要求される。KAIからKPIに遡ってつ
ながれ，KMIに貢献する活動になっていれば，そのKAIは企業にとっての重
要な改善事例となる。KMI，KPI，KAIの3つをリンケージさせて効率的な
モノづくりシステムを構築することができる。8章で具体的に検討する。

7.8 弁証法的考え方

　企業に対応したシステムをまとめるに当たり，弁証法的考え方を参考にした。
一般的に弁証法とは，世界や事物の変化や発展の過程を本質的に理解するため
の方法，法則とされる。ヘーゲルが思考した弁証法は「物事が完成に向かうそ
の運動」であり，劇的な発展法則のことであり，発展・成長・変化をするもの
には，すべてこの弁証法の法則が見られる，とした。弁証法は古代ギリシャか
ら伝わる弁論術の一つで，まず相手の主張を認め（テーゼ），次にそれと矛盾
する立場を相手の前提から導き出し（アンチテーゼ），最後にこの2つの立場を
総合する高次の立場を見つけ出す（ジンテーゼ）ことである。このシステムは，
発展・成長・変化の過程を経ている。この考え方を適用できるのではないかと
捉えた。さらに詳しく弁証法を見ていくことにする。田坂広志の『使える弁
証法[28]』によれば弁証法には次の5つの法則

①　「事物の螺旋的発展」の法則
②　「否定の否定による発展」の法則
③　「量から質の転化による発展」の法則
④　「対立物の相互浸透による発展」の法則

⑤ 「矛盾の止揚による発展」の法則

があるという。この中の特に⑤の法則で，TPS と TPM の 2 つのシステムが説明できるのではないかと考えた。⑤の法則を説明すると，「すべての物事には，その内部に矛盾が含まれているが，その矛盾こそが事物の発展の原動力となっていく。そしてこの矛盾を機械的に解消するのではなく，それを弁証法的に止揚したとき，物事は発展を遂げる」。ここに「止揚」とは，「互いに矛盾し，対立するかに見える 2 つのものに対し，いずれか一方を否定するのではなく，両者を肯定し，包含し，超越することによって，より高い次元のものへと昇華していくこと」をいう。さらにマルクスの『直接的生産過程の諸結果』で述べられている「包摂」という考え方を用いる。包摂とは「ある概念がより一般的な概念に包み込まれること」をいう。簡単な例でいえば，動物という概念は生物という概念に包摂される，ということである。この法則はヘーゲルが提唱している④の法則とも関連している。フォードシステムのようなコンベア（ベルトコンベア及びローラーコンベア）を用いた大量生産の過程は，労働（技術）の実質的包摂の帰結であると，マルクスは例を出して説明している。「包摂」そして「止揚」という考え方を使って，TPM と TPS の 2 つの革新活動の特性を詳しく分解し，それらの内容から果たしてどのような意味が導き出されるのか，形式知化を試みることにする。

7.9　新しい革新システム

ここでは TPS と TPM を止揚，包摂し，新システムとしてつくり出した課題を明らかにする。モノづくりシステムのキーワード18項目に対して，新システムを考える資料として前節で表7.1〜表7.4を作成した。課題を導出するに当たり，弁証法における④の「対立物の相互浸透による発展」の法則，⑤の「矛盾の止揚による発展」の法則，そして包摂の考え方に基づいて検討する。またグローバル環境の重要なキーワードとなっている変化，スピード，柔軟性について考慮した。新システムの方向性を現在のモノづくりの基本的検討項目と位置づけて考慮することにする。市場を含めて18の基本項目が止揚，包摂の考え

方に基づいて導かれた。表7.5〜表7.10の左の領域にその基本項目，つまり新システムの方向性が18項目にわたって示されている。新システムの方向性を導くにあたり，具体的には表7.1〜表7.4のTPSとTPMの共通項目，非共通項目より項目ごとに止揚，包摂を行った。そして需要と供給を含め18項目に対してモノづくりの考え方を導出した。今回は新しい革新システムの目標課題を提案することに重点を置いており，新システムの具体的な方向性を導出する課題についてはここでは論じていない。

7.10　企業に対応した革新システム

　グローバリゼーション環境の現在，企業は多くの環境条件を考慮して経営する必要があり，どのようなモノづくりをしていけば強い体質の企業を作り上げることができるのか，自ら挑戦していかなくてはならない。日本の代表的なシステムであるTPS，TPMから導き出された新システムの方向性（モノづくりの基本要件と呼ぶことにする）はモノづくりをするための一つの指針となると考える。このモノづくりの基本要件に基づいて，いくつかの特徴的な目標を持つモノづくりとの関係を包摂，止揚の考え方を用いて検討してみることにする。ここで検討したあるべき方向のモノづくりは，①市場に対応したシステム，②利益を重視したシステム，③グローバル化を重視したシステムである。これらのモノづくりシステムと基本要件と包摂，止揚することによって新しいモノづくりシステムが創出されると考えた。表7.5から表7.10までは3つのあるべき方向のモノづくりと基本要件を包摂，止揚してまとめたものである。これら6つの表は，一つの参考事例として示した提案内容であり，活用できる内容があれば，参考にしていただきたいと考えている。

　一例としてグローバルを重視したシステムのモノづくりについて説明することにする。18の項目についてまとめられている。外部環境の需要と供給（表7.5）では地域の特性に合ったモノづくりシステムを指向し，トータルとして利益を確保することを目指す。基本方針としてのあるべきモノづくりの姿（表7.5）では地球上での最適生産の地域の選定と最適な4M条件を満足するモノづく

表7.5　モノづくりシステムの考え方（1）

内容	新システムの方向性	市場に対応したシステム	利益を重視したシステム	グローバル化を重視したシステム
需要と供給	利益をベースとした新システムの構築 継続性を重視	利益を確保してかつ顧客に対応するシステムの構築 増減時のモノづくりの方向	つくるモノを考慮した利益の出るモノづくりシステムの構築 利益管理重視の仕組みづくり	地域の特性に応じたモノづくりシステムの構築 トータルでの利益確保のモノづくり
あるべきモノづくりの姿	環境変化に対応したKMIを長期に継続できるモノづくりの追求 開発とモノづくりを連動させる独自のモノづくりシステムの構築 QCDに優れた4Mを進化させたモノづくりの追求 顧客対応でかつリードタイム最小のモノづくり	欲しい時に欲しいものを欲しいだけ提供し、かつKMIを保証できるモノづくりシステムの構築 市場情報に基づいた開発とモノづくりの連動によるシステムの構築 4Mのムダを取ってQCDを満足するモノづくりの追求 4Mを極限追求したリードタイム最小のモノづくり	売れるモノに特化した重要製品のモノづくりの構築 利益に直結した4Mの設計と開発製品を連携させたモノづくりの設計 4Mのムダを取ってQCDを満足するモノづくりの追求 利益をベースとしたリードタイム最小のモノづくり	地球上での最適生産の地域の選定と最適な4M条件を満足するモノづくり 全体最適を考慮した地域に合った製品、モノづくりの開発 各地域の環境に適合したQCDのモノづくり 工場内リードタイム最小のモノづくり
組織	組織能力の向上 外部環境に適応する組織能力 迅速な問題解決組織能力	市場対応を迅速にする組織の構築 組織の柔軟性を優先した戦略的問題解決能力の実践	価格を優先した商品開発、迅速なモノづくりができる組織の構築 利益追求の方向性を目指した組織力の構築 迅速な問題解決組織力	共通的な言語で迅速に対応できる組織能力の育成と実践 地域に適合した柔軟的な組織力 迅速な問題解決組織力

り、全体最適を考慮した地域に合った製品、モノづくりの開発、各地域の環境
に適合したQCDのモノづくりが必要である。組織（表7.5）では共通的な言語
で迅速に対応できる組織能力の育成と実践、地域に適合した柔軟的な組織力、
迅速な問題解決組織力が挙げられる。システムの本質（表7.6）では重要顧客

表7.6 モノづくりシステムの考え方（2）

内容	新システムの方向性	市場に対応したシステム	利益を重視したシステム	グローバル化を重視したシステム
システムの本質	顧客中心システムの開発 JITの考え方の導入 外部変動に対応できるシステム開発	顧客情報とモノづくりを連携したシステムの開発 JIT中心のモノづくりでリードタイム最小化を目指したシステムの追求 考えられる外部変動に対応できるシステムの追求	顧客を重視しかつ利益を確保できるシステムの開発 利益が保証できるJITシステムの追求 大幅に利益を損なう変動に対してのシステムの独自の構築	重要顧客中心のシステムの開発 地域に適応したJIT式モノづくりシステムの構築 考えられる外部変動に対応できるシステムの追求
普遍性	7つの満足（顧客，サプライヤー，株主，従業員，地域社会，地球環境，政府）を基本としたシステムの効率化 あるべきモノづくり思想からの革新システムの追求	市場対応と7つの満足の条件を満たすモノづくり 市場対応中心のあるべきモノづくり革新システムの追求	利益重視と7つの満足の条件を満たすモノづくり 利益中心のあるべきモノづくり革新システムの追求	地域に根差した7つの満足を満たすモノづくり 地域の条件を考慮したあるべきモノづくり革新システムの追求
継続性	常に継続できる仕組みの追求 全員が参加でき，活動から学び，さらに仕組みを創造できる活動 活動の継続によって活性化し，生きがいを実感できる仕組み	市場と常に接近しながら顧客対応システムの追求を継続する 仕事と改善を繰り返しながら高いレベルに活動を昇華する 個人と組織に生きがいを作りだす仕組みづくり	利益を前提とした顧客確保の継続システムの追求 コストの思想を全員と共有して価値の高い仕事を継続する コスト指向を共有して生きがいを作りだす仕組みづくり	常に継続でき，かつ利益体質の仕組みの追求 継続は企業力であるという全員参加活動の創造的組織力の構築 生きがいを生む継続的活動の仕組みづくり

中心のシステムの開発，地域に適応したJIT式モノづくりシステムの構築，考えられる外部変動に対応できるシステムの追求である。普遍性（表7.6）では，地域に根差した7つの満足を満たすモノづくり，地域の条件を考慮したあるべきモノづくり革新システムの追求である。継続性（表7.6）では，常に継

続でき，かつ利益体質の仕組みの追求，継続は企業力であるという全員参加活動の創造的組織力の構築，生きがいを生む継続的活動の仕組みづくりである。システムの頑強性（表7.7）では，継続が続く目標を選定し，目標指標とするつくりやすい商品を確定化し，設計，現場そして物流までムダを排除し，効果的な巡回によって現場を活性化し，継続しやすい仕組みをつくるが挙げられる。実践方針として，導入戦略（表7.7）では，人の作業を標準化した効率的な作業システムの設計，決められた要求に対して容易に遂行できるモノづくりを行いPDCAでチェックできる体制にする，全社的な改善システムの構築と容易な遂行である。導入の難易度（表7.7）では，あるべき姿の阻害要因を見つけ出し，促進要因に転換させる工夫を考える，トップが納得する地域密着型システムを開発する，容易に理解でき実施できるソリューションをつくることである。制約条件（表7.8）では，地場地域の制約条件を整理し，リストを作成して評価する，困難な制約条件を整理し，取り除くための時間と費用，人員を評価することである。問題の発見（表7.8）では，企業の特性に応じたムダの定義によって問題を顕在化するシステムの開発，見える，探す，つくる問題を明らかにするシステムの構築，継続的に問題をつくりだす環境の整理である。ロスとムダ（表7.8）では，環境変化に応じてムダの顕在化ができるシステムの開発，基準を崩さず改善を継続できる環境の整備，オペレータの改善能力の開発である。ステップ展開（表7.9）では，基本の柱と進出地域に応じた柱を発掘して活動の基本とした基盤をつくる，活動の柱とソリューションを効率的につなぐ，明確にされたステップに従って活動を推進することである。手法の適用（表7.9）では，既知の手法を効果的に使って課題の解決をする，手法から得られた解決の質とスピードを評価し，より良い手法の改良をする，点・線・面・空間の改善と手法の関係を明らかにしてより良い方法を検討することである。評価尺度（表7.9）では，地域のモノづくりに強く関係する尺度を探索し，見つけ出し適用する。モノの滞留を最小にする生産の方法を探求し，売れるスピードでつくるシステムを開発する。KMIを伸ばすKAIの探索とリンクさせるシステムの開発である。コスト（表7.10）では，KMIとコストとの関係を明

表7.7　モノづくりシステムの考え方（3）

内容	新システムの方向性	市場に対応したシステム	利益を重視したシステム	グローバル化を重視したシステム
システムの頑強性	経営をベースとしたその企業にとってより良い目標指標をつくる つくるモノを確定化し，徹底的に無駄を排除する 効果的な巡回をつくり上げ，現場をより良くする活動に導く	指標と市場を関係づけた目標指標の設定 市場対応商品を確定化し，設計，現場そして物流までムダを排除する 巡回によって現場を活性化し，現場を常に市場対応できるシステムをつくり上げる	利益を生み出す指標をつくり目標指標とする 利益商品を整理し，確定化して設計，現場そして物流までムダを排除する 巡回によって現場を活性化し，利益製品のグループを標準化し，つくりやすい仕組みにする	継続が続く目標を選定し，目標指標とする つくりやすい商品を確定化し，設計，現場そして物流までムダを排除する 効果的な巡回によって現場を活性化し，継続しやすい仕組みをつくる
導入戦略	加工組立て系，装置系に対応できるシステムの開発 現場のレベルに対応できるシステムの開発 全社的な改善・システムを展開しその時代に適合できるシステムの開発	市場の動向と4Mの条件と融合できる，汎用性のあるシステムの開発 柔軟性のある現場をつくり上げ，市場に対応する仕組みをつくり上げる 全社的な改善・システムの構築	利益を上げるために，現場のムダを省く，継続的な活動の推進の奨励 利益中心のライン設計を行い，計画的に実施し，チェックをし，それを繰り返す仕組みを構築 全社的な改善・システムの構築	人の作業を標準化した効率的な作業システムの設計 決められた要求に対して容易に遂行できるモノづくりを行いPDCAでチェックできる体制にする 全社的な改善・システムの構築と容易な遂行
導入の難易度	システム導入時の阻害要因を促進要因に転換させるシステムの開発 トップが十分に理解でき，実施可能であると得心できるシステムの開発 容易なソリューションの開発と適用	あるべき姿の阻害要因を見つけ出し，促進要因に転換させる工夫を考える トップが納得する市場対応型システムを開発する 容易に理解でき実施できるソリューションをつくる	あるべき姿の阻害要因を見つけ出し，促進要因に転換させる工夫を考える トップが納得する利益重視型システムを開発する 容易に理解でき実施できるソリューションをつくる	あるべき姿の阻害要因を見つけ出し，促進要因に転換させる工夫を考える トップが納得する地域密着型システムを開発する 容易に理解でき実施できるソリューションをつくる

表7.8　モノづくりシステムの考え方（4）

内容	新システムの方向性	市場に対応したシステム	利益を重視したシステム	グローバル化を重視したシステム
制約条件	企業の制約条件を体系的に整理できるリストの開発 システムが導入できる最低限の条件の整理と実現可能性の検証	市場対応の制約条件を整理し，リストを作成して評価する 困難な制約条件を整理し，取り除くための時間と費用，人員を評価する	利益重視の制約条件を整理し，リストを作成して評価する 困難な制約条件を整理し，取り除くための時間と費用，人員を評価する	地場地域の制約条件を整理し，リストを作成して評価する 困難な制約条件を整理し，取り除くための時間と費用，人員を評価する
問題の発見	企業の特性に応じたムダの定義によって問題を顕在化するシステムの開発 見える，探す，つくる問題を明らかにするシステムの構築 継続的に問題をつくりだす環境の整理	企業の特性に応じたムダの定義によって問題を顕在化するシステムの開発 見える，探す，つくる問題を明らかにするシステムの構築 継続的に問題をつくりだす環境の整理	企業の特性に応じたムダの定義によって問題を顕在化するシステムの開発 見える，探す，つくる問題を明らかにするシステムの構築 継続的に問題をつくりだす環境の整理	企業の特性に応じたムダの定義によって問題を顕在化するシステムの開発 見える，探す，つくる問題を明らかにするシステムの構築 継続的に問題をつくりだす環境の整理
ロスとムダ	環境変化に応じてムダの顕在化ができるシステムの開発 基準を崩さず改善を継続できる環境の整備 オペレータの改善能力の開発	環境変化に応じてムダの顕在化ができるシステムの開発 基準を崩さず改善を継続できる環境の整備 オペレータの改善能力の開発	環境変化に応じてムダの顕在化ができるシステムの開発 基準を崩さず改善を継続できる環境の整備 オペレータの改善能力の開発	環境変化に応じてムダの顕在化ができるシステムの開発 基準を崩さず改善を継続できる環境の整備 オペレータの改善能力の開発

らかにしたムダなコスト・マトリックスの体系化，改善活動，ムダコスト，KMIとのつなぎを明確にしたシステムの構築，常に見直し，現段階での望ましい方向を見出すことである。生産期間（表7.10）では，素材と顧客を結ぶあるべき姿をつくり上げ，常に現在とあるべき姿とのギャップを縮小する活動を目指し，流れを阻害する要因を体系的に「見える化」して常にすぐできる体制をつくる。現場の変化を「見える化」して問題が生じないように対策をする仕組みづくりである。品質（表7.10）では，良品条件をつくり上げ，不良が出ない工程を目指す。不良が発生した場合二度と不良が出ない工程の設計，ロバスト設計の実

表7.9　モノづくりシステムの考え方（5）

内容	新システムの方向性	市場に対応したシステム	利益を重視したシステム	グローバル化を重視したシステム
ステップ展開	基本の柱と企業に応じた柱を発掘して活動の基本とした基盤をつくる 活動の柱とソリューションを効率的につなぐ 明確にされたステップにしたがって活動を推進する	基本の柱と市場に対応した柱を発掘して活動の基本とした基盤をつくる 活動の柱とソリューションを効率的につなぐ 明確にされたステップにしたがって活動を推進する	基本の柱と利益を重視した柱を発掘して活動の基本とした基盤をつくる 活動の柱とソリューションを効率的につなぐ 明確にされたステップにしたがって活動を推進する	基本の柱と進出地域に応じた柱を発掘して活動の基本とした基盤をつくる 活動の柱とソリューションを効率的につなぐ 明確にされたステップにしたがって活動を推進する
手法の適用	既知の手法を効果的に使って課題の解決をする 手法から得られた解決の質とスピードを評価し，より良い手法の改良をする 点・線・面・空間の改善と手法の関係を明らかにしてより良い方法を検討する	既知の手法を効果的に使って課題の解決をする 手法から得られた解決の質とスピードを評価し，より良い手法の改良をする 点・線・面・空間の改善と手法の関係を明らかにしてより良い方法を検討する	既知の手法を効果的に使って課題の解決をする 手法から得られた解決の質とスピードを評価し，より良い手法の改良をする 点・線・面・空間の改善と手法の関係を明らかにしてより良い方法を検討する	既知の手法を効果的に使って課題の解決をする 手法から得られた解決の質とスピードを評価し，より良い手法の改良をする 点・線・面・空間の改善と手法の関係を明らかにしてより良い方法を検討する
評価尺度	あるべき姿に強く関係する尺度を探索し，見つけ出し適用する モノの滞留を最小にする生産の方法を探求し，売れるスピードでつくるシステムを開発する KMI を伸ばす KAI の探索とリンクさせるシステムの開発	市場対応に強く関係する尺度を探索し，見つけ出し適用する モノの滞留を最小にする生産の方法を探求し，売れるスピードでつくるシステムを開発する KMI を伸ばす KAI の探索とリンクさせるシステムの開発	利益に強く関係する尺度を探索し，見つけ出し適用する モノの滞留を最小にする生産の方法を探求し，売れるスピードでつくるシステムを開発する KMI を伸ばす KAI の探索とリンクさせるシステムの開発	地域のモノづくりに強く関係する尺度を探索し，見つけ出し適用する モノの滞留を最小にする生産の方法を探求し，売れるスピードでつくるシステムを開発する KMI を伸ばす KAI の探索とリンクさせるシステムの開発

表7.10 モノづくりシステムの考え方（6）

内容	新システムの方向性	市場に対応したシステム	利益を重視したシステム	グローバル化を重視したシステム
コスト	KMIとコストとの関係を明らかにしたムダなコスト・マトリックスの体系化 改善活動，ムダコスト，KMIとのつなぎを明確にしたシステムの構築 常に見直し，現段階での望ましい方向を見出す	KMIとコストとの関係を明らかにしたムダなコスト・マトリックスの体系化 改善活動，ムダコスト，KMIとのつなぎを明確にしたシステムの構築 常に見直し，現段階での望ましい方向を見出す	KMIとコストとの関係を明らかにしたムダなコスト・マトリックスの体系化 改善活動，ムダコスト，KMIとのつなぎを明確にしたシステムの構築 常に見直し，現段階での望ましい方向を見出す	KMIとコストとの関係を明らかにしたムダなコスト・マトリックスの体系化 改善活動，ムダコスト，KMIとのつなぎを明確にしたシステムの構築 常に見直し，現段階での望ましい方向を見出す
生産期間	素材と顧客を結ぶあるべき姿を作り上げ，常に現在とあるべき姿とのギャップを縮小する活動を目指す 流れを阻害する要因を体系的に見える化して常にすぐできる体制をつくる 現場の変化を見える化して問題が生じないように対策をする仕組みづくり	素材と顧客を結ぶあるべき姿を作り上げ，常に現在とあるべき姿とのギャップを縮小する活動を目指す 流れを阻害する要因を体系的に見える化して常にすぐできる体制をつくる 現場の変化を見える化して問題が生じないように対策をする仕組みづくり	素材と顧客を結ぶあるべき姿を作り上げ，常に現在とあるべき姿とのギャップを縮小する活動を目指す 流れを阻害する要因を体系的に見える化して常にすぐできる体制をつくる 現場の変化を見える化して問題が生じないように対策をする仕組みづくり	素材と顧客を結ぶあるべき姿を作り上げ，常に現在とあるべき姿とのギャップを縮小する活動を目指す 流れを阻害する要因を体系的に見える化して常にすぐできる体制をつくる 現場の変化を見える化して問題が生じないように対策をする仕組みづくり
品質	良品条件を作り上げ，不良が出ない工程を目指す 不良が発生した場合二度と不良が出ない工程の設計 ロバスト設計の実現 作業ミスをゼロに近づける仕掛けと仕組み	良品条件を作り上げ，不良が出ない工程を目指す 不良が発生した場合二度と不良が出ない工程の設計 ロバスト設計の実現 作業ミスをゼロに近づける仕組み	良品条件を作り上げ，不良が出ない工程を目指す 不良が発生した場合二度と不良が出ない工程の設計 ロバスト設計の実現 作業ミスをゼロに近づける仕組み	良品条件を作り上げ，不良が出ない工程を目指す 不良が発生した場合二度と不良が出ない工程の設計 ロバスト設計の実現 作業ミスをゼロに近づける仕掛けと仕組み

現，作業ミスをゼロに近づける仕掛けと仕組みである。

7.11　モノづくりシステムの構築手順

　革新的システムの基本要件を導き出すために，包摂，止揚の考え方を使ってまとめてきたが，その手順を示すと図7.4のようになる。この手順の方法は，2つの異なったものがある場合に，次のステップでどのような形が形成されるのかの予測ができ，一般的に活用可能な手順であると考えている。一つの新しいモノづくりシステム形成の手順を提案する。ステップ1で類似性の整理をし，ステップ2で相違点の整理をする。ステップ3は包摂の考え方に基づいてTPM，TPSの融合を検討している。ステップ4からステップ6の段階で止揚という考え方に基づいて検討してきた。あるべき方向のモノづくりのキーワードによって，対立した両者が形を変えてより高い次元で統合化されていく。この矛盾こそが新しいモノを生む元になると考えられる。この問題は今後より深く検討する必要があると考える。7つの満足について企業は公器であるという立場から，モノづくりのこれからの課題であり，今後多くの企業で考慮されると考えられる。ここではTPMとTPSの特性を18項目に分解し，各項目に対して内容を整理することから始めた。2つのシステムは奥深く，全体の整理は困難であるが，いくつかの基本項目は抽出されたと考える。抽出された項目から共通項目，非共通項目に分類し，システムの持つ特性を明らかにした。比較することによってTPM，TPSが持つ信頼性，有用性がより深く理解できる。これらのシステムの基本資料をベースとして，企業に適応できる課題を見つけ出すことができ，モノづくりの方向性を見出すための指針として活用できると考える。企業が適用するステップはステップ4からであり，現在の活動システムとこれからつくる活動システムのあるべき姿をつくり上げ，止揚をすることによってより高い段階に進む活動が求められる。

　企業という組織体が出来上がった初期の頃は，自社の管理のみを考えれば成長と継続が約束されていたが，国内企業の競争によってモノづくり戦略が必要となり，国外の企業と競争することによって企業組織力の競争となった。さら

図7.4　新しいシステムを構築するための手順

に，新興国が参入した結果，価格競争が激しくなってきた。グローバルな環境がモノづくりの形を大きく変えてきている。モノづくり企業はその時の環境によって適切に対応しなければ，大小かかわらず衰退していくのが常である。そのような環境の中でも基本的なモノづくりの考え方は重要であり，そのつくり方をベースとしてあるべき姿を模索しながら，成長していく戦略的モノづくりが必要となる。どのような戦略の下で，どのような戦術を取ってモノづくりを継続していくのか，TPM と TPS を事例としてモノづくりの新しい方向性を考えてみた。この考え方は筆者らの試案であり，活用できるところがあれば一つのヒントの材料として応用していただきたいと考えている。

7.12　モノづくりシステムとリンケージ・マネジメント

　これらモノづくりシステムの考え方に基づいて，どのようにリンケージ・マ

ネジメントを構築すれば良いのであろうか。まず基本ベースとなるのは表7.5のあるべきモノづくりの姿と組織である。これら2つに対して図6.13の活動の2本柱として見取り図を描き具体的な組織としてリンケージできる部門をつくり上げ，ロードマップにしたがって活動目標を設定する。活動目標より活動課題を設定し，経営計画に落とし込んでゆく。7.7節のこれからの革新的システムで述べた，重要経営評価指標（KMI）と重要業績評価指標（KPI）そして重要活動評価指標（KAI）の3つをリンケージさせる。どの課題に取り組めば効果的に目標が達成できるのか，KMIに貢献する課題を見つけ出す。そのよりどころとなる考え方はモノづくりのあるべき姿，つまりその企業が選択したコンセプトである。そしてもう一つは組織を継続的に回すためのリンケージ・サイクルの適用である。ここでは活動の2本柱についてモノづくり活動の方向を示した。拡張編でリンケージにこだわったリンケージ生産システムの具体的な考え方及び手順を提案する。

注
1）日本プラントメンテナンス協会設立からPMの普及に尽力した代表的な人物の著書である。中嶋清一（1992）『生産革新のための新TPM入門』日本プラントメンテナンス協会，pp. 28-34
2）TPM普及時の本格的な著書である。日本プラントメンテナンス協会編（1992）『生産革新のための新TPM展開プログラム—加工・組立編—』日本プラントメンテナンス協会，p. 4
3）長田貴・土屋司・中西勝義（1997）『ものづくり革新のためのTPM』日刊工業，pp. 83-211
4）日本プラントメンテナンス協会編（2002）『21世紀First AgeのTPM潮流』日本プラントメンテナンス協会，p. 39
5）大野耐一（1978）『トヨタ生産方式—脱規模の経営をめざして—』ダイヤモンド社，pp. 14-18
6）野地秩嘉（2018）『トヨタ物語』日経BP，p. 61
7）前掲5），p. 60
8）前掲2），pp. 1-15
9）前掲1），pp. 37-42
10）図7.1を作成するにあたりTPSの歩みのところで多くの文献等を参考にした。次の文

献である。不二越編（1986）『不二越の TPM』日本プラントメンテナンス協会；鈴木徳
太郎（1989）『TPM の新展開』日本プラントメンテナンス協会；中嶋清一（1992）『TPM
入門』日本プラントメンテナンス協会；長田貴他（1997）『TPM』日刊工業新聞社；奥
村功（1996）『ある中小企業の TPM ものがたり』日本プラントメンテナンス協会；日
本プラントメンテナンス協会編（2002）『TPM 潮流』日本プラントメンテナンス協会；
鈴木徳太郎（2006）『世界を翔る TPM』JIPM ソリューション，受賞数はプラントメン
テナンス協会のホームページより，受賞数を数え傾向曲線で現した。2003年に国内と海
外の受賞数が逆転した。道具については本，資料，TPM 関係者よりの聞き取りから整
理した。

11）協会が新しい時代を迎えて，新しい考え方の方針を打ち出した書である。日本プラン
トメンテナンス協会編（2002）『21世紀 First Age の TPM 潮流』日本プラントメンテナ
ンス協会，p. 49

12）日本プラントメンテナンス協会編（1992）『生産革新のための新 TPM 展開プログラ
ム―装置工業編―』日本プラントメンテナンス協会，p. 8-21

13）前掲 2），pp. 16-26

14）前掲 5），p. 138

15）前掲 5），p. 9

16）前掲 5），p. 175

17）図7.2 TPS の歩みを作成するにあたり多くの文献等を参考にした。次の文献である。
大野耐一（1978）『トヨタ生産方式』ダイヤモンド社；日本能率協会編（1978）『トヨタ
の現場管理』日本能率協会；門田安弘（1987）『ジャスト・イン・タイム』日本生産性
本部；佐武弘章（1998）『トヨタ生産方式の生成・発展・変容』東洋経済新報社；野地
秩嘉（2018）『トヨタ物語』日経 BP，大野氏のトヨタ生産方式をベースとして，他の文
献を参考にした。TPS を推進している生産調査室のメンバーからも情報収集した。

18）前掲 1），pp. 43-44

19）前掲 1），p. 34, p. 82-83

20）トヨタ自動車工業（1973）『トヨタ生産システム―トヨタ方式―』トヨタ自動車工業，
pp. 48-49

21）日本能率協会編（1978）『トヨタの現場管理―「かんばん方式」の正しい進め方―』
日本能率協会，pp. 23-27

22）前掲 2），pp. 28-39

23）前掲20），pp. 92-97

24）IE とは Industrial Engineering の略
www.j-ie.com/about/about-ie/（2020. 6. 15）

25）野村重信，中部 IE 協会編集部（2013）「IE ベーシックコース100年のあゆみとこれか
らの発信」『IE レビュー283』Vol. 54，No. 5 の中で継続するための原理，原則を述べて
いる。この講座は2014年に100回を迎えており，60年近くの歴史を持つ。継続するため
の条件として，時代の変化に敏感に対応する現場，改善実施の体験学習，実習工場と実

習生のリンケージ，協会，実習生，実習往生の Win-Win の関係，人と人とのリンケージ等を挙げている。詳しくは『IE レビュー』参照。

26) 栗原隆（2004）『ヘーゲル―生きてゆく力としての弁証法―』NHK 出版，pp. 18-29
27) 鷲田小彌太（2013）『ヘーゲルを「活用」する』言視舎，pp. 43-49
28) 田坂広志（2005）『使える弁証法』東洋経済新報社，pp. 20-37
29) 前掲28），pp. 158-165
30) マルクス（1970）『直接的生産過程の諸結果』国民文庫，大月書店，p. 80，p. 87

参考文献
・浅野宗克・坂本清編著（2009）『環境新時代と循環型社会』学文社
・ウィーン・フランシス著，中山元訳（2007）『マルクスの資本論』ポプラ社
・大川敏彦（2010）『上流工程でステークホルダーの要求がまとまる技術』翔泳社
・小川英次編（1994）『トヨタ生産方式の研究』日本経済新聞社
・奥村功（1996）『ある中小企業の TPM ものがたり』日本プラントメンテナンス協会
・OJT ソリューションズ（2013）『トヨタの育て方』KADOKAWA
・OJT ソリューションズ（2017）『トヨタの現場力』KADOKAWA
・OJT ソリューションズ（2017）『仕事の生産性が上がる　トヨタの習慣』KADOKAWA
・加護野忠男（2014）『経営はだれのものか』日本経済新聞出版社
・坂本清（2017）『熟練・分業と生産システムの進化』文眞堂
・佐々木眞一（2015）『トヨタの自工程完結』ダイヤモンド社
・佐武弘章（1998）「トヨタ生産方式の生成・発展・変容」東洋経済新報社
・杉浦政好編（1997）『品質コスト低減への挑戦』日本プラントメンテナンス協会
・鈴木徳太郎（1989）『TPM の新展開』日本プラントメンテナンス協会
・田中雅子（2016）『経営理念浸透のメカニズム』中央経済社
・TQM 委員会編著（1998）『TQM21世紀の総合「質」経営』日科技連
・中瀬哲史・田口直樹（2019）『環境統合型生産システムと地域創生』文眞堂
・野地秩嘉（2018）『トヨタ物語』日経 BP 社
・不二越編（1986）『故障0・不良0・職場活性化を実現した不二越の TPM』日本プラントメンテナンス協会
・藤本隆宏（2004）『日本のもの造り哲学』日本経済新聞出版社
・堀切俊雄（2016）『トヨタの原価』かんき出版
・味方守信（1997）『「日本経営品質賞」評価基準』日刊工業新聞社

第Ⅱ部　拡張編

第8章　リンケージ生産システムの提案

8.1　モノづくりの流れ

　日本のモノづくりは，戦後欧米に追いつくために特にアメリカから多くのことを学んできた。明治，大正，昭和にかけて，日本の製品は安くて良くない粗悪品といわれてきた。しかし，モノづくりに対して真摯に立ち向かい，日本人が持つ勤勉さによって品質が向上し，生産性も加速度的に高まった。世界に通用する製品をつくるために大企業を中心として中小企業も参加し，日本的経営という独特の形を背景に世界に類を見ないモノづくり社会を作り上げた。アメリカ，東南アジアを中心に日本の製品は売れに売れ，国民の生活レベルも格段に向上した。ドルショック，オイルショックを体験し，一時は成長が止まったもののまた経済成長路線に入っていった。このような環境にあって，日本的経営を背景としたモノづくりが大きな役割を果たしたことは，だれもが認めるところとなった。大企業を中心としたモノづくりの中で，特に TQM，TPM，TPS の３つの日本的なモノづくりシステムが果たしてきた役割は大きい。TQM を中心とした全社的な QC サークル活動によって品質が格段に上がった。TPM によって全社的にロスをとり，モノづくり基盤を強くする活動が全国的に広まった。またオイルショックを契機に TPS が脚光を浴び，TPS のモノづくりの考え方を学び，多くの企業で導入された。こうして日本企業は世界に類を見ないエクセレントな企業に育っていった。ジャパン・アズ・ナンバーワンといわれた時期である。しかしその状態は長く続かず，日本企業に転換点が訪れた。1985年のプラザ合意である。為替レート安定化に関する合意を受け入れたことによって一気に円高が進み，輸出製品の価格の優位性を失った。さらに品質に関しても安くてほどほどの品が大量に出回り，苦戦を強いられる状況が生まれてきた。新興国の追い上げに遭ってキャッチアップされたのである。

　日本的生産システムは戦後のモノづくり企業の成長段階で導入されてきたシ

ステムである。TQM，TPM，TPS は全社的に展開しているシステムであり，組織的に展開してこそ大きな力を得る。TQM は小集団で QC サークルをつくり，全社的展開を行うことによって成果がでる。QC サークルは，成長段階での活動として現場を巻き込むことによって品質の向上に役立った。現在当時の勢いはないが，現場の小集団活動として継続してきている。TPM は自主保全活動を中心に，全社的な活動に発展させることによって，強い体質の企業を作り出すことに成功した。全社的な活動を展開して経営成果に貢献し，多くの日本企業で導入された。特に，売り上げが上昇傾向にある成長段階の企業が顕著な成果を上げた。しかしながら2000年以降その活動に陰りが出てきた（図7.1の受賞数参照）。現在，全社を巻き込んだ TPM 活動は停滞してきているものの，TPM 活動の対象は設備であり，導入初期に戻って自主保全活動として行ってきている企業も多い。また，自主保全活動は現場を巻き込む最良の全社的活動になるという強い信念の基，何十年と継続してきている企業もある。TPS は導入初期からモノづくりコンセプトを明確にしている。そのコンセプトである JIT は，あるべき姿として企業共通のモノづくり課題である。したがって JIT をベースにしたモノづくりを追究している企業は多い。TPS は多くのモノづくり企業で導入されてきているが，TPS 全体の導入となると，トヨタ及びトヨタグループ以外ではかなりの困難を伴う。

　この章では，JIT というモノづくりの考え方に基づいて，価値と継続を柱としたリンケージ生産システムを考えてみる。このシステムは，リンケージの概念であるつなぐ，つなげる，つながる，つながり合うという特性を生かして，モノづくり企業を含めた組織体に導入できる考え方である。欲しいときに欲しいものを欲しいだけつくる JIT 思想に基づいて，「良い流れ，より良い品質」をモノづくりコンセプトとして，リンケージできる要素をつなぎ，付加価値を上げると同時に継続できるシステムである。リンケージ・マネジメントの考え方を適用したリンケージ生産システムを提案する。まず，リンケージ生産システムのモノづくりコンセプトから始め，リンケージの2本の柱，リンケージの点・線・面への拡張，リンケージ生産システムのステップ展開，システムの検

証という流れで話を進める。

8.2 リンケージ生産システムとは

8.2.1 リンケージ生産システムのモノづくりコンセプト

　日本的生産システムは，作れば売れる時代の時流に乗って日本人の勤勉さを巧みに活用し，全社的活動として広めた革新的システムであるといえる。TQM，TPM の考え方が企業の中に浸透し，それらの考え方に基づいてモノづくりを行っている企業は多い。故障しない高精度の設備で要求通りの製品をどのようにつくり顧客に提供するのか，この課題を実現するには，TQM，TPM の思想が欠かせない。TPS は JIT の思想に基づいて顧客に提供するシステムとして，その考え方は定着している。JIT 生産は顧客要求に応じてほしいものをほしいだけ生産するという考え方であり，モノづくりの立場からは背反関係にあり，通常はムダの多いシステムとならざるを得ない。しかしトヨタはこの考え方を自社のモノづくりシステムの根幹と位置づけ，長い年月をかけてムダのない生産システムを実現した。平準化を前提に，確定生産を基本としたムダのない生産方式を作り上げることを目標に，大野グループが成し遂げた。JIT の考え方を前提としたモノづくりは，顧客の要求にいかにこたえるかであり，あるべき姿のモノづくりの最小単位は 1 個となる。あるべき姿を実現するために，7 つのムダを徹底的に追求して，いかにして 1 個生産システムを成し遂げるかであり，実施困難な障壁を次々と打ち破っていったのである。1 個流しシステムを実現することは，モノの流れをスムースにすることであり，良い流れを作り上げることにつながる。つまり良い流れをつくるとは，どのような流し方が良いのかを常に追究し，価値ある工程をつなげ，つながり合うシステムを確立していくことである。

　リンケージ生産システムは，JIT のモノづくりをベースとして，提案したリンケージ・バリュー，リンケージ・サイクルの考え方を適応したシステムである。この考え方は，多くの企業で断片的に適用されていると考えられる。ここで提案するシステムは，モノづくり戦略として全体のモノの流れをリンケー

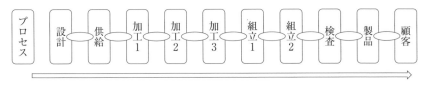

図8.1　リンケージした流れ図

ジ・サイクル，リンケージ・バリューの考え方を使ってシステマティック的に構築した考え方である。モノづくりのコンセプト（あるべき姿）は「良い流れ，より良い品質」(Better Flow more Better Quality) である。リンケージをキーワードに，システマティック的に捉えたリンケージ生産システムの一つの例を考えてみよう。図8.1は設計から顧客までの一連の流れをつなぐ，つなげる，つながるというリンケージとして捉えた一連の工程の流れ図である。良い流れをつくるために工程間に関する要因に対して，どのようにつなぎ，つなげ，つながるのかがリンケージ課題となる。つなぐではコンセプトに基づいてあるべき姿が作られ，その姿と現状とのギャップから解決するための課題が作られる。つなげるでは，どのような方法によってつなげるのか，に対して課題解決のための道具をつくり出す。つながるでは，つながるためにはどのような手段によって実施し，目標を達成するのかである。このような活動に対してリンケージ・バリューを高めながらリンケージ・サイクルによって実行し，継続していくリンケージ構造を持つシステムの開発を考える。

　具体的には，加工物というモノを介して加工1と加工2をリンクしてどのようにつなぐのかを，人，モノ，設備，品質等について原理原則に基づいてつなぎ方を考える。つなげる段階では，あるべき姿を想定してどのような姿が良いのか，解決のツールをつくる。つなぐであるべき姿の方向を決め，つなげる活動で補完，止揚の考え方を適用して実際に設計，実施し，次につながる活動で継続するための仕組みづくりを行うというリンケージ過程を経る。このリンケージ生産システムは改善スピードが上がり，変化に対応できる価値づくりシステムとして有効に機能すると考える。リンケージ生産システムの概念を一つの例で説明したが，次にその具体的な方法について検討してみることにする。

8.2.2 リンケージ生産システム2本の柱

　企業の改善活動を継続的に活性化するためには，どのような展開をすれば良いのだろうか。我々の考えによると，改善の実施力と継続力を高める活動要因として大きく2つあると考えている。一つ目は，トップダウンによるモノづくりのコンセプトと方向づけの明確化である。具体的にはロードマップを見える化して全員で情報を共有化することである。二つ目は高い問題解決能力を持つ推進組織力である。様々な課題に挑戦し効率的に解決する集団的組織能力である。[2] モノづくり企業の改善活動の活性化に関する我々の6年間の事例調査研究の結果，工場間，ショップ間に改善の推進スピードに差があることを見出した。なぜ差が出るのだろうか，という問題認識に立って工場の基本要因として管理，人，設備，材料，方法の5つに分け，各々の基本要因に対していくつかの項目を設定し評価した。数量化II類によって分析した結果，活性化が進んでいる集団は，方向づけが明確になっており，かつモチベーションが高い集団のグループであった。また集団での問題解決能力が高いグループであった。特に方向づけの明確化の項目が高かった。

　競争力を継続する企業の中で守島基博は価値を創造するための「見取り図」，目標を達成するための「組織能力」の2つが大切であると述べている。[3] 我々の研究結果と対比してみると「見取り図」は方向づけ，「組織能力」は推進組織力に対応しており研究結果と一致している。藤本隆宏は，強い企業体は「組織構築能力が優れている」と，トヨタ生産システムを例にして説明している。[4] また，綱倉久永，新宅純二郎は，「経営戦略は企業が実現したいと考える目標と，それを実現させるための将来的な道筋を，外部環境と内部資源とを関連づけて描いた見取り図である」と述べている。[5] さらに，センゲは『学習する組織』の中で「自分たちは何を創造したいのか」に対して，方向づけるための共有ビジョンが必要であるといっている。[6] これらの結果からリンケージ生産システムとして見取り図，組織能力が戦略的生産を行う上での基盤であると位置づける。その体系を図8.2に示す。

　グローバル環境の中で，企業内の環境を見つめながら，どのような価値を創

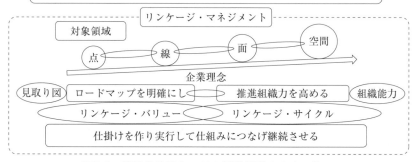

図8.2　戦略的生産システム推進活動の2本の柱

造するのか，価値を創造するための方向づけをする見取り図がつくられる。見取り図は具体的なロードマップとして表現され，それに基づいたマスタープランを描き，具体的な課題に落とし込み目標値を設定する。図8.3にロードマップの一例を示す。このロードマップは横軸に第1期，第2期，第3期の約10年を示し，それぞれ工場の体質強化，独創的な工場，継続的な工場の確立としている。縦軸には第Ⅰ段階，第Ⅱ段階，第Ⅲ段階とし，各々の段階に対して企業が用いている指標（KPI）の目標数値を表して管理する。モノづくりの基盤として，変化に対応するモノづくりとし，品質，設備，モノ，作業，段取り等に対して達成目標を示す。そして方向づけの明確化を図り，マスタープランを作成して情報共有を図り，改善組織の効率化を目指す。ロードマップから導かれた具体的な課題を達成するためには，目標に向かって継続的に遂行する組織能力が要求される。価値を創造する組織とは一体どのような組織だろうか。変化に強く反応し柔軟性のある目標指向型の組織であり，個人の能力と集団をリンケージして，リンケージ・バリューを高めた組織能力である。組織能力を上げるためには，個人能力のみならず集団としての組織能力を如何にして上げるかが重要となる。見取り図と組織能力をリンケージして効率的な活動にレベルアップすることが必要となる。ロードマップをリンケージして共有しながら，

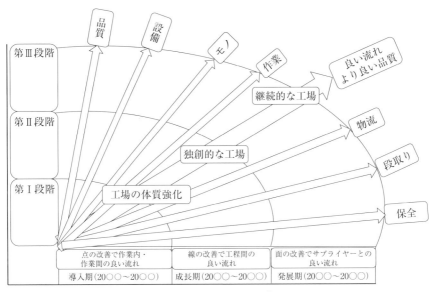

図8.3　ロードマップ

工程内，工程間，部門間のリンケージ改善を活発にする。活性化するリンケージ・バリューを高めることによって，段階的に組織能力を高めることができる。TPM活動では，全社的革新活動をするために小集団活動を基盤として階層的な小集団を作っている。TPMは階層的な小集団を全社的な活動にするために，リーダーを一つ上のクラスの小集団に加えて情報の共有化を図る方法をつくり出した。これは階層的リンケージ・バリュー組織である。重複小集団活動として活動の活性化に寄与している。

8.2.3　リンケージ生産システムの点・線・面・空間への展開

　リンケージ生産システムのモノづくりを実現するには，工程内の良い流れ，工程間の良い流れ，部門間の良い流れの段階的活動を展開する必要がある。このシステムは工場全体を対象とし，まず，ある工程の一つの点と他方の点をつないでラインつまり線へ，次に線と線をつないで面へ，段階的に対象を広げる。

つながりからの問題を顕在化し，人，モノ，設備，情報の良い流れを作るための，リンケージ価値を高める活動である。

　我々の研究によると，工程内に留まっている活動は，グループ内でつながることによって工程内での問題解決能力は高いが，他部門間とのつながりが弱いため，連携する士気がそれほど高くないという結果が出た。一方，他部門を巻き込んで部門間の連携した活動が展開できると，目標の方向が明確になり，部門間の情報の共有ができ，士気が向上し問題解決能力も高くなるという結果が出ている。[7]これらの結果より，部門間のリンケージは良い流れを作り，連携する士気，つまりモラールを高める重要なポイントであると考えられる。「良い流れ，より良い品質」の活動を行うには，まず流れに関する評価の尺度が必要であるが，その期間を時間で捉えることにする。流れている時間，ものが止まっている時間を見える化し，止まっている時間の制約を洗い出し，流れとして体系化することにより，その工程が持っている流れの良さの特性が明らかとなる。人，モノ，設備，情報のリンケージを考え，リンケージ・バリューを高めることによって，より良い流れの価値を高めることができる。流れの良さを測る基準はどのような評価の尺度が考えられるであろうか。時間の尺度で考えると，モノが入ってから出ていくまでにかかる生産の時間であり，リードタイムという尺度で評価することができる。また良い流れを指向するという立場から，つながりを考慮した活動により，各工程間の性能と工程能力の精度を高めたより良い品質を実現する活動になっていく。全体の流れを俯瞰しながらリンケージ・バリュー，リンケージ・サイクルを有効に活用して，モノづくりのあるべき姿を目指すことがリンケージ生産システムの目標である。

　実際に改善活動を行うと，種々の制約条件があり，多くの問題が立ち塞がる。問題の障壁が大きければ大きいほど改善に対するモラールが低下し，活動の停滞につながっていく。部門間にまたがる活動はまず情報の共有を図り，お互いに話し合って十分に理解し合うことが前提となる。

8.2.4 リンケージ生産に関する 7 つのムダ

　生産を管理するには，外的には顧客の要求に対応し，内的には生産を営む様々な要素を効率的に運用し，生産性を最大にすることが要求される。さらに具体的に説明すると，外的には顧客が要求する品質の製品を，要求される時期に要求される量をタイミングよくかつ経済的に生産することが必要となる。顧客の要求を満足するためには，5 つの要素すなわち，生産主体である人と設備，生産対象であるモノ，時間的条件である納期，空間的条件である場所のレイアウト，生産するための方法を最大限に発揮し，生産性を最大にならしめる生産システムを構築しなければならない。つまり，一定の品質と数量の製品を所定の期日までに生産するために，工場の資源すなわち人，設備，モノなどを効率的に運用させ，工場の生産活動を総合的に統制することである。[8] リンケージ生産システムは，生産対象としてのモノを中心に従来の生産管理で定義されている考え方を拡張し，各要素をリンクさせリンケージによって価値を高めたモノづくりのあるべき姿を追求することを目指している。

　「良い流れ，より良い品質」とは何か。良い流れとは素材から完成品に至るまでスムースなモノづくりの流れを実現し，品質に対しては流れの中で顧客主体のより良いものを作るモノづくりシステムの構築を目指す活動である。流れを阻害する要因はムダとなる。ムダを見つけ出して改善することにより，良い流れが実現できる。生産段階での流れの対象となるものは，モノ，人，設備，情報等である。モノとは顧客に価値を提供するための創造物であり，素材から最終製品になるまでの工程プロセスを，どのような良い流れを作って創造していくのかを課題とする。モノの良い流れが主体となって人の良い流れ，設備の良い流れ，情報の良い流れがモノをサポートして生産活動を円滑に支援する。現段階でつくりうる最適な流れ（例えば，設備，人，情報）をシステム化して，顧客に有用な価値を提供する創造的改善活動を目指す。有用な価値を提供するためには費用が発生するが，その費用を最小限にした価値を顧客に提供することが競争環境では必要とされる。モノづくりのあるべき姿を実現するために次の 7 つのムダを取り除くことを提案する。このムダはトヨタ生産方式の 7 つの

ムダに基づいて，リンケージ生産システムを目指すために考えられたムダである。[9] 以下に7つのムダを示す。

(1) 工程バランスのムダ…流れを妨げる工程能力差の損失

(2) 移動のムダ…必要以上の運搬距離・回数，積み替えの損失

(3) 作業動作のムダ…流れを阻害し付加価値に直結しない人の動きの損失

(4) 手待ちのムダ…何らかの原因で通常の作業ができない時間の損失

(5) 不良のムダ…規格通りにできなかった仕損じた損失

(6) 在庫のムダ…必要以上につくってしまった仕掛品・製品の損失

(7) 設備故障のムダ…何らかの原因によって故障した損失

工程バランスのムダは最小単位のモノを工程に流す場合，各工程のつなぎを意識してスムースな流れを実現するために，各工程間のバランスを均一化することである。均一化することによって，モノの滞留時間を最小限に抑えることができる。工程バランスには段取り替え作業も含まれている。移動のムダは，最低何回の移動が必要かを顕在運搬として，そのほかを潜在運搬としてムダの回数を数量化し潜在運搬を削減する。作業動作のムダは，基準となる標準作業を作成し，その作業から逸脱している作業をムダと捉えることによって数値で把握することができる。作るものによって標準作業が異なってくるため，多能工化の訓練が前提となる。手待ちのムダは，通常作業の中での手待ちと何らかの原因が発生してできる手待ちである。通常作業での手待ちは個人の作業スピードと関連があり，従業員の作業管理が必要となってくる。何らかの原因による手待ちは，その時の状況によって発生原因を突き止め，通常の作業に戻す日常管理が必要となる。不良のムダは各工程での品質を保証するための良品条件を設定し，規格内に十分に入るものを作り出す人，設備，モノのリンケージである。リンケージ・バリューによって良品条件をつくり出す活動が求められる。また，不良を出した場合の迅速な対応が必要であり，原因が何かを見つけ出す仕組みが不良を減らす方法となる。良い流れをつくるためには不良ゼロを目指して円滑な流れをつなぐ品質フローゲートをつくり，不良になりやすいモノに対して予知品質の考え方を設備とリンケージすることによって導入する。

在庫のムダは各工程に余分なものを滞留しない仕掛けと仕組みをつくり，実践すること。設備に対しては，不良を作ったら止める構造にする AI 設備の工夫が必要となる。設備故障のムダは，止めない設備を実現するために定期点検，自主保全，計画保全，予防保全，予知保全を全社的活動に広げ，継続する仕組みが必要となる。

　7つのムダを，点，線，面，空間から眺めてみよう。点の改善に対しては工程内の移動のムダ，作業動作のムダ，手待ちのムダ，不良のムダ，設備故障のムダが該当する。これらは何らかの原因によって人，モノ，設備に発生した問題であり，見える問題と考えることができる。線に対しては工程バランスのムダ，工程間の移動のムダ，在庫のムダが該当する。流れの良さを実現するためには，線のムダつまり工程間の流れのムダを探す問題になる。例えば，工程間のバランスを見える化した分析手法を用いてネック工程を見つけ出し，ムダを減らす改善活動を行う。流れをつくることによって在庫のムダを探すことができ，在庫削減活動に結びつく。ここで考えられた7つのムダは，見える問題，探す問題として分類することができる。点，線からの活動は「良い流れ，より良い品質」の実現を達成するために，3要素である人，設備，モノからムダをとる改善活動である。では，面，空間は3要素以外のどのようなムダが存在しているのであろうか。面は各部門間にまたがる問題である。企業は多くの部門の集合体であり，モノづくりの主体である現場は，製造工程の中にいくつかの製造係，製造課が存在する。係，課の中に責任者がいて，製品に対して品質，コスト，納期に対して責任を持っている。各係，課は工場の方針にしたがって計画的に要求されたものを生産する責任を負っている。面の展開とは各係，課の連携による活動を推進することによって「良い流れ，より良い品質」を作り出すリンケージ活動と捉えることができる。目標を達成するための推進組織力を活性化し，組織間のリンケージによって新しい価値を創出する活動である。面の展開は企業内のリンケージを対象とし，空間の活動はサプライヤー，顧客を含め，外部の企業環境を含めたグローバルな環境を対象とする。点・線・面・空間のマネジメントをすることによって組織に成果を与え，継続的に活動でき

る体制をつくり出していく。

8.2.5 リンケージ生産に関する3つの問題

　改善の対象となる問題を整理すると，発生型問題，探索型問題，設定型（創造型）問題の3つに分かれる。発生型問題とは「起きてしまった」という問題であり，設定している基準と現状との間にギャップが発生してしまった見える問題である。探索型問題は「今よりも良くしたい」という問題であり，現状の中に隠れて見えないムダを探しだす問題である。設定型問題とは「あるべき姿に如何に近づけるか」という問題であり，実現するためにどのようにすべきかという課題を作る場合である。佐藤は問題構造学の中で3つの種類の問題を構造的に整理している。リンケージ生産システムでは，提案した3つの問題に基づいて，問題の構造の枠組みを図8.4のように表すことにする。

　発生型問題は，見える問題であり，7つのムダの中の見えるムダが対象となる。この問題をレベル1として扱う。探索型問題は，現状の中に隠れて見えないムダを探し出す問題であり，7つのムダの中の探し出すムダが対象となる。この問題をレベル2とする。設定型問題はあるべき姿を追究する問題であり，

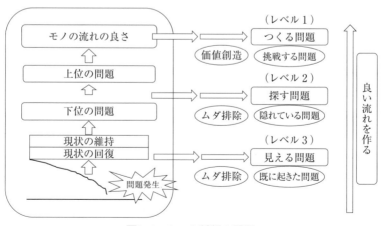

図8.4　3つの種類の問題

ある課題を解決するにはどのようにしたら良いのか，という自ら創造する課題を対象としている。この問題をレベル3とする。このように取り扱う問題をレベル1の見える問題，レベル2の探す問題，レベル3のつくる問題の3つに分けて考えることにする。リンケージ生産システムはモノの流れの良さ，より良い品質をあるべき姿としてつくる問題に挑戦する。一般的に問題とは「基準となるものと現状とのギャップであると」定義されている。¹¹⁾ 3つのレベルについて，基準と現状のギャップとして図8.4を用いて説明する。最上位としてモノの流れの良さが目標となる基準であり，上位の問題，下位の問題，現状の維持，現状の回復の順にランク分けする。見える問題は発生型問題であり，既に起きたムダ，例えば品質不良，設備故障，チョコ停に対して現状の回復をするための対策をとる。計画通り生産ができるように管理する。レベル1の管理は継続してモノをつくるための前提条件であり，日常管理の中で問題の発生をどのように防ぐのか，発生したらどのように対応するのかの仕組みをつくり，管理し継続する体制をつくらねばならない。優れた企業はレベル1の対応が十分に機能している。あるべき姿を追究するためには，レベル1の管理体制ができているかどうかである。レベル1の体制ができている企業は，レベル2，レベル3の問題に対して挑戦し，改善活動によって成果を出す確率が高くなる。探す問題は探索型問題であり，モノの流れの良さを追求するために7つのムダから隠れている問題を探し，より良くする活動を推進する活動を行う。モノの流れの良さから人，モノ，設備，方法について検討し，どこがムダなのかを見つけ出し継続的に改善していく。つくる問題は設定型問題であり，あるべき姿を追究するために挑戦する問題である。モノの流れを妨げる制約条件を取り除くために，積極的に挑戦する課題と考えることができる。

　トヨタ生産方式はJITをあるべき姿としてとらえ，3つの問題に対して推進役である生産調査室を中心に実践し，半世紀以上の改善活動を通じてつくり上げてきた。あるべき姿と現状とのギャップを，どのように解決すべきか，実践活動の中で成し遂げた類いまれなシステムであると考えられる。目標と現状とのギャップを止揚し，補完させる方法を考え出し，紆余曲折を経ながら目標

に近づける活動を進めていった。リンケージの第一歩であるつなぐからつなげる段階で，多くの制約条件が生じ，その条件を取り除くためにいくつかのJIT式ツールが開発され，つなぐことができたシステムといえる。例えばシングル段取りによって小ロット工程が実現できたり，かんばんによってモノ・情報の流れをつないだり，多能工化によってモノの流れをシンプルにつないだフレキシブルな工程を実現させたりした。ここでの課題はJITという考え方を基本に，どのようなツールを使ってつなげ，つながり，つながり合うかである。TPSは，リンケージ・サイクルの考え方に基づいた継続できるサイクルを構築したと考えることができる。リンケージ生産システムは，モノづくりのあるべき姿を作り，点・線・面に対してどのようにつなげるかを常に考え，つくる問題に挑戦し続けるシステムづくりを目指す。企業によってつなげるツールは異なり，企業自らがモノづくりコンセプトを実現するために，独自のツールを開発する必要が出てくるかもしれない。

8.2.6　リンケージ生産システムの活動方向

　生産活動の目指す姿は，企業の利益の安定確保を継続するために生産性の向上，納期の遵守，品質の向上を目標にしてより安く作ることである。具体的には，生産性，品質，コスト，納期，安全，モラール，環境の7つの目標を達成する活動が求められる。提案した良い流れは，生産性，品質，コスト，納期，安全，モラール，環境の7つに直接関係している。良い流れとは素材から完成品に至るまでのモノの流れを対象としており，モノが滞留することなくスムースに流れることをあるべき姿として捉えている。モノが価値を上げる状態とはモノが変形，変質，加工，組立てが行われているときのみである。その他の検査，移動，停滞は価値を上げるために付加させられているものであり，本来は除去される工程である。良い流れとは，付加された工程を削減し，よりシンプルな工程にすることである。シンプルな工程は生産効率を上げ，不良品を減らし，安全で，モラールの高いオペレータを育成し，省エネに貢献する。より良い品質はモノの品質を基盤として，人の品質，設備の品質，情報の品質，作業

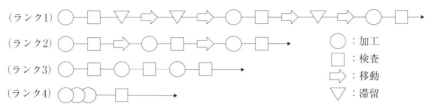

図8.5　良い流れの考え方

方法の品質に直接関係している。今よりも良い流れ，より良い品質を工程でつくりこみ，企業側と顧客側のリンケージ・バリューによって，売り上げの向上に貢献することにつながる。モノづくりコンセプトの具体的な改善活動の方向を図8.5に示す。○は価値を上げる工程であり，□は検査，▽は滞留，⇒は移動を表している。ランク1はある現場の現状を示しており，まず滞留に着目してどのように削減するのかを改善課題として検討する。滞留工程を改善することにより，移動工程も削減されるメリットがある。ランク2では3つの滞留工程を削減したことにより，2つの移動工程も削減できた。ランク3では2つの移動工程を削減することにより，良い流れを実現できている。ランク4では，価値を上げる工程の自動化によって2つの検査工程を減らしている。このように付加させられている工程を段階的に削除することにより，あるべき姿のモノづくりに近づいていく。良い流れをつくることを優先した改善活動によって効率的なモノづくりが実現できる。工程の自動化はいかに安く自動化するかが問われる。

8.3　リンケージ理論の適用

8.3.1　リンケージ生産とリンケージ・バリュー

　リンケージ・バリューとは，「ある目的を達成するために意識的にリンクできる要素を最大限に活用し，お互いの優位性を引き出してそこから新しい価値を創造し，Win-Win関係をつくり継続できる価値である。」と定義した[12]。この定義に基づいて，リンケージ生産の良い流れをつくることについて考える。一つの例として，モノと設備に関して良い流れをつくるためのリンケージ・バ

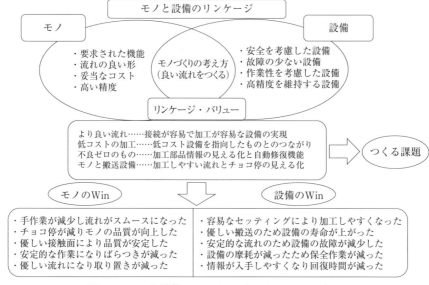

図8.6　モノと設備のリンケージ・バリュー・ビュー

リューの考え方を紹介する。図8.6（既に図4.9で掲載しているが，この図はさらにWin-Win関係を付加している）にモノと設備のリンケージ・バリューを示す。リンケージ・バリューとして，どのような姿を実現したいのかをリンケージ・バリュー・ビューを描いて，全体の体系を見える化する。モノと設備に対してあるべき姿を明らかにする。モノでは要求された機能，流れの良い形，妥当なコスト等，設備では安全を考慮した設備，故障の少ない設備等，良い流れをつくるための課題が作られる。次に2つをリンクしたリンケージ・バリューとして，設備面では接続が容易で加工が容易な設備の実現，不良ゼロを実現するために加工部品情報の見える化と自動修復機能，モノの搬送では加工しやすい流れをつくり，チョコ停を見える化する等の課題がつくられ，実行される。モノのWinと設備のWinが強く結ばれ，継続することによってあるべき姿を実現するためのリンケージ・サイクルが構築される。

　リンケージ生産システムでは，良い流れをつくるためにリンクする機能に対

してリンケージ・バリューを考え，より良い品質を目指す活動によって高効率の生産システムを目指すことを目標とする。リンケージ・バリューを実現するためには比較的容易に解決できる補完リンケージがある一方，解決がかなり困難な止揚リンケージが存在する。止揚リンケージをいかに解決するかが，リンケージ生産システムを有効に活用できるか，否かの分かれ道となる。モノのWin を考えた場合，例えば手作業が減り，流れがスムースになった，優しい接触により品質が安定し，チョコ停が減った等いくつかの利点が期待できる。設備の Win に対して容易なセッティングにより加工しやすくなった，安定的な流れのため，設備の故障が減少した等が期待できる。リンケージはすべての要素とのつながりを考えることができ，それらの要素の中で重要な組み合わせを優先してリンケージ・バリューを考えることにより，より大きな効果が期待できる。この改善活動が，他社にまねのできないモノづくりとなり，企業の優位性が継続できる活動となりうる。

8.3.2　リンケージ生産とリンケージ・サイクル

　リンケージ生産システムは，環境の変化に柔軟に対応できる仕組みをつくり上げることが重要であると位置づけている。柔軟な対応は，企業を継続させるためにはなくてはならないことであり，どのような仕組みをつくれば継続していくのであろうか。リンケージ生産システムでは，リンケージ・サイクルによって継続する仕組みが構築できると提案している。つなぐ，つなげる，つながる，つながり合うという 4 つのサイクルのつながりを実践することによって，継続が可能になると考えている。[13] 4 つのサイクルを図8.7に示す。この図は 5 章に図5.5として掲載されているが，リンケージ生産システムの良い流れを説明するために，一部内容を変更して再度登場願った。つなぐ，つなげるは，意識的につなげる活動がなされ，つながるによって自然につながっていく状態になり，つながり合うことによって継続した状況が生まれていく。例えば，「良い流れをつくる」という目標に対して，最初から最後までの工程をつなぐ方針が打ち出されると，目標を達成するための道具の開発が活発に行われる。3 つの問題

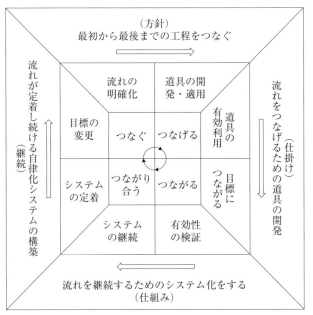

（良い流れをつくる）

（方針）
最初から最後までの工程をつなぐ

流れの明確化　道具の開発・適用

目標の変更　つなぐ　つなげる

道具の有効利用

システムの定着　つながり合う　つながる

目標につながる

システムの継続　有効性の検証

流れが定着し続ける自律化システムの構築
（継続）

流れをつなげるための道具の開発
（仕掛け）

流れを継続するためのシステム化をする
（仕組み）

図8.7　リンケージ・サイクル図

の中のつくる問題である。そして仕掛けの段階に移り、道具を活用して実行に移す。開発された道具の有効性を検証し、目標を達成する実施段階にシフトする。検証の結果、道具が有効ならば、導入するための仕組みをつくり定着させていく。そして導入したシステムの継続がなされる。継続によってリンケージ・サイクルが有効に機能したことの証になる。環境の変化によって目標が変化すれば、リンケージ・サイクルを回してさらに改善活動が進められていく。つまり、螺旋的流れによって次のステージのステップに進んでいく。リンケージ・サイクルは変化に対応する継続的活動の基本構造を有しているのである。

　リンケージ・生産システムの一個流しについて考えてみよう。図8.8に一個流しの例を示す。つなぐ、つなげる、つながる、つながり合うはそれぞれ方針、仕掛け、仕組み、継続に対応している。5章の多次元リンケージ・サイクルは

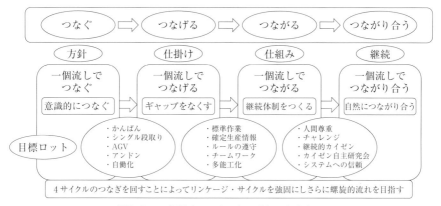

図8.8　一個流しのリンケージ・サイクル

TPS の考え方に基づいているが，リンケージ生産システムも基本的には TPS
に基づいたシステムであると考えている。つなぐからつなげるでは，そのツー
ルとしてかんばん，シングル段取り，AGV，アンドン等が活用できる。つな
げるからつながるでは標準作業，確定生産情報，ルールの遵守，多能工化等の
運用手段が活用できる。つながるからつながり合うでは人間尊重，チャレンジ
の精神，継続的改善等実践する活動として自然に定着していく状況にする。つ
まり，日常作業の中で自律的に全員が習慣づけられた行動となる。計画されて
いる日常の作業を実践するために，段取りをあらかじめ計画し，良い流れをつ
くる工場として全員が共有している。つなぐからつなげる段階で，ギャップを
取り除くためのツールであるかんばん，シングル段取り，アンドン等が TPS
では開発された。制約条件を取り除くツールが目標を達成できるかどうかの最
初の登竜門となる。つながるからつながり合う段階である継続では，自律的に
行う習慣づけが必要であり，常に挑戦する意識を持ち続ける環境づくりが要求
される。この段階が最も困難であると考えられる。TPS はかんばんによって
リンケージ・サイクルを回しており，モノがなければ生産がストップするため，
つなげるための考えられるあらゆる準備を自律的に行っている。つまり止めな
いラインの環境をつくる準備自体が形式知化されている。

8.4　リンケージ生産システムのステップ展開

8.4.1　リンケージ生産のシステム化

　リンケージ生産のシステム化を説明する前にシステムとは何かについて考えることにする。リンケージについてはすでに説明したが，リンケージとシステムをつなげることによって効率的なリンケージ生産システムを構築することができる。広辞苑によれば「システムとは複数の要素が有機的に関係しあい，全体としてまとまった機能を発揮している要素の集合体，組織，系統，仕組」と説明している。大辞林によれば「個々の要素が有機的に組み合わされた，まとまりをもつ全体」と説明している。これらの説明に従い，システムの特徴として次のように整理してみた。①全体としてまとまり（ある方向）を持っている，②2つ以上の要素から成っている，③各要素は機能を持っている，④各要素の機能はまとまり（ある方向）に向かって相互に有機的に機能し合っている。これらの条件を満足することによって生産システムの構築が可能となると考えた。TPSを実践した大野耐一氏は『トヨタ生産方式』を1978年に出版した。システムではなく方式という言葉にこだわったが，現在では「トヨタ生産システム」として一般化され定着してきている。あるべき姿（まとまり）をジャストインタイムとして方向づけし，その考えを目指して3つの問題に挑戦し現在のシステムを構築したのである。探す問題のレベル2を見える問題のレベル1にするために，徹底した見える化を行い，直ぐに問題に対して現場で行動でき回復できるようにシステム化を行った。探す問題を徹底的に削減するためのツールを開発し，効果的に活用しているシステムといえる。つくる問題に対して，例えば在庫を持たないようにするために後補充システムを採用し，そのための運用システムとしてのかんばん（工程管理板）を創り出した。また効率的な小ロット流しをするために段取りを徹底して短くしたシングル段取りという考え方を創り出した。現在もより良いJITを目指して改善活動が行われている。そこには改善は永遠であるという思想が根付いている。現在では，トヨタシステムはモノづくりシステムを考える基本原則であると理解し，各々の企業独自の考

え方に基づいてトヨタシステムの思想が導入され, 定着してきている。リンケージ生産システムは, トヨタのモノづくりの考え方を取り入れて「良い流れ, より良い品質」のまとまり (ある方向) をリンケージしたモノづくりシステムである。このシステムの最大の特徴はつながりを重視し, つながりの中で価値を見出し, 対象となるすべての要素に対して, 流れを重点に置いた継続的なシステムを構築することにある。つながりに対して相互に有機的に機能し合うまとまりを, 効果的に方向づけするシステムであるといえる。

8.4.2 リンケージ生産システムの具体的展開

　リンケージ生産システムの具体的なステップは, どのように行うのかについて説明する。リンケージ生産システムを実現するには, まず基本理念, 企業理念を明確にして, その理念に基づいてあるべき姿をリンケージしてつくることが第一歩である。リンケージでは JIT をベースに「流れの良さ」をモノづくりのコンセプトとしている。このコンセプトはかなり広い意味を持ち, 企業自らが具体的な形で表わさなければならない。図8.9は生き物のイメージで基本的なステップ構造を描いている。頭脳である頭が明確になると次はそれを実現するために行う胴の部分である。胴の部分ではモノづくりの姿を明らかにして, それを実現するための方向を明確にする。リンケージ生産2本の柱の一つであり, 見取り図である。全員が同じベクトルに向かうようにロードマップを作成する。そのマップよりマスタープランを作り, 重要課題を抽出する。胴の下にある2つの輪は, 車輪として一つは企業が作り続ける価値でありリンケージ・バリューである。競争環境の中で絶えず変化していく。もう一つは価値を継続する仕組みであり, リンケージ・サイクルである。その土台にあるのは, 組織構築能力を高める現場の改善力である。そしてその土台に全員参加の現場力を支える5S活動, 自主保全活動の二重構造になっている。二重構造のリンケージによってより活性化できる改善システムを目指している。

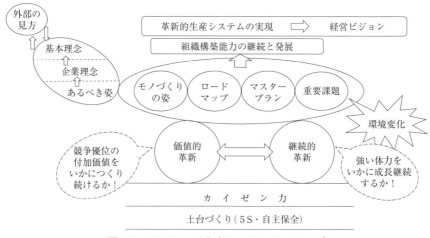

図8.9　リンケージ生産システムのステップ

8.4.3　リンケージ生産システムの指標

　リンケージ生産システムの経営指標，現場指標は，どのような指標が要求されるであろうか。一般的にいわれている指標はP（生産性），Q（品質），C（コスト），D（納期），S（安全），M（モラール），E（環境）である。経営を安定させるためには業界基準に合った適切な利益が必要となる。利益は長中期計画事業に効果的に投資し，企業の安定と発展に寄与しなければならない。経営指標に対して，上位レベルから下位レベルまで階層的に4つの段階に分けると図8.10のようになる。

　4つの段階とは経営者，管理者，監督者，現場従業員の各階層である。それぞれ重要経営利益評価指標：PKMI（Profit of Key Management Indicator）重要経営評価指標：KMI（Key Management Indicator），重要業績評価指標：KPI（Key Performance Indicator），重要活動評価指標：KAI（Key Activity Indicator）である。[14]重要経営利益評価指標は重要な経営活動の結果の儲けである。重要経営評価指標は重要な経営指標の目標値または実現値であり，経営に直接結びつく指標となる。重要業績評価指標は，KMIに寄与する業績評価指標の目標値ま

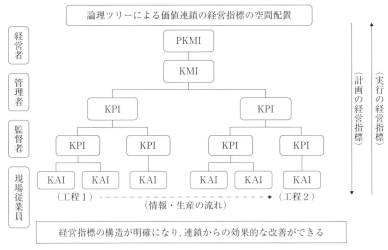

図8.10 指標の階層構造

たは実現値である。重要活動評価指標は，KPI に寄与する活動の目標数または実行数であり，改善活動によって直接，間接的に利益に貢献する。KMI から KAI の 4 つの階層構造はリンクしており，どの KAI を優先的に行うと KMI に貢献するのか，戦略的な改善活動が求められる。4 つの関係をリンケージして利益に貢献している KAI は何か，を解析して戦略的な改善につなげると，探す問題を見える問題にするムダのない活動になっていく。リンケージ生産システムは，効率的な改善活動を目指している。PKMI と結びつく KMI-KPI-KAI をリンケージした課題の一例を挙げると，図8.11のようになる。KMI では売上高の拡大，生産性の向上，固定費，変動費の削減を挙げ，KPI では売り上げ目標，生産期間，7 つのムダの排除を挙げ，KAI で個々の改善テーマを挙げている。KMI，KPI，KAI はすべてマトリックスでリンクし，どの項目に関連しているのか見える化させる。見える化することにより，担当部署とのリンケージによって改善スピードが上がる体制をとる。例えば KAI の③は KPI の③，KMI の③とリンケージしている。評価指標をつなげることによって見える化され，効率的な改善につながっていく。PKMI と KMI のつながりをど

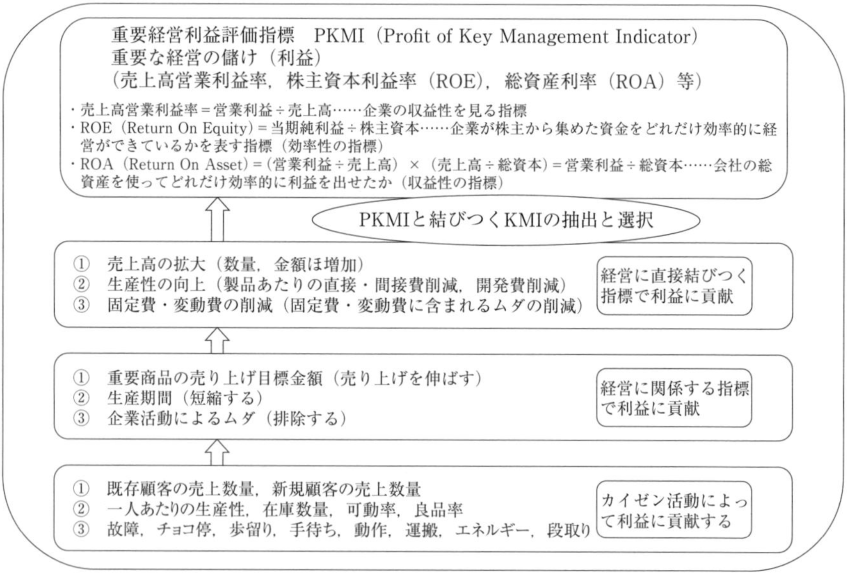

図8.11　KMI−KPI−KAI のリンケージ指標

のように見つけ出すのかが課題である。

8.4.4　リンケージ生産システムの分析方法

　リンケージ生産システムの良いモノの流れとは，具体的にどのような流れを考えればよいのだろうか。一つのモデルで考えてみよう。対象となるのは設計から顧客までであるが，ここでは供給から製品ができるまでの工程を考える。良いモノの流れをつくるとは，企業で決められた最小ロット生産を実現することである。流れに関連する項目をつなぐ，つなげる，つながるというリンケージ・サイクルより整理してみると図8.12になる。つなげるためのツールが活用され，つなげるための活動が行われる。例えば，流れについてつなぐためには，各工程の能力バランスが一定になるような状態にするために，リンケージ・バリュー・プロセス分析が用いられる。日常の標準作業に生かす作業システムを実行し，常に流れる状況を継続する。流し方については統一したパレットを使

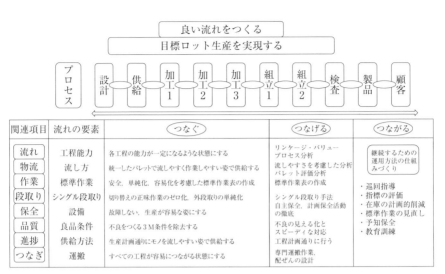

図8.12 流れに関連する要素とリンケージ・サイクル

い，流しやすく作業しやすい決められた数を生産するための流しやすさを考慮した基準フロー分析が用いられる。流しやすさから問題の抽出を行い改善活動を行う。8つの基本的な流れの要素を表示したが，加工組立型，装置工業型等，業界によってモノづくりが異なるため，流れの定義を明確にして必要な要素は企業で新しく作り，活用することが望ましい。

さらに良いモノの流れについてリンケージ・バリューの側面から考えてみることにする。図8.13は流れに関連する要素に対して，どのようなリンケージ・バリューを考えると良いのかを示している。①の適応できる人はリンケージ・バリューの考え方を理解し，それに基づいた設計を行い現場に提供する技術者である。②のタイムリーな情報は，工程管理板によるモノと情報をつながる状態にして，現場作業者がその情報に基づいて容易に作業できる環境をつくることである。③の故障しない工程は自主保全活動と計画保全活動をリンケージして予知保全，予防保全によって故障しない設備の管理をすることである。④の良い品質は規格内に入っていることを保証する工夫を現場の中に実現すること

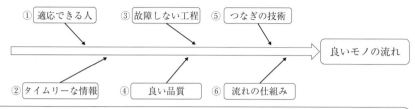

図8.13　流れに関連する要素とリンケージ・バリュー

である。⑤のつなぎの技術は工程間をスムースに流すためにモノと搬送のつなぎにリンケージ・バリューの考え方を使い，より良い品質をつくりこむことができる。⑥の流れの仕組みはスムースな流れを止めないように作業者，監督者，管理者のつながるためのツールを工夫し，運用することである。良いモノの流れをコンセプトにしてつなぐ，つなげる過程で，リンケージ・バリューを活用してモノづくりを行うと多くの知恵が出てくる。図8.13は良い流れをつくる一つの着眼点になると考える。

8.5　リンケージ生産システムの検証

　これまでリンケージ生産システムの考え方，リンケージ生産とリンケージ・バリュー，リンケージ生産とリンケージ・サイクル，リンケージ生産システムのステップ展開について説明してきたが，これらの提案が果たして活用できるのだろうか，という問題に対してTPM活動，TPS活動の中で適用している事例を紹介する。

8.5.1　TPMとリンケージ・バリュー

　TPM活動は，部門間の連携によって多くの課題を解決している。部門間の活動を連携することによって，問題を解決することがより効果的な方法であることを知っている。TPM活動の連携とは連絡を密に取り合って，一つの目的

のために一緒に物事にあたることであり，例えば自主保全と品質保全が連携して自主保全による不良ゼロを達成した場合がこれに当たる。TPMで活動している8本柱は，ある課題に対して関連する柱をマトリックスで表示して，目標を達成するプロジェクトを立ち上げて連携することを推奨している。多くの場合はロスをとる見える問題，探す問題が多いが，活動レベルが上がることによってつくる問題にシフトしていく場合もある。この問題は連携によってリンケージ・バリューをいかに上げるかであり，企業価値を上げる課題となる。このようにTPMは連携という範囲で，リンケージ・バリューの考え方を一部取り入れている。提案したリンケージ生産システムはリンケージ・バリューをシステム的に取り入れ，リンケージ・サイクルによって継続するシステムを構築することにある。リンケージの概念を表面化し，効率的な方法をシステム化し，体系的に行う形につくり上げたことがTPMと異なるといえる。

8.5.2　TPSとリンケージ・サイクル

　TPSは，スムースな流れを実現するために人，モノ，設備，かんばん，情報の望ましい現場システムを構築することによって，つながるシステムをつくり上げている，と説明した。モノの良い流れと人と設備について考えてみる。継続して良い流れにするには，人が行う標準作業とモノの良い方向の流れをつくることによって，次の設備にスムースに流れる環境をつくることが流れの条件となる。良い流れを実現する設備空間，人の作業のやり易さを考慮した標準作業をリンケージしてつくり上げ，リンケージ・バリューを高める作業システムをつくり上げて次の工程に流していく。次々とドミノ現象のように連続してつなげていく。TPSは，正にリンケージ・バリューをつくり出せる場を提供しているといえよう。次にリンケージ・サイクルを考えることにする。工程に品質異常が生じた場合を考える。工程作業者は品質異常に気づいたらその場で知らせるために，現場に張り巡らされているロープを引く。その工程にランプがつき，担当者が現場に駆け付ける。品質担当者はその場で判断してすぐに回復するか，異常として処理するか判断し，流れを滞らせない方法をとる。作業

は品質担当者の判断によって，進めるかどうかが決められる。現場は異常と正常が混じった環境にあり，正常を保つための仕組みが出来上がっている。TPSの現場は，リンケージ・サイクルが出来上がっている現場である。突発的に設備が停止するとどのようになるのであろうか。設備保全担当者は，その状況を把握してすぐ回復する設備と回復しない設備を見分けるが，回復できないとしたらどうなるであろうか。代用設備を探し出して流れを回復させるか，代用設備が見つからない場合は現場の生産をストップさせることになる。なぜならば余分の在庫がないからである。工程全体が止まってしまい，工場として大きな損失を被るのである。現場の強さはつながり合う現場をつくることであり，TPSはリンケージ・サイクルをあるべきモノづくりの姿と捉えている。そのためにあらゆるものに気を使って，常に生産できる体制を敷いている現場環境をつくっているといえる。TPSはリンケージ・サイクルを実現できる体制を敷いており，継続した生産体制ができていると考えることができる。

8.5.3　タンクの開発とリンケージ・バリュー

　ここで紹介する内容は実際に行われた活動内容である。企業Aは二輪車を生産している製造会社である。ベンダーは企業Aに部品を納めているサポート会社である。企業Aの依頼は軽くて安いコストの製品がほしいという要望である。ここでとった戦略はベンダーBが鋼板の開発を行い，タンクの生産は企業Aが受け持つということであった。両社のリンケージによってリンケージ・バリューとして軽い製品，安いコスト，強い剛性，工程のシンプル化，運搬の減少等を達成した。企業AとベンダーのWin-Win関係を図8.14に示す。企業Aは5つの利益を得ることができ，ベンダーも5つの利益を得ることができた。この関係はリンケージ・サイクルとして継続している。タンクの開発に成功した結果，他のベンダーともつながり，多くの改善事例を実施しお互いの企業に貢献してきている。Win-Win関係は継続するための必要条件と位置づけられる。

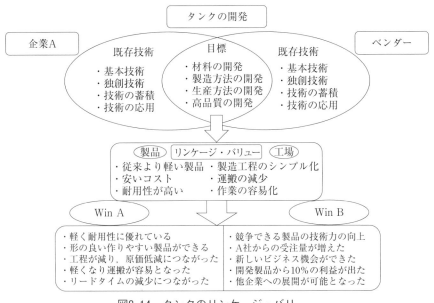

図8.14　タンクのリンケージ・バリュー

8.6　まとめ

　日本が作り上げてきたモノづくりシステムは，その時の企業を取り巻く環境に応じて有効に適用されてきた。グローバルな環境真っ只中，日本的モノづくりシステムは世界に広まり，特に成長段階にある新興国で導入され，すそ野が広がってきた。日本的システムがその国の企業に適用され，その国の風俗，習慣に適合し，KAIZEN という考え方を理解し企業の成長に貢献している。国が豊かになっていく過程において，日本的システムは有効に働いているということが明らかとなってきた。TPS のムダ，TPM のロスを改善によって全社的展開をすることによって，大きな利益を生むことを理解したトップはさらに上を目指す活動を目指している。ロスやムダが利益を生む源泉であるという考え方は導入時には顕著であるが，継続的に行っていくとロス，ムダの探す問題を見つけ出すことが困難となっていく。この時点で「頑張っているが効果が出な

い」という状況に見舞われ，システムのマイナーな面を体験し，システムの信頼性が揺らいでいく。この現象が日本的モノづくりシステムを衰退させてきた原因の一つでもある。モノづくりの現場環境がコモデティ化し，優位性がなくなってきた現場では，差別化するために次のシステムが必要となってくる。守るシステムから攻めるシステムへの転換が要求される。次はつくる問題に挑戦するシステムを開発することである。リンケージ生産システムは，つくる問題に対してリンケージ・バリューという考え方を導入し，その考え方の活動方法をリンケージ・サイクルという考え方で継続させ，環境の変化によってさらに発展させるというダイナミック・システムの方向を目指している。基本理念からあるべきモノづくりの姿を追究する，トップダウン的な展開によってつくり上げたシステムである。リンケージ・バリュー活動で，つくる問題を指向することによって新しい多くの創造物が出来上がり，企業のモノづくり経営に貢献すると考える。ここではリンケージ生産システムの基本構造の枠組みのみを述べた。このシステムは加工組立型モノづくりを想定して展開しているが，装置系，その他の業界にも適用できる考え方である。

注

1）リンケージの概念を最初に定義した論文である。野村重信（2016）「新時代の経営環境におけるリンケージ・マネジメントに関する研究」『グローバリゼーション研究』Vol. 13，No. 1，p. 4

2）実際に企業のデータを使用して方向づけと組織力が改善活動の活性化に影響していることを統計解析によって検証している論文。安田正義・野村重信（2013）「企業内 SCM の実証的研究—工程間の連携を推進させる要因—」『工業経営研究』Vol. 27，pp. 115-122

3）守島基博「経済教室」『日本経済新聞』（2011. 12. 30）

4）藤本隆宏（2004）『日本のもの造り哲学』日本経済新聞出版社，pp. 82-98

5）綱倉久永・新宅純二郎（2011）『経営戦略入門』日本経済新聞出版社，p. 3

6）ピーター・M・センゲ著，枝廣淳子・小田理一郎・中小路佳代子訳（2011）『学習する組織』英治出版，pp. 280-314

7）前掲2）pp. 120-122

8）生産管理のバイブルと言われている著書であり，考え方は今でも大きく変わっていない。村松林太郎（1979）『生産管理の基礎』国元書房，p. 7

9）大野耐一氏が唯一公に執筆したトヨタ生産方式のバイブル的著書。大野耐一（1978）『トヨタ生産方式』ダイヤモンド社，p. 38

10）問題の構造を3つに分けた考え方を提案している。問題解決をする上において指針となる考え方を提案しており，トヨタもこの考え方を使っている。3つの考え方を応用した図を作成した。佐藤允一（1984）『問題構造学入門』ダイヤモンド社，pp. 61-68

11）前掲10）pp. 42-47

12）一般的なリンケージ理論の提案としてまとめた論文。野村重信（2018）「リンケージ理論の提案」『グローバリゼーション研究』Vol. 15，No. 1，p. 10

13）前掲12），p. 15

14）3つの評価指標をTPMとして明確に定義した最初の発表資料。田中芳雄（2012）『TPM FORUM　2012』JIPMソリューション，p. 78

（参考文献）
・高橋義一・長田貴（1993）『TPM 全員参加の設備指向マネジメント』日刊工業新聞社
・中嶋清一（1992）『新・TPM入門』日本プラントメンテナンス協会
・野村重信（2017）「リンケージ・マネジメントに関する研究—リンケージ・サイクルとリンケージ・プロダクション・マネジメントの概念について—」『グローバリゼーション研究』Vol. 14，No. 1
・マッキー，ジョン・シソーディア，ラジェンドラ著，鈴木立哉・野田稔訳（2014）『世界で一番大切にしたい会社』翔泳社

第9章 戦略的リンケージ・マネジメント

9.1 ダイナミック経営に至るまでの流れ

　まず，ダイナミック経営に至るまでのマネジメントの系譜をたどってみよう。マネジメントの系譜をたどることにより，現在のダイナミックな環境がどのようにして生まれてきたのか知ることができる。また，リンケージ・マネジメントの文脈を知ることによって，その時代の変遷の流れがわかり，現在の経営環境状況をより深く理解することができる。1900年代の初期の段階に，生産の効率を追求した経営管理の父として知られるテーラーの『科学的管理法』が，黎明期の代表的なマネジメント・ツールであることは周知の事実である。同時代に，生産の効率を追究したフォードの同期生産システムを実現したベルトコンベアシステムがある。コンベア方式は，効率的な生産システムであると認識し，現在でも多量生産を指向している企業において，良い流れを追究する方法として使われている。

　一方，経営者の立場からファヨールは，技術，商業，財務，保全，会計，管理に関して経営管理論として体系化している。黎明期において，企業内の生産効率と管理面からの運用という，2つの基本的な経営学の基礎がつくられた。1930年代にはいると，作業に関する動作研究，時間研究が盛んになり，作業のムダを減らし，さらに効率的な生産を追究するようになった。標準作業の導入によって作業が単純化され，同じ作業の繰り返しによる人間のロボット化が始まった。こうした環境の中で，人間の立場からある実験が行われた。メイヨーのホーソン実験である。ここで明らかになったことは，働く側のモチベーションによって，生産性が高まることを科学的に証明したことである。人間の側面の結果に影響を受けたバーナードは人の組織に着目し，「組織とは意識的に調整された人間の活動や諸力の体系」と定義づけした。この定義によって，組織論が活発になった。代表的な研究は，「組織の動機付け—衛生要因」を提案し

たハースバーグと「欲求の５段階説」を提案したマズローである。[7]当時の経営環境は世界恐慌の波が押し寄せてきており，経営の資源である，人，モノ，設備を効率的に運用し，組織の効果的な活用が望まれた時代であった。その結果，企業内の経営課題が組織に向かった。

　組織自体を一つのシステムとして捉え，意思決定のプロセスを明らかにしたサイモンが挙げられる。サイモンは主観的評価基準である価値前提と客観的評価基準である事実前提の２種類があるとし，主に事実前提を意思決定の評価基準として取り扱った。[8]この時代は経営を安定化させるために，企業内での組織論，一般的な組織論の集団に関する研究が大きな関心の的になってきたのである。日本になじみの深いドラッカーは，1954年に『現代の経営』を発表し，マネジメント・ブームに火を付けた。この著書で企業が成長発展するためには，顧客の創造が必要条件であり，企業戦略としてのキーポイントになるとしている。[9]ドラッカーのマネジメントは，「組織に成果を上げさせるための道具，機能，機関」と定義しており，経営全体のより良い方向を目指す考え方を取っている。1962年，チャンドラーは『組織は戦略に従う』という命題によって，戦略が組織構造や成果に影響を及ぼすことを明らかにした。[10]アンゾフは成長戦略を，市場と製品を軸にして，既存商品の「市場浸透」「市場開拓」と新商品の「製品開発」「多角化」の４つに分類する考え方を提案した。[11]この時代から，経営に戦略という言葉を使うようになってきている。戦略とは「本来戦争用語であり，戦いに勝つにはどうすれば良いのかという課題にこたえるものであり，具体的には軍事力を行使すべき戦争に対処するためのもの」である。戦略レベルから大戦略，軍事戦略，作戦戦略，戦術，技術の５段階からなり，階層的にリンケージしている。[12]また戦略的とは，「相手の出方に応じてこちらの出方を変えること。こちらの出方に応じて相手の出方が変わることである」としている。[13]企業競争が激しくなってきた1960年代以降，戦略的な考え方が浸透し，多くの経営ツールが開発されてきた。

　1980年ポーターは『競争の戦略』を発表し，その中で５フォース分析を提案した。この分析手法は使いやすく，多くの企業が導入した。さらにサプライ

チェーンという考え方を提案した。[14] この時代から顧客を意識する傾向が強まり，コトラーはマーケティングとは本物の顧客価値を生み出すための活動で，顧客の生活向上を支援する概念でもあるといっている。[15] 顧客の立場でサービスをするという考え方が認識され，定着しつつある時代であった。需要と供給から見ると，供給側の商品が市場に多く出回り，需要としての顧客側は，いつくかの商品から選択できる市場環境になってきたのである。ポーター，コトラーの提案は競争環境にマッチし，多くの企業で導入されていった。その結果，戦略のコモデティ化が生じ，企業間競争の激化が始まった。1990年に入り，バーニーは，企業の業績をいくつかの異なるタイプに区別するフレームワーク，VRIO分析（価値，希少性，模倣可能性，組織）を提唱した。[16] 有効な戦略とは自社独自の資源に根差したものである，としてその強さを形成する条件としてRBV（Resource Based View）を提案した。経営資源に基づく理論は，1990年代初期から経営戦略論の分野の研究に影響を与えた。模倣困難化が一つのキーワードとなって，新しいものを生み出すイノベーション戦略が重要な問題となってきた。シュンペーターのイノベーションをベースとして，クリステンセンは持続的イノベーションと破壊的イノベーションを明らかにした。[17] また，W. チャン・キム，レネ・モボルニュはブルー・オーシャン戦略を提案した。彼らは競争のない未開拓市場を切り開くことが重要であるといっている。[18] 2000年代に入ると，ゲーム理論の応用，ティースのダイナミック・ケイパビリティの考え方が提案された。[19] また組織面では，コッターの企業経営における変革の重要性を説いたチェンジ・マネジメントが提唱された。[20]

　このように，1900年の初期から現在まで，僅か100年足らずの間に経営環境は大きく変化し，それに対する新たな経営理論が生み出されてきた。継続と発展が企業の目的であるとすれば，その時の環境の変化にどのように対応していくのかが企業存続の最優先課題となる。

9.2　経営学の課題

　100年の経営学の流れは，どのような変遷をたどってきたのかを前節で明ら

かにした。次に経営学の流れから，その時代にどのような問題があり，どのような課題が生じていたのかを，さらにダイナミック経営に至るまでの流れからみてみることにする。1900年代の黎明期は，企業内での生産の効率に重点が置かれ，科学的管理法，コンベアシステム，各種の分析手法が開発され，企業の生産性に貢献した。この時代は，現場の効率性に重点が置かれた時代であった。1930年代になると，現場の人間の側面に焦点を当てたホーソン実験，企業の組織論に対しての課題が注目を浴びた。人間及び組織に対しての問題である。1950年代に入ると，企業間競争が激しくなり，多くの経営戦略の分析手法が開発され活用された。この時代から，企業全体の組織体をどのように方向づけして活性化させるか，という課題が表面化してきたと考えられる。1960年代，チャンドラーは戦略が組織構造や成果に影響を及ぼすことを示したが，組織と戦略は密接な関係があることを明らかにしたといえる。効率的な組織をどのように構築していくのか，が企業経営の重要課題になってきたと考えることができる。1980年代経営戦略の分析手法が普及し，効率的な組織が運用されるようになると，各企業が同時に同じ方向を向き，同じレベルに到達するため差別化できなくなり，戦略のコモデティ化が起こった。さらに1990年代からグローバル化が経営の重要課題の一つになり，経営環境が大きく変化してきた。外部の環境の変化により，どのように対応すれば良いのか，その時点での状況によって適応していく経営行動をする必要が出てきた。環境の変化，時間の変化によりダイナミックな意思決定が要求される経営環境になってきたといえる。

　つまりスタティックな変化が少ない環境から，ダイナミックに大きく変化する環境に変わってきたのである。その結果，ダイナミックに対応できる戦略として，VRIO 分析にみられる差別化戦略が重要な経営課題として脚光を浴びるようになってきた。同時に，イノベーション戦略が経営課題として台頭した。企業は創造性こそが発展する原動力である，と研究開発に力を入れるようになってきた。2000年代になると，グローバルな環境の中で企業を継続するためには資源をどのように活用するのかが，要求課題として浮かび上がってきた。ダイナミック・ケイパビリティ，ゲームの理論の適用である。環境の変化にダ

イナミックに対応し，どのように継続させていくのかが，企業経営の与えられた使命である。情報技術の進展によって，IoT，AI が飛躍的に適用範囲を広めてきており，もはや一企業で商品を開発することが不可能となってきた。IT企業を含めた連携によって継続，発展する戦略がとられるようになってきたのである。どのような企業と，どのように連携して独創的な商品を生み出すのか，他社との競争に打ち勝つために，喫緊の戦略的な経営課題となってきた。本書で提案しているリンケージ・マネジメントは，連携，提携に対してのマネジメント・ツールとして活用できる考え方である。多くの巨大企業でIoT，AI 関連企業と連携する活動が活発になってきており，連携，提携することによってイノベーションを起こそうとしている。補完リンケージ，止揚リンケージによって付加価値のある商品が開発されつつある。また，包摂リンケージによって企業自体を買収し，経営の強化につなげる戦略を取るケースもある。ダイナミック経営が活発化し，業種の異なる企業間のリンケージが行われ，多くの商品が顧客に提供されている。

　図9.1にダイナミック経営に至るまでの経営課題の流れを，9.1で述べた内容に基づいて体系的にまとめてみた[21)]。経営学の課題はその時代の環境を反映して発展してきた。時代の流れに沿って，経営学の課題を整理すると，①企業内の効率性，②企業内の人間及び組織，③効率的な組織，④差別化，⑤創造性，⑥継続性の6つのキーワードが浮かび上がってきた[22)]。企業の黎明期から，成長期，安定期，混乱期の流れを通じて，その時代に適合したツールが有効に使われ，企業活動に貢献した。ある時代に開発されたツールは時代遅れで活用できないのかといえば，そうではなくて企業の置かれた状態に応じて有効に活用できる。しかし，当時ほどの効力を発揮できないのも事実である。1980年代までに開発されたツールは，主にスタティックな環境で用いられたが，現在のダイナミックな環境でも戦略的に見直しをすることによって，有効に活用することができるわけである。1960年代以降，企業の成長期に入って，多くの経営課題が論じられるようになってきたことがわかる。

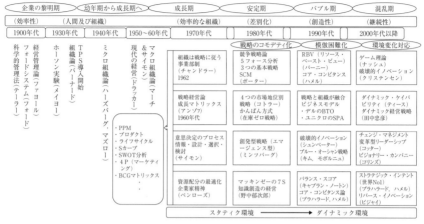

図9.1　経営課題の流れ

9.3　流れからみた TPS と TPM

　日本的経営革新活動として TPS と TPM がある。この2つの革新活動は現在も生き続けている。導入が古い TPS 活動から，経営課題の流れとの関連性で考えてみることにする。

　組織論が活発に論じられた1930年代後半から，TPS の考え方が導入され，現在に至っている。TPS のジャストインタイム（JIT）の考え方は変化しておらず，その時代に合ったモノづくりを追究してきている。JIT の考え方は，時代の流れに左右されない本質的な考え方であるといえる。モノづくりコンセプトとしてのあるべき姿の一つであると考えられる。JIT の考え方は顧客に対応し，企業内の効率的なモノづくりにも対応しているシステムである。つまり，顧客や工場に対して止揚リンケージ・バリューによって新しいツールを開発し，実践し，実現したシステムといえる。マネジメントの系譜から見ると，JIT は成長期，安定期，バブル期，混乱期を通じて効果的に機能し，ダイナミックに変化する環境にも対応できる万能的なコンセプトを持つと考えられる。JIT はモノづくりと顧客をダイレクトにつないでいるところに大きな意義がある。

TPSはムダの思想が全世界に広まり，多くの現場で根付き，定着し，現在も継続している。TPSは1938年豊田喜一郎が始めたとされ，統制経済で一時中断したが，戦後大野耐一氏が受け継いで発展させた。[23]導入初期の1940年代は経営の流れから見ると，科学的管理法，現場の改善手法，モチベーション，組織論等が生産革新として普及した時期である。このJITシステムは，「必要な時に必要なだけつくることで，売れた数だけつくることを目指す[24]」という考え方を持ち，あるべき姿を追求するシステムである。JITシステムを実現するために，現場で適応できる既存の各種技法を導入し，自社流に作り直して活用した。JITは，顧客とリンケージするために，工場内ではどのようなモノづくりをすればムダが最小となるのかを追究しているシステムであり，現場では絶えず改善活動が要求される。7つのムダは現場で常に発生するため，オペレータ，リーダー，監督者の緊密なチームワークが要求され，現場の補完リンケージ・サイクルが形成される。ムダを徹底的に排除するというTPSは，トヨタでしかできない組織能力の模倣困難性としての特質を持っており，環境の変化に対応し，絶えず進化しながら現在まで継続しているシステムといえる。[25]現場の管理技法を有効に使い，あるべきモノづくりの姿を実現するために，組織能力を高めながら継続と発展を目指しているシステムであると考えることができる。TPSは現在でもトヨタのモノづくりの基盤システムとして機能しており，現場の能力，組織能力向上のためのツールとしてダイナミック環境に適応してきている。ダイナミック環境の中で，トヨタのTPSは模倣困難なシステムレベルを継続していると考えることができる。1930年代後半に導入されて現在に至るまで，JITシステムは生き続け，今後も継続していくと思われる。モノづくりの理想を追求しているため，環境の変化に適応できる順応性を備えているシステムである，と考えることができる。

　TPMについて考えてみよう。TPMは，1960年代アメリカから導入したPM（予防保全）を基にして，日本独自の活動として1971年に本格的に始まった。[26]TPMは，現場の保全活動を活性化することによって設備を止めない状態に常にしていくことを狙っており，モノづくりの基本を大切にしているシステムである。

全員参加の小集団活動を柱として，自主保全活動の活性化を図り，故障を減らす活動として活発に導入され，定着していった。全員参加の組織を構成するために，リッカートの「連結ピン組織」の階層性を適用している重複小集団活動である。リンケージで考えると，リンケージ・サイクルの中の4段階目のつながり合う組織である。TPMは，「設備効率を最高にすることを目標にPMのトータルシステムを確立し，全員参加のもとで小集団自主活動によりPMを推進すること[27]」であり，工場内の範囲に限定している。その後，環境の変化に対応するために，画期的なTPM活動，創造的なTPM活動としてTotal Productive MaintenanceとTotal Productive Managementの2つを含む考え方に変わってきている。これは日本のモノづくり環境が増産基調から安定基調，そして減産基調に変わってきたからである。環境の変化によって，生産現場の体質強化（パートI）から生産プロセス全体の最適化（パートII），そしてビジネスプロセス全体の最適化（パートIII）と，その範囲を広げた活動にシフトしていった[28]。新しいTPM活動を推進したが，増産基調時のようなTPM活動としての勢いがなく，現在に至っている。減産基調のTPM活動をどのように構築すれば良いのか，模索が続いている。日本の活動は下火になっているが，海外のTPM活動は活発に行われている。業種を問わず，特に増産基調にある企業の導入が活発になっている。

　TPMは設備の効率性を追求していることから，外部のダイナミックな変化に対して対応するシステムは工場の状況に応じて異なるため，つくっていない。企業自らが設定しなければならない。環境の変化に対応するためにモノづくりコンセプトをどのように決めるのかが課題となる。明確なコンセプトを決め，ダイナミックな変化に対応できるシステムにすれば，ロスを極限まで追求しているシステムであるため，極めて有効なツールとして活用できる。ダイナミックな環境でのTPM活動のコンセプト，方向性を明らかにし，効率性を追求する各社特有なシステムを構築すれば，有効に機能すると考えられる。ダイナミックな環境変化に対して，模倣困難な継続システムをいかにつくり上げるのかが今後の重要課題である。

9.4 ダイナミック経営とは何か

　1990年以降，グローバルな環境が徐々にクローズアップされ，その環境の中での競争戦略が経営課題として表面化してきた。この時代は米ソ冷戦終結があり，ヨーロッパの旧社会主義国は，資本主義へと転換していった時期でもある。また，1991年1月，中国の鄧小平が，「南巡講話[29]」によって改革・開放の重要性を強調して，市場経済化の方向にかじを取った時期でもある。つまりすべての国が一体化して，資本主義社会に参入してきた，エポックメイキングな経営環境にあった。またインターネットの急速な発展によって，情報が国境を越えて共有されるようになり，資金や技術及び労働力の移動が，地球規模で展開され，グローバル化が促進していった。地球上でのグローバルな経済活動が活発化し，経営にダイナミックな動きが出てきたのである。このように，社会環境を反映して，グローバル環境でのダイナミックな経営活動を迅速に行う，アクティブな経営戦略が，要求されるようになってきた時代といえよう。

　ダイナミックを辞書で引くと，躍動的で力強さを感じるさま[30]，力強く，生き生きとしているさま[31]，状態や状況，時間によって変化するさま[32]を表すという解釈がなされている。一方英文辞書で調べると動的な，精力的な，動態のという[33]説明がなされている。ダイナミックの反対にスタティックがあるが，静止した状態にあるさま，動きのないさま，静的であるさまという意味として述べられている[34]。これらの内容を踏まえて経営の立場で考えると，ダイナミックは「その時の外部の環境の変化により，どのように対応すれば良いのかを柔軟的に考え，その時の状況，状態，時間の変化により適応していく経営行動」と捉えることができる。一方スタティックは「外部環境の変化が少なく，現在の枠組みで経営活動が維持できる，安定した状況に適応していく経営行動」と捉えることができる。

　しかし，変化が速くても遅くても環境の変化に対していかに対応し，適応していくのか，が生き残りの条件となる。外部環境の変化が起こっているにもかかわらず，柔軟的な対応を取らず現状のままに甘んじ，その状態を維持すると

近い将来，経営危機に見舞われる可能性が高くなる。グローバル環境の世界では，ダイナミックな環境の中で経営活動が行われており，企業は成長発展するために戦略的な経営活動を推進し，他社との競争に打ち勝つ強い組織能力を育てていかなければならない。企業は，安定的で不確実性が低いスタティックな環境から，現在の著しい技術革新の進展やグローバル環境によってダイナミックな環境に適応し，積極的に連携（補完リンケージ）しながら，螺旋的な流れに適応していかなければならない。

9.5　戦略的ダイナミック経営

　ダイナミックに対応するためには，競争優位に立つための総合的・長期的な計画が必要であり，戦略的な考え方が要求される。戦略的とは，9.1で述べたように相手企業の出方に応じてこちらの出方を変えること，こちらの出方に応じて相手企業の出方が変わることであり，柔軟な組織対応力が試される。そのためには，目的が達せられるように，前もって考えておく戦略的な対策手段が要求される。1999年，ダイナミック経営に関して提案されたティースのダイナミック・ケイパビリティと，2010年代に提案されたダイナミック競争戦略について説明し，リンケージとの関連性について述べる。

9.5.1　ダイナミック・ケイパビリティ

　ティースが提唱したダイナミック・ケイパビリティは，「急速な環境変化に対処するために内部・外部ケイパビリティの統合・構築・再配置を実行する組織・経営者のケイパビリティ」と定義している[35]。また，ダイナミック・ケイパビリティ（DC）をさらに詳しく説明すると，「機会の感知，補足，脅威への対処，顧客ニーズの変化に対応するための特化・共特化資産の結合・再配置，進化的結合度の持続・向上といったことに取り組み，投資家のための長期的な価値創造を実現していく経営者の能力と結びついた，高次の諸活動にかかわるものなのである」としている。ダイナミック・ケイパビリティ・フレームワーク（DCF）は「望ましいビジネス・エコシステムにおいて適切なポジショニング

を確立するのに必要な属性・プロセスを強調するという点のみならず，いったん感知された企画を確実に補足できるようにするうえで必要となる新しい戦略的考察，意思決定原理についての説明に加え，市場，技術が不可避に変化し続ける状況における事業の再配置の仕方」といっている。DC の定義を明らかにして，DCF で実際に感知した内容を補足できるような，環境変化に対応する再配置の仕方について述べている。現在のグローバルな環境の中で，いかに感知し，補足し，再配置するのか，意思決定者の責任は大きいといえる。

　この論文について野中は，「既存の理論の整理統合を試みた枠組みの提示をした研究であり，企業のイノベーションに関する一貫した理論には至っていない」としている[36]。そして，結論として知識創造体としての企業のダイナミックで包括的な理論は，いまだ完成したとはいえないとしている。DCF は，環境の変化に対して感知し，その状態を捕まえ，次なる好機を探し，その対処方法を考えるといった経営行動である。再配置を含めた従来考えなかった，時間の変化に対応した一連の流れに特徴がある。したがって，競争優位を継続させる戦略的経営を指向している考え方であると，位置づけることができる。しかし野中のいうようにイノベーションを生み出す一貫した手続きが示されておらず今後の研究課題であろう。

（1）ダイナミック・ケイパビリティとオペレーショナル・ケイパビリティ

　ティースはダイナミック・ケイパビリティ（DC）とオペレーショナル・ケイパビリティ（OC）の２つを分けて整理している。DC は，組織・経営者のケイパビリティに注目した概念であるとしており[37]，経営上層部の責任において活動する概念である。OC は，経営者，管理者，一般従業員の幅広い層を対象として日常業務の中で行われている。DC は，主に顧客に対しての新商品・新サービスの開発を対象としているのに対し，OC は企業内の各種業務を対象としている。ケイパビリティを企業が持つ組織能力であるとすれば，日常業務の中で行われている TPS，TPM の活動は，OC であるといえる。新商品・新サービスを顧客に届けるために，TPS，TPM は環境の変化，時間の経過に適応しながら，活動を推進している全社的活動であると考えることができる。TPS，

TPM は変化に対応し，時間の経過に対応した OC であるといえる。ただし TPM は増産基調の変化に対して，大きな成果が得られる OC であるといえる。減産基調での TPM 活動をどのように構築していくのか，リンケージ・マネジメントを活用した TPM のモノづくりシステムは今後の課題となろう。一方 TPS は変化及び時間の経過に対してダイナミックに対応することができ，オペレーショナル・ケイパビリティの代表的なシステムと位置づけることができる。

（2）ケイパビリティとリンケージとの関連性

　ダイナミック・ケイパビリティは，野中のいうように既存の理論の整理統合を試みた枠組みの提示をした研究であり，具体的な方法論によって新しい価値を作り上げる手順を提案しているわけではない。リンケージ・マネジメントは価値を創造するには，お互いの機能をリンクすることによってリンケージ・バリューを高めると良いとしており，顧客と商品部門，販売部門，マーケティング部門のリンケージによってリンケージ・バリューを考え，お互いに Win-Win の関係を構築し，リンケージ・サイクルによって新しい価値を創ることが可能である。具体的に新しい価値を創るツールとして活用できると考える。

9.5.2　ダイナミック競争戦略

　ポーターの基本戦略は，差別化戦略か低コスト戦略のどちらか一方である。ダイナミック競争戦略では，差別化戦略と低コスト戦略を同時に持つ考え方を提案している。ポーターの基本戦略は，スタティックな環境には適応できるが，ダイナミックな環境には適応が難しいとしている。むしろ，ダイナミックな環境では，同時に 2 つの戦略を効果的に導入することが必要である，と主張している。ここでダイナミック戦略の定義とは，「変化が大きくて不確実性が高いダイナミックな環境」及び「時間の経過と共にその内容が変化する環境」に適応可能な戦略であり，「1 回限りの戦略」とするスタティックとは異なる，ことを明らかにしている。この考え方は，経営環境がダイナミック環境にある現在，当然要求される経営課題であろう。ダイナミック競争戦略論では，コア低

価格戦略，コアミックス戦略，コア高差別化戦略の３つの戦略タイプを提案し，
７つの原則を明らかにしている。[41] ３つの戦略タイプでは，ポーターの基本戦略，
ブルー・オーシャン戦略，クリステンセン・モデルを包摂する一般的な戦略で
あるとしている。河合は，これらの考え方を含めた一般的なダイナミック戦略
モデルを構築しており，今後のダイナミックモデルの指針になると考える。

　ダイナミック競争戦略論で，リンケージについて説明しているところが１カ
所あった。ビジネスモデル革新のポイントの第３に，「ビジネスモデルの革新
のためには様々な資源が不可欠であり，必要に応じて外部資源を積極的に取り
込む必要があることである[42]」としており，リンケージの必要性を提案している。
低価格と高差別化のリンケージ・バリューは成り立つのか。不確実な環境でビ
ジネスのスピードが要求される現在，ユニクロと東レとの技術提携がリンケー
ジの例であると説明している。この技術提携は，お互いの特長を生かして時間
をかけて築き上げた関係であり，低価格―高差別化の深いリンケージ・バ
リューを構築していると考えられる。つまり，強い絆で結びついた Win-Win
の関係をつくり上げている。リンケージ・サイクルで考えると，つながり合う
レベル４に至っているのではないか。この段階になると，模倣困難性が高いレ
ベルとなる。このように，リンケージ理論の考え方を使って，低価格―高差別
化を説明することができる。

9.6　ダイナミック・リンケージ

　変化がなく不確実性が低い環境から，変化が大きく不確実な時代に突入し，
ダイナミックな環境が本格化してきた。環境の変化に対応し，時間の経過と共
に変化していく状況に対応していくことが，ダイナミック経営である。ダイナ
ミック経営とリンケージはどのような関係にあるのか，ダイナミック経営に対
してどのように対応すべきか，包摂リンケージから考えてみることにする。

9.6.1　リンケージと包摂
　通常我々が使用している多くの商品は，今まで使われていた製品が古くなり，

技術革新によって新製品が生まれ，顧客の好みに応じて製品が選択されて選ばれた製品のみが普及していく。今まで使用していた製品の機能を，新しい製品が飲み込み，つまり包摂し，より便利な製品が使われる。例えばポケットベルの機能を携帯電話が飲み込み，携帯電話の機能をスマートフォンが飲み込むように，次々と技術革新によって機能が高度化し，利便性が高まる。この現象を包摂リンケージと言い，まさにダイナミックな現象がそこにある。包摂された製品は，完全に消えてしまう場合と一部顧客の需要に対応して残る製品もある。例えば，ポケットベルは注文した食事の待ちベルとしての需要があり，携帯電話は，通信手段のみの需要として格安の商品としての価値がある。しかし飲み込まれた商品は，表舞台に立って再び復活する可能性はあるのであろうか。

　包摂された製品は基本ベースとして次の4つに分類される。

〔形態1〕完全に包摂されて消えてしまった機能の製品

〔形態2〕包摂されたが，その後，機能を生かして別の用途に使っている製品

〔形態3〕包摂されたが，その後，新しい機能を付加してある用途に使っている製品

〔形態4〕包摂されたが，その後，複数の機能をリンケージして新しく創造した製品

　〔形態1〕はポケットベルの例を示したが，その他の例として，記憶媒体は録音テープ，カセットテープ，コンパクトデスク，USBへと技術開発によって大容量へと変化してきた。量産化によって，コストも飛躍的に低下してきている。さらに，大容量媒体を持たなくても，クラウドコンピュータによって記憶を蓄積できる環境になってきている。（形態2）の別の用途に使っている製品として，上記に示したように待ちベルがある。（形態3）の新しい機能を付加しているものとして，そろばんは電卓の出現によって包摂されたが，現在もそろばん塾が残っている。そろばん塾は，そろばんと教育をリンケージして，教育システムとしての機能を新たにつくり出していると考えることができる。（形態4）の別の機能を生む例として，フィルムカメラはデジタルカメラに包

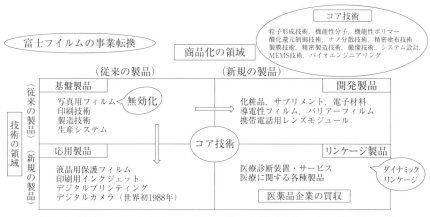

図9.2　富士フイルムムホールディングスのダイナミック・リンケージ

摂されたが，フィルムの技術を利用して，コア技術とのリンケージによって液晶用保護フィルムを開発した富士フイルムの製品を挙げることができる。富士フイルムホールディングス株式会社のホームページより，商品化の領域，技術の領域に整理した図9.2を示す。[43] 縦軸に技術の領域，横軸に商品化の領域に分けて，整理した。コア技術を基盤として開発製品，応用製品，医療関連とリンケージした製品等，多くの製品を生み出している。従来の製品の写真用フィルムは，デジタル技術の技術革新の進展により，包摂リンケージとなり無効化された。富士フイルムのコア技術と，医療品企業のコア技術の補完リンケージによって，新たな医療診断装置や医療サービスが，リンケージ・バリュー商品として生まれた。

　この場合，買収されたため企業内でのWin-Win関係となり，企業内補完リンケージとして位置づけることができる。つまり，企業内での部門間のリンケージとなり，止揚リンケージにより，新しい商品開発を行う基盤ができたと考えることができる。基盤製品と開発製品のリンケージを考えてみると，基盤製品を創ったコア技術を化粧とのリンケージよって止揚し，補完リンケージ・バリューによって新しいものを生みだしていく。応用製品，開発製品，リンケー

ジ製品はリンケージ・サイクルによって，次々に新しい製品を創り出したと考えることができる。

9.6.2　ダイナミック・リンケージ行動プロセス（環境認知プロセス）

　一連の流れについて，リンケージから考えると，一つのつながりとして捉えることが可能であり，ダイナミック・プロセスとして説明することができる。ダイナミック・リンケージ行動プロセスを図9.3に示す。このプロセスは，外部の環境変化によって組織に属する個人が気づき，やがては組織全体に広がり，変化していく過程を，時系列的に形式知化した循環プロセスである。

　第一段階の最初は，気づき・情報発信から始まる。ある個人が環境の変化の予兆に気づき，別の個人に情報を発信する。環境が変化しているかどうか，お互いが情報を共有し，確かに変化していると理解すれば，第2ステップに移行する。リンケージした複数の個人がグループに伝える。グループで検討し，変化が確信できれば会議等によって，グループを構成している組織にその内容を

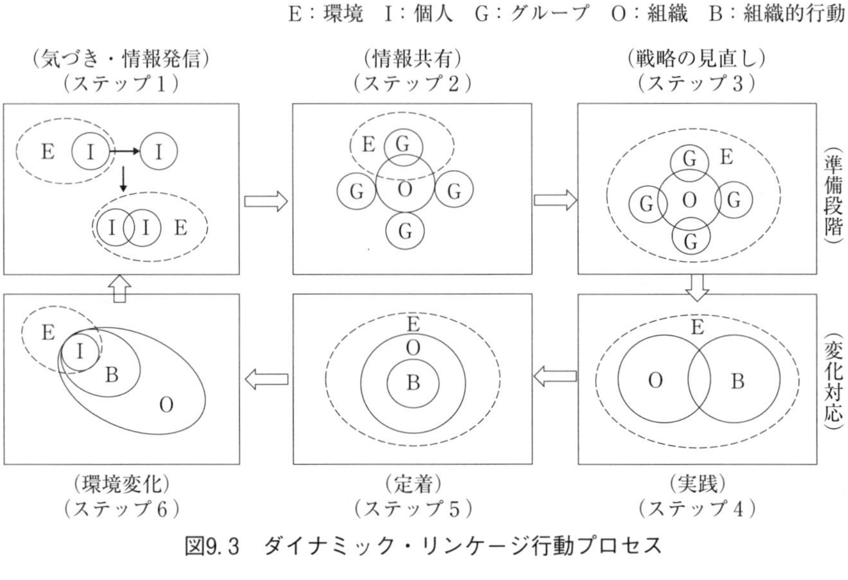

E：環境　I：個人　G：グループ　O：組織　B：組織的行動

図9.3　ダイナミック・リンケージ行動プロセス

伝え，情報を共有する。ステップ3で組織全体が情報を共有し，今まで行ってきた活動内容の見直しに取り掛かる。戦略の見直しである。このステップ1からステップ3までは変化に対する準備段階である。外的環境の変化に対して，何が本質か見極めて適切にスピーディに対応しなければならない。柔軟なオープンな組織を，どのように継続して運用していくのか，が試される。ルーティン化された利益が継続すればするほど，変化に対応する行動が鈍感になっていく傾向があり，既成概念の排除が要求される。ステップ4は変化対象に対して，組織が挑戦してリンケージ・バリューを作り上げ，実践する段階に入る。ステップ5は，変化対象を組織が包含し，包摂リンケージを構築する。環境変化に敏感に対応した状況をつくり上げ，継続する状態をつくり上げる。ステップ6は個人が環境変化に敏感にキャッチし，ステップ1につなぐ過程である。ステップ4からステップ6までは，変化に対応する実行段階である。対応が遅れれば他社に後れを取り，競争に取り残される。環境変化による変化対象について，個人，グループ，組織がどのように対応すればよいのか，に対してのプロセスを形式化した。ダイナミック・リンケージ行動プロセスは，ダイナミック・リンケージ・バリューを包含する概念である。

　先に説明したダイナミック・ケイパビリティの流れをダイナミック行動プロセスで説明すると，機会の感知の段階は，準備段階の気づき・情報発信と情報共有の一部に含まれ，補足は，情報共有の一部と戦略の見直し，実践の一部が含まれている。脅威への対処では，変化対応の実践の一部，定着，環境変化が含まれていると説明することができる。環境変化の予兆に対しては，ダイナミック・ケイパビリティの基盤と企業のパフォーマンスでは触れられていないが，感知という考え方の中に含まれている，と捉えても良いと考える。環境の変化によって環境変化の予兆を感知し，補足し，結合・再配置するというループを描いていると捉えることができる。このように，ダイナミック・ケイパビリティの流れをダイナミック・リンケージ行動プロセスとして表すことが可能となる。ある課題がどの段階にあり，どのように活動すれば良いのか，現状把握と意思決定及び行動に関して活用できるリンケージ行動プロセスであると考える。

9.7 戦略的ダイナミック・リンケージ・プロセス

　時間の経過と共に変化する戦略について，図9.4のリンケージ・サイクルを用いて説明することができる。つなぐ—つなげる—つながる—つながり合うという4つのリンケージ・サイクルを，時間の経過と共に変化するプロセスと捉えて図式化した。この図は，リンケージ・サイクル・プロセス（図5.4）で説明しているが，ダイナミック・リンケージ・プロセスとしての説明のため再度登場願った。単純な2つの要素で説明するが，3つ以上の要素のリンケージも適用可能である。ステップ1の目標を達成する手段の検討から説明する。ある目標が与えられたとする。要素Aと要素Bが決められ，止揚リンケージによってギャップを検討し，お互いの要素を検討することによって，ギャップが近づけばつなぐという第一段階が終了する。うまくいかなければ，その時点で不成立となり終了する。止揚リンケージによって意識的につなぐことに成功したならば，ステップ2のつなげる段階に入る。つなげる段階では，お互いの要素の

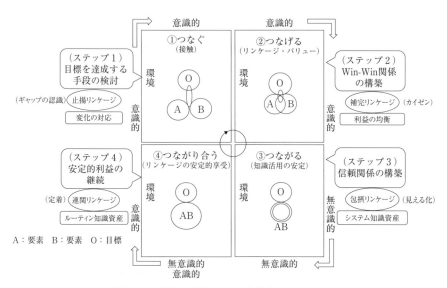

図9.4　時間の経過により変化するサイクル

持っているものを意識的につなげ，目標を遂行するために価値を高める活動を行う。要素 A と要素 B をつなげることによってリンケージ・バリューを高める活動を，積極的に行う補完リンケージ活動が行われる。ステップ 3 で，目標が遂行でき，安定的な関係を結ぶための信頼関係の構築が行われる。包摂リンケージによって，要素 A と要素 B が一体化し，目標の達成が継続できる仕組みが出来上がる。安定的なつながりができ，知識活用が安定化し，要素 A と要素 B の Win-Win 関係が作られる。ステップ 4 の段階で，お互いに安定的利益の継続が保証される。このリンケージ・サイクルは，時間の変化と共にステップを踏んでサイクリックに回っていくが，ステップ 4 である環境の変化によって継続が解消されたり，さらにグレードアップして次の段階に移ったり，その時点での意思決定によって決まる。時間の経過によって，リンケージ・サイクルを回す段階を説明したが，ステップ 4 でつながり合う関係が長く継続できれば，お互いに利益を享受できるが，時間の経過の変化によってステップ 1 にいつかはシフトする。シフトしたならばリセットして，次のステップに進む。ステップ 1 からステップ 4 までのサイクルが，ダイナミック・サイクルである。事例で説明しなかったが，要素 A を自動車セットメーカー，要素 B を部品供給のサプライヤーとして考えると，容易に理解できる。時間の経過と同様，環境の変化にも対応することができる。

注

1 ）F. W. テーラー著，上野陽一訳（1931）『科学的管理法』産業能率短期大学，pp. 213-306
2 ）坂本清（2016）『フォードシステムとものづくりの原理』学文社，p. 22
3 ）高橋正泰監修，高木俊雄・四本雅人編（2019）『マクロ組織論』学文社，p. 14
4 ）藤田彰久（1978）『IE の基礎』建帛社，pp. 119-179
5 ）前掲 3 ），p. 17
6 ）C. バーナード著，山本安二郎・田杉競・飯野春樹訳（1956）『新訳 経営者の役割』ダイヤモンド社，p. 75
7 ）高橋正泰監修，竹内倫和・福原康司編（2019）『ミクロ組織論』学文社，pp. 58-67
8 ）ハーバート・A. サイモン著，松田武彦・高柳暁・二村敏子訳（1965）『経営行動』ダイヤモンド社，pp. 77-98
9 ）P. F. ドラッカー著，上田惇生訳（2006）『現代の経営（上)』ダイヤモンド社，pp. 67

-81

10）アルフレッド・D. チャンドラー著，有賀裕子訳（2004）『組織は戦略に従う』ダイヤモンド社，pp. 359-411

11）事業の多角化を成長させるには戦略性が重要だとして，市場・成長の観点より，成長マトリックス分析手法を考案した。イゴール・アンゾフ著，中村元一訳（1979）『戦略経営論』中央経済社

12）野中郁次郎・戸部良一・鎌田伸一・寺本義也・杉之尾宜生・村井友秀（2008）『戦略の本質』日経ビジネス人文庫，pp. 379-380

13）前掲12），p. 380

14）マイケル・ポーター著，土岐坤・中辻萬治・服部照夫訳（1995）『競争の戦略』ダイヤモンド社，pp. 17-56

15）P. コトラー著，村田昭治監修，小坂恕・疋田聰・三村優美子訳（1983）『マーケティング・マネジメント［第4版］─競争的戦略時代の発想と展開─』プレジデント社；コトラー＆ケラー（2006）の『マーテティング・マネジメント』丸善出版，p. 6ではマーケティングとは，「人間や社会のニーズを見極めてそれに答えることである」としている。企業側からの顧客価値の創出，顧客側からのニーズを見極めてそれにこたえる，という環境の変化によって定義も変化してきている。

16）J. B. バーニー著，岡田正大訳（2003）『企業戦略論─競争優位の構築と持続』ダイヤモンド社，pp. 242-291

17）C. クリステンセン著，玉田俊平太監修，伊豆原弓訳（2001）『イノベーションのジレンマ─技術革新が巨大企業を滅ぼすとき─』翔泳社，pp. 8-13

18）W. チャン・キム，レネ・モボルニュ著，入山章栄監訳，有賀裕子訳（2015）『ブルー・オーシャン戦略』ダイヤモンド社，p. 46

19）デビッド・J. ティース著，谷口和弘・蜂巣旭・川西章弘・ステラ・S・チェン訳（2013）『ダイナミック・ケイパビリティ戦略─イノベーションを創発し，成長を加速させる力─』ダイヤモンド社，p. 57

20）ジョン・P. コッター著，梅津祐良訳（2002）『企業変革力』日経BP，pp. 63-129

21）図9.1を作成するにあたり経営課題の流れのところでいくつかの文献等を参考にした。次の文献である，三谷宏治（2012）『経営戦略全史』ディスカヴァー・トゥエンティワン；波頭亮（2016）『経営戦略概論』産業能率大学出版部；ヘンリー・ミンツバーグ，ブルース・アルストランド，ジョセフ・ランベル，齋藤嘉則監訳，木村充・奥澤朋美・山口あきも訳（1999）『戦略サファリ』東洋経済新報社

22）大月博司（2018）『経営のロジック』同文舘出版，pp. 11-13

23）野地秩嘉（2018）『トヨタ物語』日経BP，p. 62，76

24）大野耐一（1978）『トヨタ生産方式』ダイヤモンド社，p. 11

25）OJT ソリューションズ（2017）『トヨタの現場力』KADOKAWA，pp. 222-278

26）中嶋清一・白勢国夫監修（1992）『TPM 展開プログラム加工組立編』日本プラントメンテナンス協会，p. 4

27）中嶋清一（1992）『新 TPM 入門』日本プラントメンテナンス協会 p. 37

28）日本プラントメンテナンス協会編（2002）『21世紀 First Age の TPM 潮流』日本プラントメンテナンス協会，pp. 37-50

29）『ブリタニカ国際大百科事典』『広辞苑』第 7 版

30）『広辞苑』第 7 版

31）『大辞林』第四版

32）『ASC11デジタル用語辞典』

33）『新英和中辞典』

34）前掲28），p. 48

35）前掲19），p.xvii

36）野中郁次郎・遠山亮子・平田透（2010）『流れを経営する』東洋経済新報社，p. 386

37）前掲19），p. 66

38）前掲19），p. 386

39）河合忠彦（2012）『ダイナミック競争戦略論・入門』有斐閣，pp. 165-182

40）前掲39），p. 105

41）前掲39），pp. 160-163

42）前掲39），p. 195

43）原田勉（2016）『ダイナミック組織戦略』日本実業出版社，pp. 128-131

参考文献

・三谷宏治（2014）『ビジネス全史』ディスカヴァー・トゥエンティワン

・アメーバ経営学術研究会編（2010）『アメーバ経営学—理論と実証—』KCCS マネジメントコンサルティング

・フレッド・クロフォード，ライアン・マシューズ著，星野佳路監修，長澤あかね・仲田由美子訳（2013）『ファイブ・ウエイ・ポジショニング戦略』イースト・プレス

第10章　継続的リンケージ・マネジメント

10.1　経営組織の流れ

　「マネジメントは組織に成果を上げさせる道具，機能，機関」というドラッカーのマネジメント論の立場から，組織に焦点を当てて，継続的リンケージとの関連性を整理することにする。またそこにどのような課題があるのか，リンケージ・マネジメントとの関係からみてみることにする。

　まず，マネジメントを組織の面より見た場合の経営の流れをたどってみよう。マネジメントと組織が，どのような関係によって形作られてきたのだろうか。企業経営の黎明期の組織形態から現在の組織形態に至るまで，どのように形成されてきたのか，その流れを知ることによって，組織におけるリンケージ・マネジメントを考える上での糸口とする。また，そのつながりをたどることによって，現在の組織的なマネジメント環境をより深く捉えることができる。『経営学用語辞典』(1997) によれば，「組織とは，1 人の人間の力では実現できないような困難な目標を達成しようとするときに生じる複数の人間の協同[1]」と定義しており，本書ではこの定義に基づいて議論を進める。組織活動は，複数の人のリンケージによってある目標を達成する行為であり，どのような組織を構成し，目標を立て実行するのか，によって活動の効率性に大きく影響する。

　組織的な活動については，1900年代のテーラーの科学的管理法の導入初期から見出すことができる。テーラーは毎日の現場観察から，科学的管理法を用いて，基準となる能率的な作業方法をつくり出すことができるのではないかと考えた。あらかじめ設定した課業によって，課業管理をすれば現場の管理が容易にできることを確信した。課業とは，最善の方法で標準化し，最も適した労働者を使い，訓練を継続することである[2]。この方法を使って，組織的怠業の温床になっている成り行き管理から，標準化した課業管理の導入に踏み切ったのである。彼は課業管理を実行して，組織的に生産性を向上させたと見ることがで

きる。その後，ファヨールは，経営の面より組織全体に適用するために，管理の原則として，技術，商業，財務，保全，会計，管理の6つの職能に分け，これらの職能を円滑に行うことによって，企業全体の利益を最大にする努力をするべきであると提案した。6つの組織の職能の利益最大化を考えたわけである。

ウェーバーは官僚制組織を提案した。官僚制組織は最も能率的な組織形態であり，必然的な組織形態であるとしている。1930年になると，バーナードの経営組織論が脚光を浴びた。バーナードは，「組織とは二人以上の人々の意識的に調整された人間の活動や諸力の体系」とした。個人と組織という立場から，その成立するための条件として共通目的，協働意思，協働の3つを挙げている。これらの3要素の均衡が組織成立の条件であり，存続の前提となるとしている。1940年代ミクロ組織論としてハーズバーグは，動機づけ—衛生理論，マズローは，欲求階層説をそれぞれの立場で展開している。

　1950年代，1960年代を経て，1970年代チャンドラーが「組織は戦略に従う」という命題に着目した。量的拡大，地理的拡大，垂直統合，製品多角化といった拡大を伴う戦略が，事業部制による経営という方向へ向かわせたことを論じている。本の序文において，「歴史から，組織のマネジメントに当たる人々は，危機に直面しない限り，日常の業務の進め方や権限の委譲を変えることはない」といっており，戦略の必要性が出てきて，組織に影響を及ぼすことが一般的だと指摘している。1980年代になると組織文化が台頭した。創業者による経営理念が，賛同して集まった従業員のモチベーションとなり，組織文化を形作っていくわけである。全員参加の小集団活動，QCサークルは，組織文化を基盤として生まれた日本的管理活動である。1990年代に入り，グローバル化，情報化が進み，危機が押し寄せてきた。その結果，日常の業務の進め方や，権限の委譲等変化させなければならない状況に直面してきたといえる。チャンドラーの歴史から見た状況が現実となってきたのである。戦略と組織が融合し，新しいビジネスモデルがつくられてきた。企業は差別化する戦略を取り入れ，知識経営としてのマネジメントシステムを取り入れてきた。市場環境の変化に対応する組織経営として，官僚型組織，達成型組織，事業部制組織，進化型（ティー

ル型)⁸⁾組織等，どの組織形態を用いて企業経営を行っていくのか，戦略的な組織づくりが企業の盛衰を分ける時代になってきている。

10.2　経営組織の課題

　経営組織は，どのような変遷をたどって現在の環境に至ったのか見てきた。この系譜から，そこにどのような問題があり，どのような課題が掲げられたのか，現在に至るまでの流れから，その一部を見てみることにする。テーラーは科学的管理法を導入した結果，標準作業と各作業者の実作業のギャップによる課業管理を行い，労働者の強い抵抗にあった。[9] 成り行き管理に慣れている労働者にとって，管理されることは耐えられないことである。現在，標準作業に基づく作業管理は多くの企業で行われており，その当時と基本的には変わっていない。繰り返し作業は，人間をロボットのように扱う作業になりやすく，倦怠感，疎外感が生じる作業である。企業が効率性を追求する限りは生じる課題である。フォードが開発した流れ生産方式が導入されると，さらに標準化が進んだ。[10] 作業の単純化，簡素化によって楽な作業を指向する方向に進んだが，作業の疎外感が助長された。生き生きと作業するにはどうすれば良いのか。現在は，作業のローテーション化，多能工化，セル生産化等の対策をとって作業者の立場から対応している。しかし，今も多くの企業で流れ生産システムを採用しているため本質的には変わっていない。テーラーディズム，フォーディズムはいまだ健在といえる。

　1940年代になり，従業員の立場より職務について検討された課題として，ハーズバーグの動機づけ要因がある。人間の欲求には満足要因と不満足要因があり，それぞれ人間の行動に異なった作用を及ぼすことがわかった。2要因理論の動機づけ要因を分析し，仕事の満足作業の方法に適用された。マズローによって提案された欲求5段階説は，人間の欲求をわかりやすく的確に表しており，従業員管理に使われた。また，リーダーシップについてのPM理論，X理論—Y理論が提案され，多くの企業で適用された。1960年代は，人間及び組織についての課題が表面化して議論された時代であるといえる。競争が激しくなった

1970年代は，各企業とも拡大路線にあり，効率的な組織としてマクロ組織論が活発化し，「組織は戦略に従う」という命題のとおり，戦略によって組織を変化させた。競争が激しくなると同時に多角化戦略になり，意思決定が複雑になるに従い，どのように意思決定すれば良いのか，についての戦略課題が表面化してきた。また，効率的な組織運営をするためのリーダーシップが要求された。1980年代に入って，拡大路線から安定路線の段階に入り，差別化するために組織文化が問題となってきた。企業の経営理念，企業に所属する構成員の価値観の共有が，企業経営としての課題となったのである。組織を活性化するためには同じ理念を共有し，全員のベクトルを方向づけして，効率的な活動を推進することが企業継続のポイントである。

　1990年代に入ってグローバル環境に突入し，さらに組織を活性化すると同時に知識創造によって，企業を発展させるビジネスが必要となってきた。ユビキタス環境に入り，新しい起業の条件が整ってきており，知識が重要な役割を果たす時代になってきた，と考えることができる。2000年代，環境の変化に適合するために，環境に対応する進化型組織[11]をつくり上げることが企業を継続するための一つの方向である。IT化，AI化の時代を迎え，もはや1企業で新しいものを生み出すことは困難となってきており，企業買収，企業提携，企業連携が無くてはならない戦略になってきている。また，『ビジョナリー・カンパニー②』では，「良い組織は偉大な実績を維持できる組織に飛躍させる方法である」と述べており，さらに「卓越した企業になるには基本理念，利益を超えた目標，そして，基本理念を維持して進歩を促す仕組みが必要だ」，といっている。[12]まさに企業組織の存在価値についての根本課題である。コンシャス・カンパニーでは，ステークホルダーと共に成長する企業を目指しており，[13]リンケージの考え方の正に，リンケージ・バリューを指向している。

　図10.1は，経営組織研究の流れを1900年代から2000年代まで，どのような研究がなされてきたのか，時系列的に整理している。[14]企業組織の課題は，その時代に対応した組織はいかにあるべきかであり，1970年代から，①組織の普及，②組織の発展，③組織の活性化，④環境変化適応の4つのキーワードが浮かび

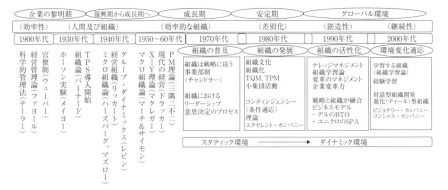

図10.1　経営組織研究の流れ

上がってきた。拡大路線であった1970年代，効率的な組織が普及し，迅速な意思決定が求められた。1980年代組織の発展段階に入り，全社的な展開が要求され，QCサークル，小集団活動が活発になってきた。小集団という組織が形成され，この組織集団はボトムアップからの企業体質の向上に貢献した。1990年代に入り，さらに組織の活性化を図るために，全社的なTQM，TPM活動によって全員参加の改善活動に発展していった。小集団組織が，現場を中心として全社的につくられ，改善活動とリンクしてモラールの向上に役立った。現場と管理者，さらに経営者を巻き込んだリンケージ・マネジメント・システムが構築されたといえる。2000年代に入り，画一的な小集団組織では環境変化に対応できなくなってきた。TQM活動，TPM活動が下火となり，環境変化に対応すべき戦略的な組織が要求されるようになってきた。小組織集団の活動は環境の変化になぜうまく対応できなかったのだろうか，リンケージ・サイクル（図9.4参照）の4つ目のつながり合う段階で止まり，次のステップに上がる螺旋的発展ができない状態が生じた。果たして小集団組織は形を変えて復活するのであろうか。環境の変化に対応する新しい小集団組織によるリンケージ・マネジメント活動は，企業を継続，発展するためには必要不可欠である。企業は人材が基盤であるとして人材育成，組織変革が大きな課題となってきた。またイノベーションを生み出すには，他企業の考え方や技術をリンケージする必要が

あると認識し，積極的に組織間リンケージを展開してきている。

10.3　組織から見た TPS と TPM

　日本的革新活動の TPS と TPM について組織面より検討する。1930年代に導入された TPS は，テーラー時代に開発された改善の道具を使って，JIT の考え方に基づいて活動を推進していった。TPS のモノづくりコンセプトは JIT である。JIT を実現するために特別の組織をつくり，実現のためのツールを開発し，ラインとスタッフの連携，つまりリンケージによってつくり上げていった。1970年に TPS を推進する組織として生産調査室を設置し，現場，専門スタッフ，技術スタッフの３つの部門のリンケージによって推進していった。TPS は，一部門から工場全体そしてトヨタ全体，さらにサプライヤー全体に導入された[15]。生産調査室の改善班は，関連会社に出向き，その会社で改善指導をする体制をつくっている。関連会社もまた生産調査室をつくり，関連会社の取引先の改善指導を行っている。トヨタは，第一次関連会社，第二次関連会社，第三次関連会社をリンケージすることによって，リンケージ・バリューを高める活動を，1970年代に始め，現在に至るまで継続している[16][17]。まさにトヨタグループ間のリンケージが構築され，グループ間の効果的なリンケージ・バリューによる連鎖が出来上がったのである。この連鎖システムは，高い機能を有し，継続的なリンケージ・マネジメントをつくり上げたと考えることができる。このように組織能力を高めたシステムは自律的な組織能力を持ち，模倣困難なリンケージ組織システムを構築しているといえよう。

　1971年自主保全活動から始まった TPM は，自主保全サークルをつくり，全員参加の組織的活動を推進した。全員が情報共有するためにどのような組織形態をとれば良いのか。階層的な会合に対して，各会合に１人以上のメンバーが入り，重複小集団活動を形成している。主要なメンバーが上位の会合に出席し，組織をつなげて情報を共有するリンケージ組織をつくり，リンケージ・バリューを高めている。リッカートの連結ピン組織の形態を取って推進しているのである。1989年，TPM を全社的に推進するために新しく定義し，活動範囲

を4本柱から8本柱（個別改善，自主保全，計画保全，品質保全，開発管理，管理間接，教育訓練，安全環境）に拡張した。各柱のリンケージを推奨し，組織構造をマトリックス組織で連結して，時代に合った活動を推進した[18]。さらに重要経営評価指標，重要業績評価指標，重要活動評価指標の3つの指標をリンケージして，戦略的TPM活動を推進してきている。目標とする継続的リンケージ・マネジメントを，効果的に機能させているといえる。目標を達成するために，各柱の組織能力を高め，改善活動によって評価指標をリンケージさせて，経営評価指標を達成する戦略的なTPM活動を推進している。模倣困難な企業独自のTPM組織をつくり上げ，外部環境とつながり合う継続的な活動をいかに推進していくのかが，今後の戦略的組織を構築していく上での中心課題である。

10.4 継続的マネジメント

『日本の持続的成長企業』[19]は，データを拠りどころとして組織能力についてまとめている。この調査についてリンケージとの関連で述べることにする。持続的成長企業研究によれば，①ビジョン共有力，②実行・変革力（実行力，変革力），③知の創出力（横断展開力，意思疎通力，知の交流力）の3つの組織能力が，継続的に成長をする上で必要であるとしている。ビジョン共有力は，経営トップがビジョンを体現し中間管理職に浸透させる。さらに，経営トップは現場感覚を持ち中間管理職に浸透させる。実行・変革力では，経営トップがリーダーシップを発揮し，環境変化に柔軟な組織風土を作り，中間管理職にイノベーションを起こさせる。そして，中間管理職は，実行・変革力を推進する。知の創出力では，知を連結する中間管理職が，個の尊重と一体感を合わせ持つ組織風土を醸成し，一般社員につなげることによって知の創出力を支援する活動を広げる。また，中間管理職は一般社員とリンケージして知の創出力に貢献する。3つの組織は，お互いにつながり合いながら持続的成長を続けていくというビジネスモデル，として説明できるとしている。データに基づいており，説得力があると考える。リンケージ・マネジメントの立場から持続的成長企業研究を考えてみよう。リンケージ生産システムでは，戦略的生産システム推進活動の

2本の柱（図8.2参照）として方向づけと組織能力を挙げ，その基本ベースとして企業理念を置いている。持続的成長企業研究では，組織能力の3要素にビジョン共有力，活動力，知の創出力を挙げ，価値基準を明らかにしている。より活動的に実践できる方向を示したシステムといえる。個人と組織の力を最大限に発揮させ，継続して推進する考え方である。組織能力をダイナミックに活動させ，継続させる仕組みを考慮したビジネスモデルといえる。2つのモデルに共通しているところは，企業理念，方向づけ，組織能力に関する効果的なリンケージの活用であり，リンケージ・バリューの創出であると考えられる。ビジョンの共有力，活動力，知の創出力のトライアングル・リンケージによって3つの重なった領域で価値の高いリンケージ・バリューを生み出す。そして，それを業績につなぐことによって模倣困難な組織能力の継続が構築できると考えられる。企業の存続を支える基本要素は企業理念，方向づけ，組織能力が重要な3要素として浮かび上がってきた。

　『競争優位の終焉』[20]では，「これまでの企業戦略は持続する競争優位が前提であったが，これからの企業戦略は一時的な競争優位が前提となる」という立場から論じている。安定性を保つ力として価値観，文化規範，中核戦略，能力，顧客との結びつき，リーダーシップ，人材育成を挙げ，イノベーションを進める力として最新技術の開発，新市場参入，ビジネスモデルの探求，新業界の開拓，企業回収，異質な人材の獲得，資源の再調整，人材の移動を挙げている。安定性を保つ力とイノベーションを進める力の補完性に対して，維持できる組織体制をつくり上げることが必要であるとしている。環境変化に対応し，維持と発展を継続するための5つのシナリオがつくられている。この考え方は補完リンケージ・バリューの考え方に通じる安定性を保つ力の6要素とイノベーションを生み出す力の7要素に対して継続的に変え続けるという観点より，どのように組み合わせてリンケージし，リンケージ・バリューをつくり上げていくのかが課題であると考えられる。『競争位の終焉』において述べられている安定性を保つ力は，図8.2の企業理念と組織能力に対応し，イノベーションを進める力は，見取り図と組織能力に対応すると考えられる。ここでも3つの要

素と深く関連していることがわかる。

　ダイナミック組織戦略では，イノベーションを巻き起こすための仕掛けが求められる「勢い」を生み出すプロセスを，「組織の共同体化」という運動として捉えている。組織の勢いを生み出す組織の共同体化，組織の勢いを牽制する「共同体の組織化」つまり集団の勢いとそれを牽制する力，この２つの力の円環運動として捉える考え方である。組織化を有効に使う仕組み，つまり共同体化の勢いを生み出す仕組みの既存ドメイン（領域）と仕組みの見直し，つまり事業の見直しの新規ドメインによって，ダイナミックな組織を有効に構築し，実践していく必要があると提案している。目標をもって構成された組織と仲間意識が醸成された共同体の２つのリンケージによって，螺旋的に発展するダイナミックな組織を継続することが求められる。螺旋的発展，つまり円環運動の継続によって，相乗効果としてリンケージ・バリューが高まり，イノベーションを起こす条件になると考えられる。円環運動の継続は，組織レベルを向上し，継続するために重要な組織活性化戦略である。リンケージ・サイクルと円環運動の継続に関しての課題を分析し，どのようなダイナミックな組織をつくり上げると良いのか，さらに深い検討が必要である。ダイナミック組織戦略は，組織の活性化に焦点を当てており，組織を継続し能力を高める構造的な仕組みについての問題を扱っている。環境変化に対する組織の継続化に深く関連していると考える。

　組織に関連するテーマを３つ選択し，リンケージ・マネジメントの立場から述べた。組織のある所は，何らかの形でつなぐ，つなげる，つながる，つながり合うというリンケージ・サイクル活動が活発に行われている。時代にマッチした競争優位の目標を立て，目標を次々に達成させる活動的な組織体が生き残る。機能しなくなった組織体は消滅する。生き残るためには，変化に対応し目標とする指標を定め，企業活動を継続していくリンケージ・サイクルを再構築しなければならない。リンケージ・マネジメントの立場から，戦略的組織に関する課題を今後検討していく必要があろう。

10.5　継続的マネジメントの指標

　『失敗の本質』によれば，「組織は環境の変化に合わせて自らの戦略や組織を主体的に変革することが出来なければならない。こうした能力を持つ組織を自己革新組織という[22)]」と述べている。自己革新組織は継続的マネジメントをするための要となるであろう。環境の変化によって，機能低下しつつある組織体を再構築して，継続的発展を目指す組織を構築するためには，どのような環境状態を作り上げればよいのだろうか。図9.3のダイナミック・リンケージ行動プロセスを参考に検討しよう。図9.3の5段階の定着は，環境にうまく対応するつながり合う状態が保たれている。6段階の環境に変化が生じると，個及びグループが敏感に反応して，どのような形で変化させれば良いのか，従来の目標で良いのか，新しい目標の指標が必要なのか，その時の状況を判断して意思決定がなされる。1，2段階の目標とする指標に対して情報共有をし，戦略の見直しが行われて，変化に対応する処置がとられる。3段階で方向づけとなる目標値を設定して，4段階の実践段階に入る。そして5段階で定着させていく。継続的なリンケージ・サイクルを再構築するためには，変化を感知し，変化の内容を検討することによって，競争優位な環境を持続できる目標とする指標を見直し，実践していく活動を螺旋的に発展させることが必要である。このサイクルを維持していくことが，より高い価値を生む原動力となる。環境に適合した的確な意思決定が大きな役割を果たす。目標とする指標がリンケージ企業の今後を左右する重要な意思決定基準となる。指標とはどのようなものを選択するのかによって決められるそれ自体の具体的な基準である。

　リンケージ・サイクルのつながりで，つながり合うからつなぐ過程において，具体的に何が行われているのか，その行動プロセスを図10.2に示す。継続的につながり合うEの環境からFの環境に移行したとする。環境の変化が起こった段階である。経営者はどうすべきなのか，の意思決定をしなければならない。指標を変更するのか，変更しないのか。指標の変更を決断し，ターゲットを絞って，ある指標をOからPに移行した場合，次は組織の再編である。組織の再

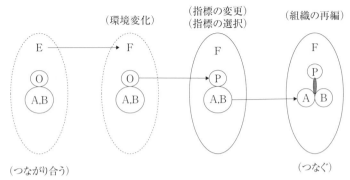

（環境変化）　（指標の変更）（指標の選択）　（組織の再編）

O：指標　P：指標（環境変化後）　A：経営者　B：管理者　E：環境（旧）　F：環境（新）

図10.2　螺旋的リンケージ・サイクル過程

編は人の問題が直接かかわっており，時間を要する。したがってどのような段階で意思決定するのかが，企業の盛衰を左右する重要なタイミングとなる。環境の変化，指標の選択，組織の再編を経て，つなぐ段階に移行する。指標の変更から組織の再編まで，いかに効果的にスピーディにシフトしていくか，が企業の組織能力である。そしてリンケージ・サイクルが機能し，つながり合う活動として継続する。時間の経過と共に環境が変化し，螺旋的発展によって価値と継続を繰り返す。図10.3に螺旋的発展プロセスのステップを示す。

　螺旋的リンケージ・サイクル過程で最も困難な活動は，指標を変更するのか，しないのかの意思決定である。過去に成功したもの（商品）の価値が大きければ大きいほど，変えたいと考えていても変えることが難

図10.3　螺旋的発展
プロセス

しくなる。なぜならばその商品を開発するエンジニア，作るための工場，売るための販売システム，洗練された営業マン等に関する極めて有効に機能している既存の生産・販売システムがあり，そこで働く人の拒む力が強いからである。

また，その商品が何年にもわたって利益を継続しており，つながり合っている
リンケージが継続して，有効に機能している組織であればあるほど，経営者の
判断も鈍る。そのため，変化させることが難しく，変化するのに相当な時間を
要する。代表的な事例を挙げるとコダックのカラーフィルム，ソニーのウォー
クマンである。カラーフィルム，ウォークマンは技術革新によって，新しい商
品に機能を取り込まれてしまい，つまり包摂されて商品としての価値を失い，
消えていってしまったのである。包摂リンケージ現象が起こり，商品としての
価値が消滅した。環境の変化の波に適応するためには，常に変化に対してのセ
ンサーを持ち，組織能力に柔軟性を持たせ，新しい環境に適応できるシステム
の構築が欠かせない。

10.6　継続的マネジメントのサイクル

継続を続けるにはリンケージ・サイクルを定着させる必要がある。リンケー
ジ・サイクルを回すということは，どのような状態を保っていれば良いのであ
ろうか。つなぐ，つなげる，つながる，つながり合うというリンケージ・サイ
クルができ，相即システムを形成されるとより強いサイクルができる。安定し
た外部環境が続いているときには，商品の付加価値を上げて既存のサイクルを
回せば良い。しかし外部環境に変化が生じると，螺旋的発展によって指標を検
討し，一つランクを上げる戦略が必要となる。螺旋的な流れを自ら作り出す活
動が要求される。つながり合うという段階4，つまりL4では常に外部・内部
の環境の変化に目を光らせ，現在の指標は十分に機能しているのか，模倣困難
性を十分に保っているのか情報収集が欠かせない。技術革新によって新商品が
市場に出て，新しい価値観が生まれると顧客の嗜好が変化する。従来の指標か
ら新しい指標へシフトする可能性が高くなる。指標の再検討である。ポパーの
確定性の世界の中での「世界は開かれている」という一節を思い浮かべた。開
かれてるという考え方に基づいて先を見越した意思決定をする必要があると考
える。過去，現在，将来の流れをリンケージする螺旋的発展プロセスを目指す
ために，価値と継続の流れをつくる継続的マネジメントを成し遂げるという考

え方である。ICT 時代に入り，IoT 環境としてつながり合う環境が整っており，革新的なものを生むチャンスが到来してきている。つなぐ，つなげるは機器によってつくられており，つながる，つながり合うのL3，L4レベルで継続できる仕組みができる環境にある。今までと異なった発想で新しい継続的リンケージ・ビジネスが生まれてきている。例えば継続性を前提としたサブスクリプションがそれにあたる。

注
1 ）田島壮幸責任編集（1997）『経営学用語辞典』税務経理協会（組織とは）
2 ）経営工学，経営学の基となるバイブル的な著書である。F. W. テーラー，上野陽一訳（1931）『科学的管理法』産業能率短期大学，pp. 216-238
3 ）高橋正泰監修，髙木俊雄・四本雅人編（2019）『マクロ組織論』学文社，p. 14
4 ）前掲3 ），p. 15
5 ）C. I. バーナード著，山本安次郎・田杉競・飯野春樹訳（1956）『新訳　経営者の役割』ダイヤモンド社，pp. 67-76
6 ）高橋正泰監修竹内倫和・福原康司編（2019）『ミクロ組織論』学文社，p. 64，pp. 58-60
7 ）A. D. チャンドラー，Jr. 著，有賀裕子訳（2004）『組織は戦略に従う』ダイヤモンド社，pp. 359-411
8 ）フレデリック・ラルー著，鈴木立哉訳（2018）『ティール組織』英治出版，pp. 37-63
9 ）前掲2 ）pp. 220-230
10）坂本清（2016）『フォードシステムともの作りの原理』学文社，p. 22
11）前掲8 ），pp. 73-87
12）ジェームズ・C. コリンズ著，山岡洋一訳（2001）『ビジョナリー・カンパニー②　飛躍の法則』日経BP，p. 21
13）ジョン・マッキー他著，鈴木立哉訳（2014）『世界で一番大切にしたい会社　コンシャス・カンパニー』翔泳社，p. 50
14）関本浩矢編著（2019）『組織行動論』中央経済社；安藤史江・稲水伸行・西脇暢子・山岡徹（2019）『経営組織』中央経済社
　　スティーブン・P. ロビンス著，高木晴夫訳（2009）『組織行動のマネジメント』ダイヤモンド社
　　中原淳・中村和彦（2018）『組織開発の探求』ダイヤモンド社
15）野地秩嘉（2018）『トヨタ物語』日経BP，p. 312
16）大野耐一（1978）『トヨタ生産方式』ダイヤモンド社，p. 228
17）OJT ソリューションズ（2013）『トヨタの現場力』KADOKAWA，pp. 222-237

18）日本プラントメンテナンス協会編（1992）『新 TPM 展開プログラム―加工組立編―』
日本プラントメンテナンス協会，pp. 8-27
19）リクルートマネジメントソリューションズ，野中郁次郎監修（2010）『日本の持続的
成長企業』東洋経済新報社，pp. 51-91
20）リタ・マグレイス著，鬼澤忍訳（2014）『競争優位の終焉』日本経済新聞出版社
21）原田勉（2016）『「ダイナミック組織」戦略』日本実業出版社，pp. 175-226
22）戸部良一・鎌田伸一・村井友秀・寺本義也・杉之尾孝生・野中郁次郎（1984）『失敗
の本質―日本軍の組織論的研究―』中央公論新社，p. 348

参考文献

・加賀野忠雄・砂川伸幸・吉村典久（2010）『コーポレート・ガバナンスの経営学』有斐閣
・川上昌直（2019）『「つながり」の創り方』東洋経済新報社
・コフマン，フレッド著，増田沙奈訳（2014）『コンシャス・ビジネス』駒草出版
・鈴木博毅（2012）『「超」入門　失敗の本質』ダイヤモンド社
・組織学会編（2013）『組織論レビュー』白桃書房
・野中郁次郎・戸部良一・鎌田伸一・寺本義也・杉本尾宜生・村井友秀（2005）
『戦略の本質』日本経済新聞社
・ピーター・D.・ピーダーセン著，新将命解説（2015）『レジリエント・カンパニー』東
洋経済新報社
・門田安弘（1991）『新トヨタシステム』講談社

第11章　マーケティングとリンケージ・マネジメント

11.1　マーケティングからみた需要と供給

　マーケティングについて説明をする前に，需要と供給の関係から企業の立場と顧客の立場について説明する。まず，需要側としての顧客がある製品の価値を認めたとする。つまり，その製品を使用した結果，十分価値があると判断した場合である。顧客はその製品を欲しいと考えているが，なかなか手に入らない。①需要＞供給の関係が成り立つ場合である。この関係①は，企業側からすれば顧客に宣伝しなくても，良い製品を作ってさえいれば売れる状態となる。したがって積極的な宣伝活動を控えてもよいことになる。顧客側は，たとえ高くなっても手に入れたい心理状態となり，価格は企業側で決めることができる。関係①の状態では，マーケティング的発想は生まれにくい。やがて，その製品と同等の製品が競争相手によって市場に供給されるようになると，②需要＝供給の状況が生まれ，顧客が自分の好みで製品の選択をすることができる環境がつくられる。つまり，企業側から顧客側にパワーバランスがシフトしたわけである。企業側は良いものを作り，適正価格にすると同時に，どのように顧客に価値のある製品を提供するのか，顧客目線のマーケティング的発想が必要となってくる。需要＝供給の状態は，均衡状態であり，共存共栄の一種の望ましい状態ではあるが，市場経済の環境では長く続かない。さらに新しい競争相手が参入し，やがて③需要＜供給の状態に移っていく。良いものをつくりさえすれば売れる状態から，安くて良いものを作らなければ売れない状態に移行し，顧客はどの製品を選択するのか自分の好みによって買うことができるようになる。つまり，顧客中心の状況が生まれる。さらに市場での企業間競争が激しくなっていき，マーケティング戦略が企業の盛衰を左右するようになる。市場経済の中でマーケティングは，その時代の競争環境によって生まれてきた，と考えることができる。その時代の状態に応じて，新しいマーテティング手法が提

案され，成果を上げるための道具として活用されてきた。需要と供給の関係は，リンケージの立場から考えると，②と③の状態で生み出される顧客と企業間のリンケージ・バリューである。顧客の立場が強くなった時代に入り，企業がどのような方法で顧客に接近していくのか。環境の変化に対応した企業のマーケティング戦略をどのように展開するのか，経営者，担当者の課題は多い。次節ではマーケティングの系譜を振り返りながら，顧客と企業との関係を時代の流れに沿って検討することにする。

11.2　マーケティングの流れとリンケージ

　コトラーは情報化時代を迎え，マーケティングの考え方について興味深い提案をしている。彼は，マーケティング導入初歩の段階を製品管理中心といい，順に顧客管理に移行し，次にブランド管理になり，現在は顧客主体となっていると提案している。この4つのキーワードを，それぞれマーケティング1.0，マーケティング2.0，マーケティング3.0，マーケティング4.0と命名した。[1][2]この考え方はその時の状況を的確に表しており，需要と供給つまり，顧客と企業とのリンケージによって成り立っている。コトラーの考え方を中心に，マーケティングの系譜についてリンケージとの関連性で説明することにする。図11.1にマーケティングの系譜を示す。

　1959年にニール・ボーデンは，マーケティング・ミックスという考え方を提案した。この考え方は，「望ましい反応を市場から引き出すために，マーケティング・ツールを組み合わせること」である。ボーデンは，製品計画，パッケージング，価格，ブランディング，流通経路，物的流通，人的販売の量と質，サービス，販売促進の他の手段の量と質，市場調査情報の種類と質，陳列を含めた広告の量と質をマーケティング・ミックスの要素として挙げた。[3]1960年にジェローム・マッカーシーは，4Pという枠組みを提唱した。[4]4PとはProduct（製品），Price（価格），Promotion（プロモーション），Place（場所）であり，マーケティング・ミックスの代表的なツールとして使われている。この時代は，製品の需要を生み出す製品管理が中心であり，戦術的な方策によって企業の売り

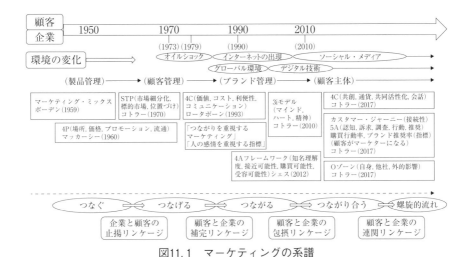

図11.1　マーケティングの系譜

上げの向上を目指した時代である。需要＞供給の関係が成り立っていた。この時代をコトラーは，マーケティング1.0と位置づけている。1973年，1979年のオイルショックによって，市場の環境は大きく変わり，今までの戦術的な方策では製品が顧客に受け入れられず，顧客を考慮したマーケティング活動が必要となってきた。この時代をターニングポイントとして需要＜供給にシフトした。1993年ロバート・F. ロータボーンは，顧客の視点に立った４Ｃという考え方の枠組みを提案した。４Ｃとは Customer（顧客），Cost（コスト），Convenience（利便性），Communication（コミュニケーション）であり，顧客側の立場に立った戦略的なマーケティング活動を展開した[5]。顧客とつながるリンケージ活動に舵を切ったわけである。コトラーは，この時代をマーケティング2.0と位置づけている。企業にとっては製品中心から顧客中心という正に大きな転換点であり，顧客満足という言葉が定着した時期であった。顧客と企業のリンケージ・バリューの始まりである。

　グローバル環境，インターネット時代に入り，ソーシャル・メディアが台頭し，市場環境は次の段階に進んできた。つまり，情報を中心としたつながりが

大きな話題となってきた。コトラーは,「企業が成功するためには,消費者が共創やコミュニティやキャラクターをますます重要視するようになってきていることを理解する必要がある」といっている[6]。この3つの共創,コミュニティそしてキャラクターは,すべてが何かとつながって商品をつくり上げること,つまりリンケージをすることである。このような環境を認識してコトラーは,3iというコンセプトの枠組みを提案した。3iとは,ブランド・アイデンティティ,ブランド・インテグリティ,ブランド・イメージの3つである。この3つによって差別化し,顧客の信頼をつかむ活動が大切であるといっている。ブランドの価値は,製品の機能や性能を超えて顧客の感性にアピールするものでなければならず,マインドとハートと精神に響くものでなければならない。ブランドを管理して,消費者の全人的存在に訴えるものであるとしている。コトラーは,この時代をマーケティング3.0と位置づけている。マーケティング3.0は,「企業のミッションやビジョンや価値に組み込まれた意味をマーケティングすることである」と定義している[7]。顧客は,購入した商品をつくった企業はどのような企業なのか,をマーケットして自分が納得したら買う,という行動をするという考え方である。商品の差別化が難しくなってきた今日,顧客の行動に変化が出てきているのは確かである。商品と企業のブランドをつなげたリンケージであると考えることができる。

　グローバルな環境において,デジタル技術の発展と共にどこにもつながるソーシャル・メディアの存在が,今にも増して大きくなってきている。スマートフォンは我々の生活において生活必需品となり,その中に取り込まれている情報は大きな価値となっている。受ける情報から発信する情報になり,相互交流が活発になってきている。このような状況において,マーケティングはどのように変化しているのであろうか。コトラーは2017年にマーケティング4.0を発表した。マーケティング4.0とは,「企業と顧客のオンライン交流とオフライン交流を一体化させるマーケティング・アプローチである」としている[8]。マーケティング4.0でのマーケティング・ミックスの4Cは,共創,通貨,共同活性化,カンバセーションである[9]。共創は,考案段階の初期から顧客を巻き込ん

だ戦略がより優れた提案を生む。共創は顧客と企業との良好なリンケージを構築する考え方であり，補完リンケージ，止揚リンケージによって新しいものをつくり出すことができる。共同活性化とは，「自分の所有ではなく他社が所有している製品・サービスを，顧客がオンラインによって簡単に利用できるようにすること」であり，即座に購入したり利用したりできる。強い接続性つまり，連関リンケージといえる状態であると考えられる。カンバセーションはソーシャル・メディアの発展により，メッセージの相互利用ができ，評価するためのプラットホームをつくることもできる。マーケティング4.0では，伝統的なマーケティングとデジタル・マーケティングを統合し，人と人との触れ合いを補完することによって，顧客の推奨を勝ち取ることを最終目標としている。マー[10]ケティング4.0は接続性を重要視している概念であり，リンケージの見方がマーケティング3.0よりもより強固になっている。

11.3　マーケティングとリンケージ・マネジメント

　コトラーの考え方を中心として説明してきたが，マーケティングは企業と顧客とのつながりがダイレクトである。つながりの観点より，リンケージ・マネジメントとマーケティングの系譜から，その接続性を検討する。図11.1のマーケティングの系譜は，1950年より現在までの流れを示している。製品管理，顧客管理，ブランド管理，顧客主体の一連の流れは，顧客と企業のつながりについてリンケージ・マネジメントから見ると，興味深い関連性を見出すことができる。1950年代は，顧客とのつながりを考慮しなくても良いものを提供する製品管理を中心に経営していれば，安定的な企業経営ができ，マーケティング的発想が表面化しない環境にあった。1970年代のオイルショック以降，売れない状態が続くと同時に企業の参入が増え，顧客を意識せざるを得ない状態が発生した。製品を売るためにどのような方法を取れば良いのか，企業が顧客を意識して売れるための戦術を考え，企業側からの働きかけを積極的に行った。企業が顧客を意識して，顧客との間に止揚リンケージ状態が発生した。つまり，製品を売るためにどのような方法を取れば良いのか，種々の方策を検討すること

になる。顧客満足という観点より，企業側が接近していく方策が必要となる。この状態は，企業側が一方的に顧客に接近することであり，顧客の好みで製品を選択することになるので，売れるかどうかは顧客次第である。つなげる活動をしてつながる状態にシフトしていくと，顧客と企業との補完リンケージが作られ，両者の間に信頼関係が生まれる。顧客満足という補完リンケージがつくられ，さらに顧客との関係を強くするために，企業は顧客を囲むための方策としてファンになってもらう活動を行う。包摂リンケージによって，企業と顧客の関係をより深い信頼関係につなげる継続的活動につなげていく。ソーシャル・メディア時代を迎え，企業と顧客の共創作業によって，新しい製品を開発するという顧客と企業の連関リンケージに発展していく。顧客と企業がつながり合い，他社にまねのできない新しい商品が生まれる場をつくり出すことができる。つなぐ，つなげる，つながる，つながり合うというリンケージ・サイクルによって，さらに発展させる螺旋的発展状態をつくり出すことができる。コトラーの提案しているマーケティング1.0からマーケティング4.0は，リンケージ・マネジメントで説明することができる。次節ではマーケティング・リンケージ・サイクルの一般的なモデルとして説明する。

11.4　マーケティング・リンケージ・サイクル

　コトラーの提案した製品管理，顧客管理，ブランド管理，顧客主体の流れは，リンケージ・サイクルとして顧客と企業の関係で表すことができる。図11.2は，タイプAからタイプEまで，5つのタイプを時系列的に推移した状態を示している。〈タイプA〉で符号の説明をすると，M1.0はマーケティング1.0に対応する。Dは需要，Sは供給を表し，Eはその時の経営環境を表している。Cは顧客，Bは企業であり，⇒は働きかけを表す。〈タイプA〉は顧客側から企業側に働きかける状態である。つまり企業側中心の販売方法であり，つくれば売れる製品管理が行われることを意味している。〈タイプB〉に移行すると，需要と供給が均衡し，バランスが取れている状態になる。通常この状態はそれほど長く続かず，いくつかの企業が参入し，企業間の競争が始まる夜明けとな

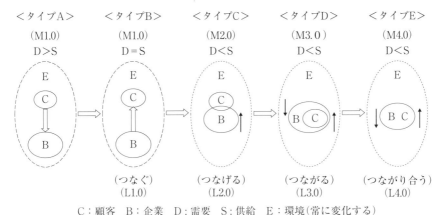

<タイプA> <タイプB> <タイプC> <タイプD> <タイプE>
（M1.0） （M1.0） （M2.0） （M3.0） （M4.0）
D＞S D＝S D＜S D＜S D＜S

（つなぐ） （つなげる） （つながる） （つながり合う）
（L1.0） （L2.0） （L3.0） （L4.0）

C：顧客　B：企業　D：需要　S：供給　E：環境（常に変化する）

図11.2　マーケティングとリンケージ・サイクルの関連性モデル

る。顧客獲得のため，企業が顧客に対してリンケージする活動を意識的に始める。すなわち，マーケティング活動が活発に行われる状態となり，マーケティング手法としてのツールが開発される。つまり，止揚リンケージ状態であり，如何にして顧客を獲得するのか，顧客と企業とのギャップを埋める戦略的な活動が要求される。マーケティング1.0の状態であり，止揚リンケージとしてL1.0と位置付けることができる。L1.0とはリンケージ1.0のことである。〈タイプC〉は供給が需要を上回った状態であり，つくれば売れる状態から，いかに製品を売り込むかという環境に変わってしまった状態である。企業側が顧客に接近し，マーケティング活動が活発に行われることになり，どのように顧客とつなげるかが課題となる。マーケティング2.0である。補完リンケージとして，L2.0（リンケージ2.0）と位置づけることができる。〈タイプD〉は，企業がさらに接近すると同時に顧客が企業に働きかける状態になり，従来見られなかった新しい状況が生まれている。この流れはグローバルな環境において，インターネットの普及によりソーシャル・メディアが活発化し，顧客が企業側に参加できる環境になったことを表している。企業と顧客が互いに補完し，Win-Winの関係が作られていることをあらわしている。マーケティング3.0の状態であ

る。包摂リンケージとしてL3.0（リンケージ3.0）と位置づけることができる。〈タイプE〉は，企業が顧客を取り込んでつながり合ってる状態である。企業と顧客が強い接続性で結びついている連関リンケージになり，製品やサービスを企業ではなく，顧客を通じて推奨してもらえる関係を構築しているといえる。連関リンケージとしてL4.0（リンケージ4.0）と位置づけることができる。

　コトラーの提案したマーケティング1.0からマーケティング4.0と，リンケージ・サイクルの〈タイプA〉から〈タイプE〉まで対比しながらその整合性を検証した。リンケージの観点より，マーケティングとは，企業と顧客の近接性の度合いであると考えることができる。マーケティング5.0があるとすればどのような方向に進むのであろうか。タイプEの状態はある程度継続する可能性があるが，いずれ限界を迎え，形を変え次の段階に進むと考えられる。次の段階として果たしてどのような形に変化していくのであろうか。リンケージの立場より見てみると，まず一つは製品の価値が薄れていき，陳腐化現象により顧客との関係が薄れタイプBに戻る場合である。再び新しい顧客とリンケージし，L1.0からリンケージ・サイクルを回すことによって共創製品を開発するスタイルである。二つ目として，顧客が独立して新しいコミュニティを作り，関係している企業と連携し，共創しながら製品のレベルアップを目指す。そして，相互のリンケージ状態を高めてタイプD，Eの状態を維持する。つまり，一つ目は，タイプBに戻り螺旋的発展をしてさらに高いレベルの活動をすることによって新規商品に結びつける。二つ目は，タイプD，Eに留まり，新しい枠組みを作ってレベルアップする。マーケティング5.0として，環境に対応しながら変化していくというストーリーが考えられる。

　マーケティングは，消費環境に大きく左右され，その環境状態によって対応していかなければならない。ドラッカーは，「マーケティングの理想は，販売を不要にすることである。マーケティングが目指すものは，顧客を理解し，製品とサービスを顧客に合わせ，おのずから売れるようにすることである[11]」といっており，マーケティング1.0から4.0を包括した考え方を取っている。売れるようにするとは，その時の環境に対応したマーケティング活動を行うことである。

コトラーは環境の変化による具体的な売れる仕組みをどのようにつくり上げるのか，が戦略的マーケティングであると考えているようである。

注
1）フィリップ・コトラーほか著，藤井清美訳（2010）『コトラーのマーケティング3.0—ソーシャル・メディア時代の新法則—』朝日新聞出版，p. 15，pp. 48-62
2）フィリップ・コトラーほか著，藤井清美訳（2017）『コトラーのマーケティング4.0—スマートフォン時代の究極法則—』朝日新聞出版，p. 76
3）前掲1），p. 48，p. 52
　https://ja.wikipedia.org/wiki/マーケティング・ミックス（2020.5.20）
4）現代マーケティング研究会（2019）『マーケティング論の基礎』同文舘出版，p. 31，前掲1），pp. 48-49，p. 52
5）前掲4），p. 35
6）前掲1），p. 58
7）前掲1），p. 18
8）前掲2），p. 76
9）前掲2），p. 82
10）前掲2），p. 87
11）P. F ドラッカー，上田惇生編訳（2001）『マネジメント—基本と原則—』，pp. 16-17

参考文献
・石井淳蔵・廣田章光・清水信年（2020）『1からのマーケティング（第4版）』碩学舎
・小川孔輔（2009）『マーケティング入門』日本経済新聞社出版
・コトラー，フィリップ著，嶋 充輝，竹林正明監訳（2013）『8つの成長戦略』碩学舎
・コトラー，フィリップ＆ケビン・R・ケラー著，月谷真紀訳（2014）『マーケティング・マネジメント第12版』丸善出版
・シュスジャグディッシュ，N. ほか著，小宮路雅博子（2014）『4A・オブ・マーケティング—顧客・企業・社会のための新価値創造—』同文舘出版
・住谷宏（2019）『流通論の基礎』中央経済社
・セイラー，リチャード著，篠原勝訳『セイラー教授の行動経済学入門』ダイヤモンド社
・野口智雄（2019）『入門・現代流通論』日本評論社
・マーケティング情報研究会（野村重信ほか12名）（2002）『マーケティング情報科学読本』同友館
・森岡毅（2018）『マーケティングとは「組織革命」である』日経BP

第12章　流れをリンケージする

12.1　TPMの流れ

　TPM活動は1970年代から本格的に始まり，現在に至るまで活動が継続している全社的革新活動である。図7.1を参考に流れの説明をする。モノづくりの背景として，つくれば売れる時代から，売れるモノをつくる時代，顧客中心の時代へとその流れが変化してきた。それら時代の流れに応じて，TPM活動の対象も広がってきた。製造部門から，全社・全部門そして関連会社，海外生産をリンケージした活動に広がってきたのである。具体的な活動として，製造部門の5本柱（個別改善，自主保全，計画保全，教育・訓練，初期管理）の活動から全部門の活動に広がっていくに従い，品質保全，管理間接，安全・環境を加えて8本柱として，活動を推進してきている。グローバル環境を迎え，企業側が作る独自の柱を作り現在の活動に至ってきている。時代背景という流れの中で，その時代の課題をリンケージしたシステムとして，つくり上げられてきたといえる。点の改善から線の改善そして面の改善として活動の対象を広げ，全体を見ながら各部門の効率化を考えてきている。点から線そして面への流れをリンケージして，リンケージ・バリューを高める活動を推進している。独立した8本の柱を相互にリンケージし，補完リンケージによって成果を出せる活動を構築している。多くの企業は独自の柱として流れをつなげたSCMを提案しており，リンケージ・サイクルの考え方を適応している。2000年以降，線の改善から面の活動につなげており，TPMの基盤であるメインテナンス活動を継続しつつ，効果的に成果を出す全社的生産活動にシフトしてきた。売り上げ目標を達成するために，顧客と開発，設計部門をリンケージすることによって活動を推進し，TPMシステムとして進化してきている。2010年代以降，KMI，KPI，KAIの評価指標を積極的に活用し，効率的な改善活動を推進してきている。KMIに最も貢献するKPI，KAIを探し出し，効率的な改善活動を進めている。

KMI，KPI，KAIのリンケージによってリンケージ・バリューを最大にする活動を行っているといえる。リンケージ・マネジメントの考え方を，TPM活動にどのように適用するのか，時代の流れを把握し，貢献する評価指標とつながる流れをリンケージしている。

12.2 TPSの流れ

TPSは1940年代から始まり，モノづくりのコンセプトとしてJIT生産を実現するためのシステムづくりを行った。JITはほしいものをほしいときにほしいだけ顧客に提供する仕組みづくりであり，モノづくりのあるべき姿を追究する活動である。JIT生産を実現するためにどうすればよいのか，半世紀の月日をかけて作り上げた継続システムといえる。図7.2で流れの説明をする。この図では流れ，段取り，生産，設備，進捗，品質に分類して活動の推移を表している。目標は在庫ゼロでモノづくりをすることを理想としており，理想と現実のギャップをどのような改善を行って近づけるのかという活動といえる。つまり課題解決型問題であり，問題構造からすると設定型問題である。止揚リンケージ改善活動となる。例えば段取り替えをいかに短くするか，モノをどのようにつなげて生産するのか，止揚することによってつなげる工夫をする。工夫を繰り返すことによって，実現していく改善活動である。モノが出来上がっていく過程において，スムースに流すために人，設備，生産方法の改善課題を見える化し，問題解決ツールを開発して定着させるという改善スタイルである。この活動は止揚，補完，包摂，連関の4つのリンケージ・サイクルを回す活動であり，日々の生産活動の中で実現していった。継続させるために生産調査室を設置し，関連会社とのリンケージを行っている。大野氏が去った1975年以降もJIT生産システムは継続し，現在もモノづくりのコンセプトとして定着している。日に日に変わるモノづくり環境において，在庫ゼロを目指した活動であり，全社員が常に緊張感をもって改善活動を行わないと維持できないシステムとなる。日常のモノをつくる数つまり基準を設定して，決められた基準の中で最適なモノづくりシステムをつくり上げ，実践している。流れをリンケージする活動が

自律的に行われている。良い流れを実現するために人，設備，方法，情報を効率的に使い，リードタイムを短くし，いかに顧客へタイムリーに届けるかが課題となる。基準を明確にし，現状と基準との差から問題を見つけ出し，改善により如何にして JIT 生産に近づけるか，日常の現場は正にダイナミック環境である。TPS はダイナミックな螺旋的な流れをリンケージする活動である。

12.3　リンケージ生産システムの流れ

　リンケージ生産システムは，良い流れをリンケージしたシステムである。設計から顧客までのモノの流れについて，スムースに流れるように各工程間のつながりを良い流れにすることである。スムースな流れをつくるには，モノの流れに関係している要素として人，設備，情報，作業システム，レイアウト，組織等がある。流れをつくるために各要素はどのようにリンケージしてサポートすればよいのか，がこのシステムを実現するための課題となる。「モノというものは流れている時が一番安くできるものである」と言われているように止揚リンケージ，補完リンケージによって問題を解決する方法がとられる。このシステムは，最初に 2 本の柱として方向づけと組織能力の 2 つが重要であるとしている。方向づけとしてのロードマップを作成し，組織に浸透させる考え方をとっている。何をいつまでに完成させるのか，情報と組織とのリンケージである。組織に情報がいきわたると同時に組織間のリンケージによって，より良い体制を作り上げる。現場では工程内の良い流れ，工程間の良い流れを作り上げ，点から線へつなぐ活動にシフトする。良い流れとは何か，を絶えず追求するために流れを阻害する 7 つのムダを省く活動が行われる。図8.4では 3 つの種類の問題を明らかにしているが，良い流れを実現するために，止揚リンケージによってギャップを縮める改善活動が行われる。特につくる問題に挑戦し，解決することによって大きな成果が期待できる。良い流れをつくり出す方法として図8.5で説明する。ランク 1，2，3 によって移動，滞留，検査を省く改善を行う。ランク 4 で○の価値を上げる工程にたどり着くが，つくる問題によって 3 つの価値を一つにする包摂リンケージである。良い流れより良い品質とは何

か，を常に考えながら改善していく体制をとるのがこのシステムの特徴である。対象部門と良い流れのリンケージによって，リンケージ・バリューを高める活動が求められる。この活動はリンケージ生産システムの重要な活動として位置づけられる。図8.9にステップ展開の概念図が描かれているが，効率的なつながりを意識しながら，モノづくりの姿として「良い流れより良い品質」を目指したモノづくりを指向している。方向づけと組織の流れをリンケージする生産システムである。

12.4 戦略的，継続的流れとマーケティングの流れ

経営環境の流れを，内的環境，外的環境に分けて整理した（図12.1）。企業の黎明期からグローバル環境に至るまでの流れである。内的環境では経営戦略と組織戦略に分けた。経営戦略では企業競争が激しくなってきた1970年代から企業の差別化戦略が行われ，模倣困難化戦略にシフトし，グローバル環境によって環境変化対応戦略にシフトしていった。一方，企業内で実際に行われる組織では経営戦略の方向によって対応し，組織の発展，活性化につなげ，環境変化の対応に対して柔軟な組織へと移行していく方向に動いているといえる。経営戦略と組織戦略は，表裏一体となり継続するための活動を続けてきている。経営戦略に対して，いかに組織をリンケージして最大効果を生む活動にしていくのかが重要な問題となる。模倣困難化戦略，組織構築能力戦略の柱を掲げて，

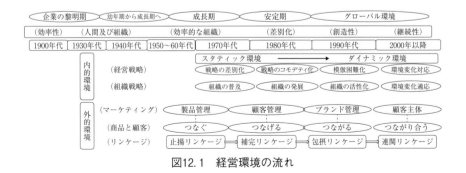

図12.1 経営環境の流れ

より強い企業をつくり上げることを目標として価値と継続の螺旋的流れをつくってきている。外的環境では，マーケティング活動としてコトラーの提案した製品管理，顧客管理，ブランド管理，顧客主体の流れによって顧客と密接にリンケージする方向に向かってきている。顧客と商品との関係で見ると，止揚リンケージ，補完リンケージ，包摂リンケージ，連関リンケージのリンケージ・サイクルと対応し，顧客と接近してリンケージ価値を上げてきているといえる。この流れは，グローバル環境において，情報関連技術とリンケージすることによって地球的規模で広がってきている。深いつながりと同時に広いつながりの輪，つまり深さと広さのリンケージである。つなぐ，つなげる，つながる，つながり合うというサイクルは商品と顧客との関係で見ると，適合性という考え方がうまく当てはまる。何と何をつなぐのかが明確になると，どのようにしてその問題と取り組めば良いのかが明らかとなり，目標を定めることができる。そしてより良い商品に結びついていく。マーケティングの立場から，リンケージ・サイクルは目標を明確にすることができ，問題解決手法として有効な手段になる。また環境の変化，技術の発展，情報の発展によって新しいものが生まれ，一段上の螺旋的流れをたどっていく特性を持つと考えられる。この考え方は先に述べた弁証法の考え方に基づいている。

　2000年以降の経営環境は，グローバル化，IT化によって将来の状況が見えにくくなってきている。その中でコトラーが提唱している顧客主体という考え方は新しくみえる。顧客主体は，リンケージ・サイクルのL4である顧客のつながり合うという考え方を重要視しており，お互いに連関リンケージすることにより，新しいモノをつくり上げていく活動である。IT化の普及により，企業との距離が短くなり，共同商品を開発し，開発した消費者が自らSNSによって広げるという活動に結びついていく。まさに顧客と企業のリンケージ・バリューによるWin-Winの関係に他ならない。ドラッカーがいっている「マーケティングの理想は販売を不要にすることである」という考え方に通じている。またドラッカーは事業とは何かで，「顧客からスタートしなければならない，すなわち顧客の価値，欲求，期待，現実，状況，行動からスタートしなければ

ならない」といっている。¹⁾激しく変化する経営環境にあって，その環境に適合した商品を生み出し続ける企業こそが継続していく企業であろう。そのためには外部環境に対応する柔軟的な組織能力をつくり上げ，顧客に受け入れられる企業を目指すことが必要である。ダイナミックに流れをリンケージするリンケージ・マネジメントの考え方は，情報化時代の中にあって益々活用されるであろう。

注
1）P. F. ドラッカー著，上田惇生編訳（2001）『マネジメント―基本と原則―』ダイヤモンド社，p. 17，p. 23

第Ⅲ部　適用編

―リンケージ・マネジメントの適用―

A　後発国のリープフロッグ的発展における人的リンケージの重要性

（作新学院大学　那須野公人）

A.1　「リープフロッグ」の意味とその変容

　「リープフロッグ（leapfrog）」とは，いわゆる「蛙跳び」のことである。具体的には，後発国あるいは後発国の企業が急発展を遂げ，先進国を追い越していくことを指している。しかしかつては，英語の「リープフロッグ（leapfrog）」は，遊びの「馬跳び」を指す言葉であり，日本語に直訳した時の「蛙跳び」といった意味は含まれていないとされていた。手元にある小稲義男他編（1980）『研究社　新英和大辞典』（第5版）を見ても，"leapfrog"の意味としては，第1に「馬跳び」「馬跳びをする」が記載されており，「蛙跳び」という意味は記載されていない。このような状況は，ごく最近まで続いていた。ところが，最近のネット辞典には，「蛙跳び」という意味が記載される事例が見られるようになってきている。例えば「goo辞書」の英和辞典（小学館の『プログレッシブ英和中辞典』に依拠）では，名詞として「馬跳び」の他「かえる跳び」という意味が記載されている[1]。また，アルクの「英辞郎 on the WEB」では，名詞として「遊びの馬〔蛙〕跳び」と記載されており，動詞には「〔序列等を〕追い抜く，一足跳びする」といった意味が記載されている[2]。さらに，「goo辞書」の国語辞典（小学館の『デジタル大辞泉』に依拠）には，「《蛙跳（かえると）びの意》順序どおりでなく，一気に飛び越えて進むこと。一足飛び」という説明の他，「新興国のリープフロッグ型発展」という文例も見られる[3]。

　「リープフロッグ（leapfrog）」という言葉の語義や解釈として，ここ数年の間に「蛙跳び」「新興国のリープフロッグ型発展」等が収録されるようになったということは，後発国のリープフロッグ的発展の事例が数多く見られるようになり，「蛙跳び」という意味が定着しはじめたことを示していると考えられる。

A.2　リープフロッグの３つのレベルと後発国のリープフロッグ要因

　リープフロッグには，①製品・サービスレベルのリープフロッグ，②産業レベルのリープフロッグ，③一国経済レベルのリープフロッグがあると考えられる。リープフロッグには，まず製品・サービスレベルのリープフロッグがあると述べたが，このような新たな製品・サービスを生み出すのは企業であり，製品・サービスレベルのリープフロッグは，言い換えるなら，個別企業レベルのリープフロッグということができる。そして，新たな製品・サービスを生み出す企業が，同一産業部門で集中的に生まれると，産業レベルのリープフロッグが生じ，その産業部門が世界を代表する程の力を持つようになると，一国経済の発展にも大きな影響を与え，一国経済レベルのリープフロッグが生じると考えることができよう。

　ではなぜ，後発国のリープフロッグ的発展の事例が，近年数多くみられるようになってきたのであろうか。蒼海は，後発国のリープフロッグの要因として次の３点をあげている。第１に，何もなかったからこそできるということである。これは例えるなら，更地にビルを建てる場合（後発国の場合）と，ビルを建て替える場合（先進国の場合）と，どちらが大変かを考えれば明らかであるという。第２は，先進国からの技術供与である。すでに技術を持っている先進国が後発国に参入することで，技術移転やインフラの整備が急速に進むことになる。第３は，法律や規制の未整備である。先進国では，過去の歴史から多くの法律や規制が存在し，それが足かせになるけれども，後発国にはそれらがない，という。[4]

　しかし，蒼海の主張する第１と第２の要因は，リープフロッグ的発展が数多くみられるようになったICT時代以前においてでも妥当するものであり，かつてガーシェンクロンも，19世紀末から20世紀初頭のヨーロッパ諸国の分析に基づき，後発国の「リープフロッグの可能性を初めて示した際，若干表現は異なるがこのことを指摘していた。すなわち，後発国の発展が急速となるのは，先進国が時間をかけて一つひとつ自ら生み出さざるを得なかった新技術を，後発国はすぐに先進国から導入して活用できるからであるとしていた。さらに彼は，

後発国では先進国が長い時間をかけて競争力を築き上げてきた部門（軽工業部門）よりも，技術の発展が急速な部門（当時は重工業部門）の方が，競争を有利に展開できることも示唆していた。それは，そのような部門においては，先進国がなかなか古い設備を廃棄できない中，後発国は最初から最新の設備を導入することによって，有利に競争しうるからであるとしていた[5]。蒼海の指摘する第3の要因については，ガーシェンクロンは直接言及していないが，これもやはりICT時代に限定されるものではない。したがって，蒼海の指摘する3つの要因は，ICT時代に限らずリープフロッグが生じる際の一般的な要因とみることができる。

　ただし，ガーシェンクロンが後発国による「リープフロッグ」の可能性を指摘し，第1と第2の要因に言及しているとはいえ，現実的にはリープフロッグには様々な障壁があって，これまで現実的にはそのような現象が多発することはなかった。リープフロッグ現象が多発するようになったのは，ICT化が本格的に進展した後のことである。

　その意味で，澤田のコスト面からの次の指摘は重要である。中国において固定電話の普及が遅れた理由は，国土が広大で多くの国民を有することから，電話網の整備に膨大なコストがかかるためであった。ところが，携帯電話の出現によって，それ程コストをかけずにインフラを整えられるようになり，携帯端末は個人でも導入できるため，一気に普及が進んだという。さらに澤田は，ソフトウェアが重要な要素となる時代に入り，コストを下げるための手法が変わってきたことを指摘する。すなわち，これまでの高価な専用のハードウェアの使用から，汎用的なハードウェアにソフトウェアを組み合わせることによって，コストを大幅に削減できる時代となったというのである[6]。

　澤田の指摘を踏まえると，蒼海の指摘した「リープフロッグ」の一般的要因に，澤田の指摘するようなICT時代特有の要因が加わり，リープフロッグ現象が多発するようになったものとみることができる。

　経営的視点から見た，ICT時代特有の「リープフロッグ」要因として，さらに那須野（2018）の指摘を確認しておきたい。すなわち，ICT化の進展によ

るソフト部門を中心とする起業資金の大幅低下，デジタル化の下でのモジュール化の進展による生産の容易化，経営それ自体のモジュール化によって，サプライチェーンの一部を担うだけでも，国際的に大きな存在感を示すことのできる時代が到来したことによって，後発国のリープフロッグのためのハードルが，大幅に引き下げられることになったことである[7]。

　なお，これらの前提としては，グローバル化の進展によって，情報と人の交流が世界規模で活発化した点も指摘しておかねばならない。

A.3　後発国のリープフロッグにおける人的リンケージの重要性

　ここでは，特に ICT 時代における後発国のリープフロッグの具体的事例を取り上げ，そこにおける人的リンケージの重要性を確認することにしたい。

（1）台湾における ICT 産業の発展

　台湾は ICT 産業，特に情報機器の生産によって「奇跡的」ともいわれる発展を実現した。第 2 次世界大戦後に台湾は中国の内戦の影響を受けたため，1960年当時フィリピンよりはるかに低い経済水準からのスタートを余儀なくされたが，2000年には情報機器の輸出額において日本とシンガポールを追い越し，米国に次ぐ世界第 2 位の地位を獲得するに至っている[8]。2001年当時，海外生産を除いた台湾の情報関連機器についてみると，市場占有率が世界第 1 位となっているものが14品目，同じく第 2 位が 8 品目，第 3 位が 2 品目となっており，実に計24品目が，世界第 3 位以内に入っていた[9]。なお，この時台湾は情報関連機器の生産額では中国に追い越されて世界第 4 位となっている。しかしその内72％は，実は中国に進出した台湾企業によるものであった。このように台湾は，2000年頃までに，台湾海峡の両岸を股にかけた，「電脳王国」ともいうべき地位を構築するに至ったのである[10]。

　台湾企業による中国大陸での生産についてみると，2005年当時「中国輸出トップ20社」の中に，台湾系企業が実に 7 社も入っており，より絞ったトップ10社の中には 4 社が入っていた。しかも，第 1 位を鴻富錦精密工業（台湾・鴻海精密工業）が，第 2 位を達豊電脳有限公司（台湾・広達集団）が，第 4 位を名碩電

脳有限公司（台湾・華碩電脳）が占めていた。[11] ノートPCの生産においては，2008年当時台湾企業が世界出荷台数の9割以上のシェアを占めており，実にその98.9％が中国で生産されていたのである。[12]

（2）「リンケージ・マネジメント」の視点から見た台湾ICT産業の発展

　台湾における「電子立国」の実現のための助言や具体的な提案を行ったのは，実は台湾からアメリカに留学しシリコンバレーで職を得た在米華人を中心としたシリコンバレー人材であった。また台湾企業は，OEM・ODM（Original Equipment Manufacturing, Original Design Manufacturing）の受託を通じて，パソコン分野の技術やノウハウを習得していったが，最初にOEM生産の仲介をしたのが同一民族の在米華人であったことに象徴されるように，台湾企業は当初シリコンバレーの在米華人を介してOEM発注を受け，製品情報や大量生産の技術とノウハウを蓄積し，ICT産業発展のための基盤を築いていったのである。[13]

　台湾では，中国大陸において戦後国共内戦に敗れ台湾に逃れてきた国民党が台湾政府を樹立し，新たに渡ってきた彼ら少数の外省人が，台湾に以前から居住していた内省人を支配する構図となった。しかも，国民党は大陸の共産党を強く意識して，強権的な政治体制を敷いたことから，多くの台湾の優秀な学生たちは，抑圧的な国を捨てて自由なアメリカに永住する覚悟で留学していった。そして卒業後，ICTの中心地シリコンバレーで職を得るものがかなりの数に上ることになったのである。

　しかし，台湾の民主化が進みインフラが整備されてくると，年2千～3千人超の規模で頭脳還流（帰国）が起こることになった。シリコンバレーから帰国して起業した彼らは，アメリカでの経験を生かしつつ台湾の特性をも生かす道を選んだ。それは，アメリカ大手企業との競合ではなく，協調の道であった。台湾企業はOEM・ODMという形で，アメリカITC産業にとってなくてはならない存在となることによって，ICT分野で世界に冠たる地位を築いたのである。電子機器受託製造サービス（EMS）というビジネスモデルで，世界で確固たる地位を築いた鴻海精密工業は，その典型である。[14] スマートフォンiPhoneの生産におけるアップルと鴻海精密工業との関係に象徴されるように，アメリ

カと台湾の ICT 企業は，こうしてお互いになくてはならない Win-Win の関係を構築するに至ったのである。

　野村は，グローバル化と情報化の進展によって，社会的な変化のスピードが劇的に変化し，製品ライフサイクルがますます短くなるなか，もはや一企業の活動だけから画期的な新しいものを生み出すことは困難な時代となってきたとして，先にみたようにリンケージによってリンケージ・バリューを生み出し，Win-Win の関係を構築することの重要性を指摘している。ICT 分野における台湾企業とアメリカ企業との関係は，野村のいうリンケージの中の「補完リンケージ」に相当し，両国企業は補完リンケージによって Win-Win の関係を構築して，リンケージ・バリューを生み出しているもの捉えることができよう。

　野村はさらに，「リンケージの螺旋的発展」や，リンケージは時とともに形を変え他の要素とリンクしながらダイナミックに変化していくとして，「ダイナミック・リンケージ」といった概念をも提起していた。パソコン分野における台湾企業は，アメリカの在米華人からの OEM 発注をきっかけに大量生産のための技術とノウハウを獲得し，受託の中心が OEM から ODM へと移行するなかで，初期設計から部品調達を含む製造，在庫管理，ロジスティックス等まで受け持つことによって，顧客からも学ぶ機会を得て，さらに多くのノウハウを蓄積していった。そして台湾企業は，インテルとの情報共有により，試作段階のチップを用いて多様なプロトタイプを開発し，ブランド企業に数種類の新機種を提案するようになる。こうして，やがてブランド企業は，台湾企業の提案したメニューの中から自社にふさわしい機種を選んで発注するようにさえなっていった。[15] ここにおいては，両者の関係は当初の発注元と下請といった関係から，対等なパートナーあるいはそれ以上の関係に変化している。このように，台米の ICT 企業の間では「リンケージの螺旋的発展」によって，ダイナミックなリンケージ・バリューの創出と獲得がなされていたとみてよいであろう。

　Saxenian（2006）は，技術移転における社会的・文化的理解の重要性について，次のように述べている。「生産を移転するには，……暗黙知に加え，進出先についての深い理解が必要である。明白なもの曖昧なものも含めて，社会的，

文化的，そして慣例的な状況を知らなければならない」。「言語と社会的背景を共有しない長距離間の協力作業はめったに成功しない。この点で同胞であることほど有利なものはない……」[16]。

したがって，台湾がアメリカのシリコンバレーにおける同胞，すなわち在米華人を介して ICT 大国となり得たことは，リンケージの中でも特に人的リンケージがいかに重要かを示すものということができよう。

（3）インドにおける ICT サービス産業の発展

世界がインドに注目し始めたのは，2003年10月，ゴールドマン・サックス経済調査部が "Dreaming With BRICs：The Path to 2050"（「BRICs についての大胆な予測：2025年への道程」）〔邦訳タイトル：ゴールドマン・サックスアセット・マネジメント〕と題する調査レポートを発表したことがきっかけであった。このレポートにおいてインドは，ブラジル・ロシア・中国とともに "BRICs" と呼ばれ，BRICs 経済は40年足らずで，ドルベースで G 6（アメリカ・日本・ドイツ・フランス・イタリア・イギリス）を凌ぐであろうと述べられていた[17]。この主張に世界は驚愕した。しかもインドは，その後ロシアとブラジルがマイナス成長に陥り，また中国がかつての高成長から 7 ％を割り込むところまで成長率を低下させるなか，BRICs 諸国で唯一比較的安定した成長を維持してきた[18]（図 A.1参照）。

インドのこのような経済成長は，何によって実現されたのであろうか。産業構造を第 1 次産業，第 2 次産業，第 3 次産業に分けてみた場合，経済の発展とともに第 1 次産業の比重が低下し，代わって第 2 次産業の比重が高まり，さらに経済が発展するとサービス産業の比重が高まるというのが，経済発展の一般的パターンとされている。中国は製造業の発展によって世界的に例のない高成長を成し遂げたとはいえ，一応この発展パターンで説明することができる。しかしインドの場合には，第 2 次産業が十分に発展する前に，第 3 次産業の比重が非常に高まってきた。つまりインドでは，サービス業が経済を牽引してきたのである。そしてサービス業のなかでも，ICT 産業，特にソフトウェアを含む ICT サービス産業がインドの経済成長をリードしてきた。このようにイン

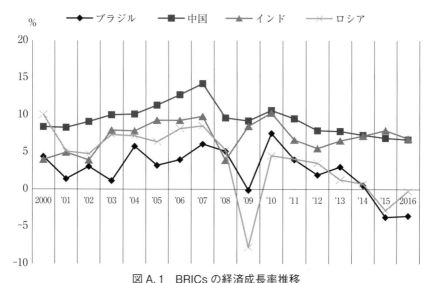

図 A.1　BRICs の経済成長率推移

（出所）IMF のデータベースにもとづき筆者作成。IMF ウェブページ，
　　　https://www.imf.org/external/pubs/ft/weo/2017/01/weodata/ weorept.aspx?sy=2000
　　　&ey=2016&scsm=1&ssd=1&sort=country weorept.&ds=.&br=1&c=223％2C924％2C
　　　922％2C534&s=NGDP_RPCH&grp=0&a=&pr.x=99&pr.y=12（2017年 8 月18日）

ドでは，製造業が十分に発展する前に ICT サービス産業が発展するという，
特異な発展パターンがみられた。

　インドの ICT 産業の発展は，図 A.2の通りであるが，売上高に占める輸出
割合の高さが注目される。輸出の多くは欧米向けであり，とりわけアメリカ向
けが突出していた。また，ICT 産業の GDP に占める割合は，2004年度におい
ても4.5％程度にしか過ぎなかった。このことは，インドの発展は，ICT 産業
の発展がもたらした他分野への波及効果によるものと理解すべきであろう。

　ところで，インド企業が ICT 分野で注目されるようになったきっかけは，
いわゆる2000年問題であった。アメリカではプログラム改修で大幅な人手不足
が心配されたが，この時インド企業がその仕事を請け負い2000年問題の解消に
貢献することになった。その結果，インド企業とインド人技術者に対する信頼

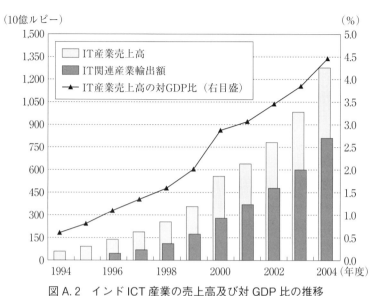

（10億ルピー）　　　　　　　　　　　　　　　　　　　　　　　　　　　（%）

凡例:
- □ IT産業売上高
- ■ IT関連産業輸出額
- ▲ IT産業売上高の対GDP比（右目盛）

図 A.2　インド ICT 産業の売上高及び対 GDP 比の推移

（注）原図では "IT" と表記されているが，図のタイトルは "ICT" とした。
（出所）経済産業省（2007）「特異な経済成長を遂げるインド経済の特徴と課題」『平成19年版　通商白書』p. 9. 経済産業省ウェブページ，
http://www.meti.go.jp/report/tsuhaku2007/2007honbun/html/i1410000.html
（2017.8.19）

が高まり，いわゆる「IT バブル崩壊」後の経費節減の中で，アメリカ企業からインド企業へのオフショアの依頼が，アメリカ企業の在米インド人を介して増加していったのである。

　このように，インドの ICT 企業は，アメリカ向けのコーディングやプログラムの改修からスタートして，コールセンターに代表されるビジネス・プロセス・アウトソーシング（BPO），さらにはソフトウェア開発へと業務を拡大・発展させる形で発展していったのである。[19]

（4）「リンケージ・マネジメント」の視点から見たインド ICT サービス産業の発展

　インド発展の核となった，ソフトウェアをはじめとする ICT サービス産業の場合には，第1に重化学工業と比べて初期投資コストが少なくて済む。また

第2に，機械工業のように部品産業や熟練労働の蓄積を必要としない。第3に，同産業は企業や行政等と結び付いて，経済全体の生産性を向上させることができる，という特徴がある[20]。そのため，農業社会から工業社会への移行が十分に進んでいない後発国でも，ICTサービス産業を核にして先進国を急速に追い上げる可能性があり得るのである。

　ここで特に，第1の投資コストの低減という点についてみると，IIT（インド工科大学）の同窓会長であるアシャンク・デサイは，ICT分野を選んで起業した理由は多額の資金を必要としないからであり，1982年にマステック社を設立した際の設立資金は，わずか1万5千ルピー（約3万円）であったと述べている。さらに彼は，当初自前のコンピュータもなく，取引先のコンピュータを使っていたとも述べている[21]。

　インドのICTサービス産業全体の発展を考えてみても，同分野の企業は，当初アメリカ企業から仕事を請け負い，これをオンサイト方式でこなす（依頼先のアメリカの企業に行って仕事をする）ことによって，技術と資金を蓄積してきた。オンサイト方式は，十分な資金と機器を持ち合わせていなかったインド企業にとって，アメリカの最新機器を使いながら技術を磨き，しかも資金の蓄積ができる，一石二鳥の方式であった[22]。

　ICTサービス産業は，パソコンと机さえあれば可能な仕事ともいわれるが，インド企業は，場合によってはコンピュータさえ所有することなくスタートして，ICTサービス産業における世界一の地位にまで上り詰めてしまったのである。

　しかしここでもう一つ重要なことは，インド企業が在米インド人との「人的リンケージ」を核に，リープフロッグ的な発展を実現してきたということである。インドの初代首相ネルーは，独立後重工業育成のために高等教育を重視して，インド工科大学等を設立したが，社会主義的経済運営のために経済が停滞し，高等教育を受けた学生たちは，国内で職を見出すことができず，次々とアメリカへ流出してしまった。このことは台湾と共通するが，国を捨てることを決断せざるを得ないほどの政治的・経済的閉塞感が，エリート層のアメリカへ

の大量の「頭脳流出」を引き起こしたのである。しかしやがて，母国経済の好転とともに，国を思う心からの母国支援，さらにはシリコンバレーとのリンケージを保持したうえでの，母国への大量の「頭脳還流」，あるいは米印を行き来する「頭脳循環」を引き起こした。インド政府の帰国に対する優遇策等もあって，2002～2003年にかけてアメリカから帰国した5年以上の経験を持つインド人技術者は，実に5,000人近くに及んだ。[23] そしてこのことが，インドにおけるICT分野の新たな起業と投資につながったのである。当初アメリカ企業とインド企業をつないだのも，頭脳流出後アメリカの大学を経て，シリコンバレーの企業等に勤務していた在米インド人であった。

先にみたように，野村はグローバル化と情報化の進展によって，変化のスピードが劇的に早くなった今日では，リンケージによってリンケージ・バリューを生み出し，Win-Winの関係をつくることが重要であるとしていたが，ICTサービス産業におけるインド企業とアメリカ企業との関係は，まさに補完リンケージによる補完リンケージ・バリューの創出そのものであった。そしてここにおいては，台湾の場合と同様，同胞としての在米インド人を介したインド企業とアメリカ企業との人的リンケージが重要な意味を持っていたのである。

最後に，台湾とインドの事例を整理すると，次のように結論づけることができよう。デジタル化は，製品と経営の両面において，後発国のリープフロッグのためのハードルを大幅に引き下げることになったが，個別企業の発展が一国全体のリープフロッグ的発展にまで到達するためには，ICTの先進地域においてその技術と強い起業意識を身につけた大量の同胞たち（具体的には「シリコンバレー人材」）との人的リンケージが重要な意味を持つことが明らかとなったのである。[22]

B　リンケージ・マネジメントを適用するA社の概要

（愛知工業大学　安田正義）

　リンケージ・バリューは，2つ以上の要素がつながることによって生まれる新しい価値であり，リンケージ・バリューを継続的に生み出すことは，企業が存続するための重要な取り組みの1つであると考えられる。ここでは，主に補完リンケージ・バリューに関する企業の事例を調査し実態を把握する。

　調査対象とするA社はモノづくりを行う中小企業で，社内に商品の開発，製造，販売に関する機能を有しており，図B.1に示すようなサプライチェーンを持っている。A社では，原材料をサプライヤーから調達し，工場で生産を行う。また，工程の一部は協力工場へ委託している。工場で生産された製品はA社グループ企業の流通センターに納入される。なお，流通センターに納められるのは，A社工場から調達する製品だけでなく，協力工場から納入される製品も含まれる。流通センターに納められた製品は，市場の需要情報に基づいて，他社が運営する問屋や小売店を経由してユーザへ届けられる。

B.1　A社におけるリンケージの要素

　A社において，リンケージ・バリューを生み出す要素はどのようなものが

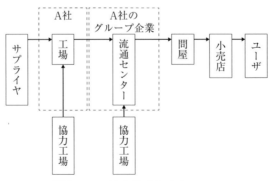

図B.1　A社のサプライチェーン

	企業内の要素	企業外の要素
Man	経営者，生産管理，技術，開発，品質保証，経理，営業，工場長，現場監督者，作業者	顧客，サプライヤー，協力工場，3 PL，専門家，行政，株主，地域社会
Machine	設備，金型，治具	設備，金型，治具
Material	素材，仕掛，刃具，切削油，加工油，電力，水，エア	素材，仕掛，刃具，切削油，加工油，電力，水，エア
Method	ブランド，販売チャネル，加工条件，標準作業，技術的ノウハウ	ブランド，販売チャネル，加工条件，標準作業，技術的ノウハウ

挙げられるのであろうか。代表的な要素を企業内と企業外のそれぞれから 4 M（Man, Machine, Material, Method）の分類別にリストアップしたものを，表 B.1 に示す。

B.2　リンケージの分類

A 社の事例からリンケージの実態を明らかにするにあたり，①企業活動を維持するためのリンケージ，②問題解決のためのリンケージ，③新しい価値を生み出すためのリンケージの 3 つの視点で整理する。

B.3　企業活動を維持するためのリンケージ

はじめに，A 社において企業活動を維持するためのリンケージにどのようなものが挙げられるのかを調査した。企業活動を維持するためのリンケージは，モノやサービスに対して対価が支払われるような場合に生まれる，調達，製造，販売に関するリンケージである。以下にいくつかの事例を紹介する。

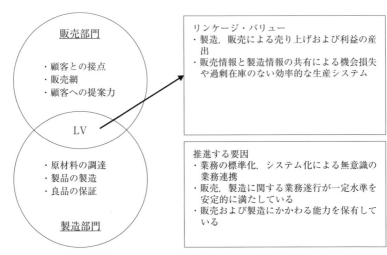

図 B.2　A 社の販売部門と製造部門の事例

事例（1）　A 社の販売部門　×　製造部門

　A 社の販売部門と製造部門の連携によるリンケージを図 B.2 に示す。販売部門は，顧客との接点，販売網，顧客への提案力といった販売に関する能力を有している。一方，製造部門は，原材料の調達，製品の製造，良品の保証に関する能力を有している。

　両者がリンケージすることによって得られるリンケージ・バリューは，製造，販売による売り上げおよび利益の産出，販売情報と製造情報の共有による機会損失や過剰在庫のない効率的な生産システムの実現である。

　推進する要因として挙げられるのは 3 つあり，1 つ目は業務の標準化やシステム化による無意識の業務連携がなされていること，2 つ目は販売・製造に関する業務遂行の品質が一定水準を安定的に満たしていること，3 つ目はそれぞれが製造および販売に関する能力を有していることである。

事例（2）　A 社の保全部門　×　製造部門

　A 社の保全部門と製造部門の連携によるリンケージを図 B.3 に示す。保全部

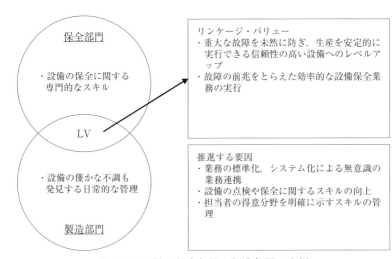

図B.3 A社の保全部門と製造部門の事例

門は，設備の保全に関する専門的なスキルを有している。一方，製造部門は，
設備の僅かな不調も発見する日常的な管理をする能力を有している。

　両者がリンケージすることによって得られるリンケージ・バリューは，重大
な故障を未然に防ぎ，生産を安定的に実行できる信頼性の高い設備が実現でき
ることや，故障の前兆をとらえた効率的な設備保全業務が実行できる体制の実
現である。

　推進する要因として挙げられるのは3つあり，1つ目は業務の標準化，シス
テム化による無意識の業務連携がなされていること，2つ目は設備の点検や保
全に関するスキルを有すること，3つ目は担当者の得意分野を明確に示すスキ
ル管理が実施されていることである。

事例（3）　協力工場　×　A社工場

　協力工場とA社工場の連携によるリンケージを図B.4に示す。協力工場は，
作業者，設備などをはじめとする生産に必要な資源を保有しており，技術的な
スキルを有している。一方，A社工場は，工場の生産能力を超える需要量を

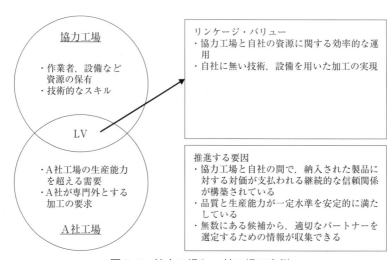

図 B.4　協力工場と A 社工場の事例

持ち，さらには A 社が専門外とする加工方法を顧客から要求されている。

　両者がリンケージすることによって得られるリンケージ・バリューは，協力工場と A 社の資源に関する効率的な運用ができることや，A 社に無い技術，設備を用いた加工の実現を図れることである。

　推進する要因として挙げられるのは 3 つあり，1 つ目は協力工場と A 社の間で，納入された製品に対する対価が支払われる継続的な信頼関係が構築されていること，2 つ目は品質と生産能力が一定水準を安定的に満たしていること，3 つ目は無数にある候補から，適切なパートナーを選定するための情報収集ができることである。

B.4　企業活動を維持するためのリンケージを推進する要因

　以上の事例から，企業活動を維持するための 3 つの推進要因を提案する。

　1 つ目の推進要因は，モノやサービスに対して対価が支払われる継続的な信頼関係が構築できることである。企業間の契約や取り決め，伝統，歴史，過去から現在に至るまでの実績によって構築された企業間のつながりである。

2つ目の推進要因は，日常の業務として無意識のうちに継続的に実行されることである。業務の標準化，業務フローのシステム化が双方の企業でなされ，その業務の遂行に求められるスキルを組織が習得していることによって得られるつながりである。

　3つ目の推進要因は，モノやサービスの品質および価格が一定水準を満たし，安定していることである。競合する外部の機能に対する情報収集と分析がなされ，かつ，競合する外部の機能と同等以上の水準を維持する改善活動が実行され，相互に満足のできる条件で取引ができることによって得られるつながりである。

B.5　問題解決のためのリンケージ

　次に，A社において問題解決のためのリンケージにどのようなものが挙げられるのかを調査した。問題解決のためのリンケージは，品質不良，設備故障，顧客からのクレームなどが発生した場合に生まれる，問題解決に関するリンケージである。

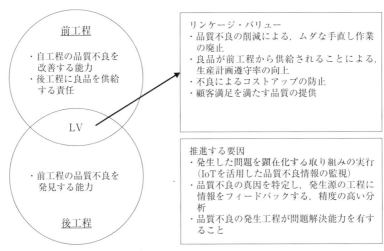

図 B.5　A 社工場の前工程と後工程の事例

事例（1）　A社工場の前工程　×　後工程

　A社工場の前工程と後工程の連携によるリンケージを図B.5に示す。前工程は，自工程の品質不良を改善する能力，そして，後工程に良品を供給する責任を有している。一方，後工程は，前工程の品質不良を発見し，その情報を前工程へフィードバックする能力を有している。

　両者がリンケージすることによって得られるリンケージ・バリューは，品質不良の削減によりムダな手直し作業を改善できること，また，良品が前工程から供給されることによる生産計画遵守率の向上，不良によるコストアップの防止，顧客満足を満たす品質の提供が実現できることである。

　推進する要因として挙げられるのは3つあり，1つ目は発生した問題を顕在化する取り組みが実行されていること，2つ目は品質不良の真因を特定し発生源の工程に情報をフィードバックすることのできる精度の高い分析能力があること，3つ目は品質不良の発生工程が問題解決能力を有していることである。

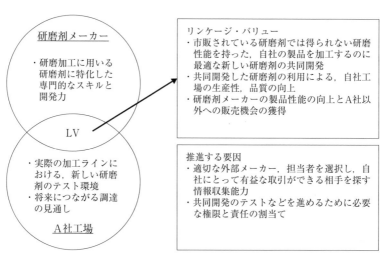

図B.6　研磨剤メーカーとA社工場の事例

事例（2）　研磨剤メーカー　×　A社工場

　研磨剤メーカーとA社工場の連携によるリンケージを図B.6に示す。研磨剤メーカーは，研磨加工に用いる研磨剤に特化した専門的なスキルと開発力を有している。一方，A社工場は，実際の加工ラインにおいて研磨剤のテスト環境を有しており研磨剤の性能をテストできることや，将来にわたる調達の見通しがあることが挙げられる。

　両者がリンケージすることによって得られるリンケージ・バリューは，市販されている研磨剤では得られない性能を持つ新しい研磨剤の共同開発ができることや，共同開発した研磨剤を利用することによってA社工場の生産性や品質が向上すること，さらには，研磨剤メーカーの技術力が向上することによってA社以外への販売機会が獲得できることである。

　推進する要因として挙げられるのは2つあり，1つ目は適切な外部メーカー，担当者を選択し，A社にとって有益な取引ができる相手を探す情報収集能力を持つこと，2つ目は共同開発のテストなどを進めるために必要な権限と責任が社内で割り当てられることである。

B.6　問題解決のためのリンケージを推進する要因

　以上の事例から，問題解決のための3つの推進要因を提案する。

　1つ目の推進要因は，発生した問題を顕在化し認知できることである。さまざまな視点から広く情報を収集して分析できる能力を保有していることや，目標とする管理水準が明確化されていることが重要である。

　2つ目の推進要因は，それぞれの要素が適切な要素を見つけ，自律的にリンケージをはじめることである。各要素への責任と権限の割り当てがなされていることや，要素を探索して適切な要素を選択するための経験が蓄積されていること，さらには，適切な要素を見つけるためのネットワークがあることが求められる。

　3つ目の推進要因は，リンケージの要素が問題解決に求められる能力を有していることである。問題解決に関する手法の蓄積，組織的な問題解決能力の強

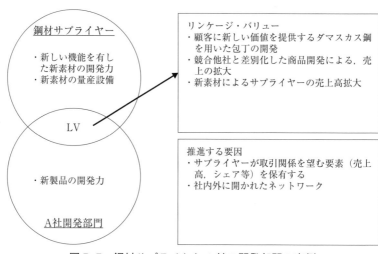

図 B.7　鋼材サプライヤと A 社の開発部門の事例

化，問題解決の標準化が要となる。

B.7　新しい価値を生み出すためのリンケージ

　次に，A 社において新しい価値を生み出すためのリンケージにどのような
ものが挙げられるのかを調査した。新しい価値を生み出すためのリンケージは，
新製品開発，新技術開発，新市場開拓，ブランド価値向上など，企業の方針や
目標に関するリンケージである。

事例（1）　鋼材サプライヤー　×　A 社の開発部門

　鋼材サプライヤーと A 社の開発部門の連携によるリンケージを図 B.7 に示
す。鋼材サプライヤーは，新しい機能を有した新素材の開発力や，新素材の量産
設備を有している。一方，A 社の開発部門は，新製品の開発力を有している。

　両者がリンケージすることによって得られるリンケージ・バリューは，顧客
に新しい価値を提供する新しい素材を用いた製品の開発ができるようになるこ
とや，同業他社と差別化した商品開発による双方の売上高の増加である。

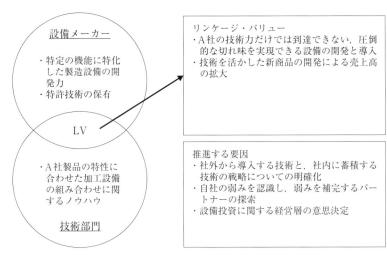

図 B.8　設備メーカーと A 社の技術部門の事例

　推進する要因として挙げられるのは 2 つあり，1 つ目はサプライヤーが取引関係を望む要素（売上高やシェア率等）を A 社が有すること，2 つ目は社内外に開かれた調達のネットワークがあることである。

事例（2）　設備メーカー　×　A 社の技術部門

　設備メーカーと A 社の技術部門の連携によるリンケージを図 B.8 に示す。設備メーカーは，特定の機能に特化した製造設備の開発力や特許技術を保有している。一方，A 社の技術部門は，製品の特性に合わせた加工設備の組み合わせに関するノウハウを有している。

　両者がリンケージすることによって得られるリンケージ・バリューは，A 社の技術力だけでは到達できない圧倒的な製品性能を実現できる設備の開発と導入ができること，技術力を生かした新商品開発による売上高の拡大である。

　推進する要因として挙げられるのは 3 つあり，1 つ目は社外から導入する技術と社内に蓄積する技術の戦略が明確化されていること，2 つ目は A 社の弱みを認識し，弱みを補完するパートナーの探索を積極的に仕掛けていること，

3つ目は設備投資に関する経営層の意思決定がなされる体制になっていることが挙げられる。

B.8 新しい価値を生み出すためのリンケージを推進する要因

以上の事例から，新しい価値を生み出すための4つの推進要因を提案する。

1つ目の推進要因は，企業の方針や目標が明確であることである。経営層による経営方針や方向づけが重要となると考える。

2つ目の推進要因は，企業の要素に魅力があることである。オンリーワンの技術力や販売力，事業の規模，売上高，シェア率が高いこと，ブランドなど企業イメージが良いことが求められる。

3つ目の推進要因は，弱みを認識していることである。事業の分析により弱みを理解することで，外部との連携が積極的になされるため，弱みを認識することも求められる。

4つ目の推進要因は，社内外に開かれたネットワークがあることである。SNSなどの新しいコミュニケーションツールを活用することが効果的であることや，人脈を利用すること，また，社会に対して貢献することでつながりを持つ相手が増えると考えられる。

B.9 リンケージを推進する要因のまとめ

A社の事例から，リンケージには企業活動を維持するためのリンケージ，問題解決のためのリンケージ，新しい価値を生み出すためのリンケージの3つが存在し，表B.2のような要因がリンケージを推進することが明らかとなった。企業はリンケージによって，他社とのつながりを持つことで，単独では成し得ないような新しい価値を生み出すことができる。このようにして生み出された新しい価値を顧客に提供することは，顧客価値の多様化によって急激に変化する環境において，重要な経営戦略の一つであると考えられる。

表 B.2　リンケージを推進する要因

企業活動を維持するためのリンケージを推進する要因
・モノやサービスに対して対価が支払われる継続的な信頼関係が構築できること ・日常の業務として無意識の内に継続的に実行されること ・モノやサービスの品質および価格が一定水準を満たし，安定していること
問題解決のためのリンケージを推進する要因
・発生した問題を顕在化し認知できること ・それぞれの要素が適切な要素を見つけ，自律的にリンケージをはじめること ・リンケージの要素が問題解決に求められる能力を有していること
新しい価値を生み出すためのリンケージを推進する要因
・企業の方針や目標が明確であること ・A 社の要素に魅力があること ・A 社の弱みを認識していること ・社内外に開かれたネットワークがあること

注

1 ）goo 辞書英和辞典（NTT レゾナント），https：//dictionary.goo.ne.jp/word/en/leapfrog（2020. 4. 18）

2 ）英辞郎 on the WEB（アルク），https：//eow.alc.co.jp/search?q=leapfrog（2020. 4. 18）

3 ）goo 辞書国語辞典（NTT レゾナント），https：//dictionary.goo.ne.jp/word/リープフロッグ/（2020. 4. 18）

4 ）蒼海憲治（2018）「連載　プロマネの現場から　第124回　中国におけるリープフロッグ現象」『情報システム学会　メールマガジン』No. 13-04，7 月27日，情報システム学会ウェブページ，www.issj.net/mm/mm13/04/mm1304-pg-pg.pdf（2020. 4. 18）

5 ）Gershenkron, A.（1952）"Economic Backwardness in Historical Perspective" Hoselitz, B. F. ed., *The Progress of Underdeveloped Areas*, The University of Chicago Press, pp. 5-7.
中川敬一郎（1981）『比較経営史序説』東京大学出版会，pp. 59-60

6 ）澤田翔（2018）「なぜ中国はキャッシュレス先進国になれたのか」12月27日，News Picks ウェブページ，https：//newspicks.com/news/3557644/body/（2020. 4. 18）

7 ）那須野公人（2018）『グローバル経営論—アジア企業のリープフロッグ的発展—』学文社，参照。

8 ）水橋佑介（2001）『電子立国台湾の実像』日本貿易振興機構，p. 1，p. 5

9 ）南部科学工業園区（2004）「路竹パーク日本語版」（南部科学工業園区路竹パークパンフレット）〔2004年訪問時のもの〕p. 12

10) 水橋（2001）p. 1, p. 61

11) *KEY NUMBER*（2006）「中国輸出額最大200社ランキング（2005年）」第29号，8月，21世紀中国総研ウェブページ，http://www.21ccs.jp/china_watching/KeyNumber_NAKAMURA/Key_number_29.html（2011.4.6）

12) 森詩織（2010）「東アジア新興市場開拓に向けた企業の取組み（国内編）」『世界経済危機後のアジア新興市場開拓に向けて』日本貿易振興機構　海外調査部，7月，p. 182

13) Saxenian, A.（2006）*The New Argonauts : Regional Advantage in a Global Economy*, Harvard University Press, p. 152（本山康之・星野岳穂監訳，酒井泰介訳（2008）『最新・経済地理学―グローバル経済と地域の優位性―』日経BP，p. 175）

14) ただし，創業者の郭台銘はアメリカ留学組ではない。

15) 川上桃子・佐藤幸人（2014）「OEMと後発工業国企業の成長―台湾自転車産業・電子産業の事例分析」『立命館経済學』第62巻，第5・6号，立命館大学，3月，p. 459

16) Saxenian（2006）pp. 17-18（本山・星野監訳，酒井訳（2008）p. 30）

17) Goldman Sachs Global Economics Website,
http://www.goldmansachs.com/our-thinking/archive/archive-pdfs/brics-dream.pdf（2017.8.19）

News Zu ウェブページ，
http://www.news2u.net/index.php?url=releases/34794（2017.8.19）
　なお，"BRICs"にはその後南アフリカが加えられ，複数型を示す"s"が大文字の"S"に変更され（S=South Africa），"BRICS"となった。

18) インドの経済成長率は，2011〜2012年にかけて一時低下したが，グジャラート州の首相として同州の経済発展を実現させたナレンドラ・モディがインドの首相に就任（2014年）したことによって，安定した成長に復帰した。とはいえ，最近では再び減速傾向にある。

19) 経済産業省（2007）「特異な経済成長を遂げるインド経済の特徴と課題」『平成19年版通商白書』p. 9. 経済産業省ウェブページ，
http://www.meti.go.jp/report/tsuhaku2007/2007honbun/html/i1410000.html（2017.8.19）

20) 三和総合研究所調査部（2001）『アジアのIT革命』東洋経済新報社，p. 21.
土肥克彦（2006）「なぜITがインドとマッチするのか？」07月，AsiaX　ウェブページ，https://www.asiax.biz/biz/924/（2016.11.25）

21) 『The Asahi Shimbun Globe』（2016）「『頭脳大国』を支える人々　［第2回］　IIT人脈（2）アシャンク・デサイ氏『規制なかったIT黎明期』」朝日新聞社，11月26日付

22) 小島眞（2004）『インドのソフトウェア産業』東洋経済新報社，p. 124.

23) Saxenian（2006）p. 288. 邦訳（2008）p. 327

24) 12.1.1, 12.1.2. は，那須野公人（2020）「アジア・アフリカ企業のリープフロッグ的発展」（『グローバリゼーション研究』Vol. 17, No. 1, 8月，工業経営研究学会グローバリゼーション研究分科会）よりの引用となっている。12.1.3の（1）（2）は，那須

野公人（2017）「台湾における ICT 産業発展再考—『リンケージ・マネジメント』の視点より—」（『グローバリゼーション研究』Vol. 14，No. 1，8 月，工業経営研究学会グローバリゼーション研究分科会）を，また（3）（4）は，那須野公人（2018）『グローバル経営論—アジア企業のリープフロッグ的発展—』学文社，第 4 章を，それぞれ要約しつつリンケージ・マネジメントの視点から再整理したものである。

あとがき

　実に多くの諸先輩の方々のつながりを経て，リンケージ・マネジメントをまとめることができた。本書をまとめるにあたり，文献，関係者の方々，研究会，組織団体，適用事例活動，我々の経験等の助けを得て世に出すことができた。およそ一つのものをまとめるには体力と気力が必要となる。それ以上に重要なことは本書のメインテーマでもある継続性である。

　ここまでまとめてきた過程を振り返ってみる。

（1）確定性の世界とリンケージ

　20年以上前になるが，しばしば立ち寄る本屋をのぞいた時，目に留まった本があった。『確定性の世界』[1]という本である。当時「不確定性」という言葉をよく目にしたが，その反対の確定性という言葉は初めてであり，新鮮であった。手に取ってみると，カール・R. ポパーが1988年に国際哲学学会で発表した論文であった。ポパーが実に87歳の時のオリジナルである。『確定性の世界―因果性についての二つの新見解―』というタイトルであり，論文を読んでかなり衝撃を受けたことを覚えている。ポパーは35年以上にわたる研究の末，「確率の確定性解釈」という考え方を発表し，87歳になったとき，「我々は確定性の世界に住んでいる」という宇宙論的な重要性に気づいたことを見出したと。当時，私は経営における意思決定過程に興味があり，この本を読んだときに，確定性と経営の意思決定と何か関係があるのではないかと考えた。確定性の考え方を応用して，在庫に関する論文を作成したこともあった。その論文は，在庫の時間的推移に確定性の考え方を取り入れて分析していて，新規性があるとして日本経営工学会からその年の論文奨励賞として表彰された[2]。『確定性の世界』と出会って以来，年に1度程繰り返し読み，問題意識を持ち続けていた。確定性に関した特徴を本より抜粋して整理すると，①確定性は継続して変化し続ける（p. 21），②もし諸条件が安定しているならば統計的平均も安定するという傾向は確定性理論によってのみ説明される（p. 21），③確定性は状況が変化す

ることによって確定性自体も変化する（p. 25），④すべての新しい確定性が，常に新しい可能性を創造する（p. 34），⑤過去だけが過ぎ去ってしまって固定され，現在は確定性の実現の連続した過程である（p. 31），⑥確定性は実在のものであり，確定性は現実のものである（p. 31），⑦世界は今日では確定性の世界として，つまり可能性を実現する展開過程，そして新しい可能性を展開する展開過程として見ることができる（p. 32），⑧未来は開かれている。生物はより良い世界を求めている（p. 45），⑨確定性で優先選択された可能性は，事実上，誘惑物である（p. 45），⑩実現された種々の確定性は，ぐらついている（p. 45），である。

　確定性とはある行動を決めるときに，時間軸上で多くの条件から候補を順に除外して最後に残った候補の確率が 1 になった，その時の状況であり，それ自体が持つある状況に内在している性質であると理解した。⑨に誘惑物という言葉があるが，ポパーの研究に対する誘惑物は「理論的な諸問題」，17歳の時からずっとひきつけられてきた課題であった。「それら諸問題の中で科学の問題と確率論の問題が重要に思えてきた。それらは優先的な選択物であった」と述べている。本書での誘惑物は価値と継続である。特に継続性に対して強く引き付けられた。

　リンケージ・バリューとリンケージ・サイクルは確定性で得た考え方に影響を受け，優先的選択物として論理展開している。①から⑩までの考えかたは，ポパーが確定性を通じて考えてきた内容であり，その考え方が本書の内容に少なからず影響を与えている。関連性を調べてみると，価値は④，⑧と関連があり，継続は①，③，⑤と関連し，価値と継続は⑦とつながっている。螺旋的発展は①，③，⑤と関連している。価値と継続の螺旋的発展プロセスはこれからも受け継がれる活動展開であろう。⑩の実現された種々の確定性は，ぐらついているとは，現在の産業社会が負の面として有している環境問題，組織問題，情報化問題，ステークホルダーに相当すると考えた。環境問題は，確定性としてすでに起こってしまった問題を，どのように良い方向につなげていくのかの確定性問題である。情報に関する IoT，AI 等の問題はぐらつかないように，

どのように方向づけしていくのかが課題となろう。ステークホルダーは，ぐらつかないようにどのような Win-Win の関係を結ぶと良いのかであろう。たまたま本屋で出会った書物に影響を受け，確定性の世界とリンケージの世界との関係が重要に思えてきたわけである。ポパーは科学に主軸を置いた哲学者であるが，社会哲学，政治哲学にも言及した。本書は，社会哲学に関係している経営管理に主軸を置いた問題を扱っている。『確定性の世界』に出会わなければ，リンケージの考え方を思い浮かべることはなかったであろう。

（2）戦略的モノづくり研究会とリンケージ

　戦略的モノづくり研究会（SMK）が発足したのは2012年である。その時代は2008年のリーマンショックを体験し，日本のモノづくり力が失われつつある状況下であった。なぜ日本のモノづくりが世界的に見て弱くなってきたのか，その原因は何かを探るために立ち上げた。また日本企業を強くするにはどうすれば良いのか，が我々の共通課題であった。メンバーは当時大阪府立大学教授田中芳雄，金沢大学教授上田隆司，海外産業人材育成協会宮本真一，そして愛知工業大学教授野村重信である。リーダーは田中教授で，第1回（2012年3月）は，モノづくり企業の基本理念について話し合われた。基本理念としての人間尊重，資源節約，環境保全そして7つの満足（顧客，サプライヤー，従業員，株主，地域社会，地球環境，政府）である。7つの満足は，本書のリンケージ・マネジメントで紹介している。2008年当初は新鮮であったが，現在では多くの企業が3つの基本理念，7つの満足を考慮した経営活動を展開しつつある。ポパーがいっている「実現された種々の確定性はぐらついている」という地球から見るぐらつきという問題に対して，基本理念，7つの満足であるべき方向を目指す経営が求められている。第2回はモノづくり企業の持続的発展について話し合われた。持続的発展について10の項目を提案している。第4回研究会では，各研究者のダイナミック競争戦略について検討した。その中でヘーゲル弁証法の止揚，マルクスの包摂について話し合われた。止揚と包摂の考え方がリンケージ・サイクルの中に生かされている。この研究会は戦略的経営，イノベーション等，経営に関する資料をまとめ，2017年3月まで行われた。実に5年間，20

回を数える長期研究会に発展した。

　研究会を通じて，当初の目的であった日本のモノづくりの力が失われてきた原因を理解した。またモノづくりを強くする方向性も，ある程度検討されてきたのではないかと思う。まとめた内容はまだ文章として完全にはまとまっていないため本にしていないが，発行するための準備をしている。宮本氏には協会を通じてリンケージ・マネジメントのセミナーを開催していただいた。セミナー後も海外のセミナー生とネットでつながっている。つながり合う企画をつくることが今後の課題である。

（3）工業経営研究学会グローバリゼーション研究分科会とリンケージ

　グローバリゼーション研究分科会は，毎年8月にその時一番輝いている海外の地域を訪問している。工場，JETRO，地域の文化等に触れることが実践経営学者として必要であるとの思いから毎年実施しており，常時15名の経営学者が参加している。特に最もホットな情報を整理し，グローバリゼーション研究誌（ISSN1881-8889）にまとめられている。この雑誌は学術雑誌であるCiNii論文誌として，国立国会図書館，その他の図書館に保管されている。最初の発行は「グローバリゼーション研究」Vol. 1 2003であり，2020年現在Vol. 17（2020年8月：17年間毎年発行している）を発行している。グローバル環境に置ける企業の諸問題を扱い，毎年発表会を行い，レフリー審査で採択された論文のみ掲載するという学術論文形式をとっている。リンケージ・マネジメントとして発表したのが2015年であり，それ以後毎年掲載されている。この掲載された論文が本書の柱となっている。毎年行われる発表会，レフリーから貴重な意見をいただき，論文にその意見を反映している。2015年の最初の発表会では，リンケージ・マネジメントは造語であり，きちっと定義して皆さんに認知してもらえるようにすることが必要，とのご意見を明治大学教授，風間信隆先生よりいただいた。リンケージ・サイクルの発表で，つながり合うという言葉は連関リンケージである，との指摘を駒澤大学名誉教授鈴木幸毅先生よりいただいた。リンケージに関連する2冊の著書の紹介を元信州大学教授平松茂実先生よりいただいた。また平松先生よりリンケージは幅広い概念であると考えるが，リン

ケージとは何かを専門分野で明確に定義し，適用できるかどうかいくつかの検証が必要である，とのご意見をいただいた。

（4）工業経営研究学会全国大会

　2017年，第32回全国大会が愛知工業大学で開かれた。大会の統一論題は「リンケージ・イノベーションとモノづくりの再生」である。この大会の意味づけは，「グローバルな環境の中で技術開発の競争が激しくなり，今や自社だけの開発では限界が出てきており，いくつかの異なった要素を組み合わせることで，顧客の好みに合った商品を開発する時代になってきた。近年，多くの企業で提携，連携，協業によって顧客の要求を満足する新しい価値が生み出されるようになってきている」である。統一論題としてリンケージに関する4編の発表があった。国士舘大学税所哲郎「ASEANにおけるリンケージ・マネジメントの考察―タイを中心とした産業集積の連携について―」，青森大学岩淵護「国内におけるモノづくりから捉えたリンケージ・バリューという事象―戦略プロセスのフレームワークより捉えた青森クリスタルバレイ構想の今―」，愛知工業大学安田正義「企業のモノづくりから捉えたリンケージ・バリューという考え方―企業の事例に基づいて―」，作新学院大学那須野公人「日本企業の競争力低下と後発国のリープ・フロッグ的発展―リンケージ・マネジメントの視点より―」である。なお岩淵氏の発表は科研費からの補助を受けており，リンケージ・マネジメントの考え方を研究基盤の一つにしている。筆者も共同研究者の一人となっている。論文では台湾東海大学劉仁傑，台湾・育達科技大學呉銀澤(2016)「生産財における組織間のリンケージ・バリュー」『グローバリゼーション研究』Vol. 13, No. 1がある。大会発表後，大阪市立大学坂本清先生よりリンケージ・マネジメントは，グローバリゼーション研究会から生まれたのですね，と励ましのお言葉をいただいた。このころから，リンケージ・マネジメントは，造語から一歩脱した感じがした。

　以上，リンケージ・マネジメントが生まれた土壌について『確定性の世界』の著書，戦略的モノづくり研究会，グローバリゼーション研究分科会，工業経

営研究学会についてふれた。ポパーの本は文章を通じてではあるが，何度も読み返すことによって書き手（ポパー）と読み手（筆者）の直接的なつながりができ，リンケージ・サイクルを形成していったのではないかと思う。研究会，学会は人と人との直接的なつながりによって刺激を受けて，新しいものを生み出す原動力になることを改めて認識した。人と人とのリンケージ・バリューによってさらに価値を高め，リンケージ・サイクルによって新しいものが生まれるという現象が，人のリンケージの世界では行われていると感じた。

　モノづくりの世界からリンケージ・マネジメントを眺め，適用してみた。リンケージは幅広い概念である。リンケージが持つ「価値と継続」を皆さんの世界に適用してみてはいかがであろうか。きっと新しい活動の場が広がっていくと思う。

謝　　辞

　最後に，この本を支えてくださった研究室の皆さんにお礼を申し述べる。リンケージ・バリューの有用性について，コンビニを事例として整理してくれた吉川氏始め多くのゼミ生，TQM，TPS について整理してくれたドイツ・アーヘン工大留学生のヨーク氏，変化について易経の陰と陽の考え方を紹介してくれた朱氏，確定性の考え方を整理してくれた奥村氏，意思決定の実験を通じて確定性の考え方をまとめてくれた劉氏等，多くの研究室の皆さんにお世話になった。何といっても本をまとめるにあたり，企業のデーター収集，リンケージ・マネジメントの検証について共同研究者として多くの時間を割き，また，本書の執筆にご協力いただいた安田正義氏に厚くお礼を申しあげたい。

注
1）カール・R. ポパー著，田島裕訳（1995）『確定性の世界』信山社
2）奥村文徳・野村重信（2002）「生産企業における在庫構造と企業行動の分析」『日本経営工学会論文誌』Vol. 53，No. 3，p. 184（論文奨励賞受賞）

2020年10月吉日　　　　　　　　　　　　　　　　　　　著　　者

人名索引

事項索引

著者略歴

野村重信（のむら　しげのぶ）

1947年7月11日　岐阜県生まれ
学　歴　1978年　早稲田大学大学院理工学研究科博士課程単位修得
　　　　1986年　工学博士（早稲田大学）
現　在　愛知工業大学名誉教授
職　歴　1982年　大同工業大学講師
　　　　1986年　オレゴン州立大学客員准教授
　　　　1992年　愛知工業大学教授　同大学院博士課程教授
学　会　1990年　日本経営診断学会理事（1990～1998）
　　　　1993年　日本設備管理学会理事（1993～2001）
　　　　1995年　日本設備管理学会中部支部長（1995～2001）
　　　　2003年　工業経営研究学会理事（2003～2008）
　　　　2005年　工業経営研究学会グローバリゼーション研究分科会主査
　　　　　　　　　（現在に至る）
　　　　2006年　工業経営研究学会会長（2006～2008）
産　業　中小企業大学校講師，中部IE協会講師，海外産業人材育成協会
　　　　講師
　　　　日本プラントメンテナンス協会TPM賞審査委員（同審査委員会
　　　　委員長（2012～2015））
著　書　『ファクトリーデザイン』（1986）産業調査会（共著）
　　　　『生産管理教科書』（1986）同友館（共著）
　　　　『経営情報教科書』（1988）同友館（共著）
　　　　『中小企業の国際化経営診断ハンドブック』（1991）中小企業診断
　　　　協会（共著）
　　　　『現代生産管理』（1994）同友館（共著）
　　　　『工業経営研究の方法と課題』（1997）税務経理協会（共著）
　　　　『近代品質管理』（2002）コロナ社（共編著）
　　　　『マーケティング情報科学読本』（2002）同友館（共編著）
　　　　『環境激変と経営・会計・情報』（2002）税務経理協会（共著）
　　　　『アジア地域のモノづくり経営』（2009）学文社（共編著）

リンケージ・マネジメント

2020年10月30日　第1版第1刷発行

著者　野　村　　重　信

発行者　田　中　　千津子

発行所　株式会社　学　文　社

〒153-0064 東京都目黒区下目黒3-6-1
電話　03（3715）1501（代）
FAX　03（3715）2012
https://www.gakubunsha.com

©NOMURA Shigenobu 2020　　　　　　Printed in Japan
乱丁・落丁の場合は本社でお取替します。
定価は売上カード，カバーに表示。　　　印刷　亜細亜印刷株式会社

ISBN978-4-7620-3031-4